AF464773

LA

CHINE CONTEMPORAINE

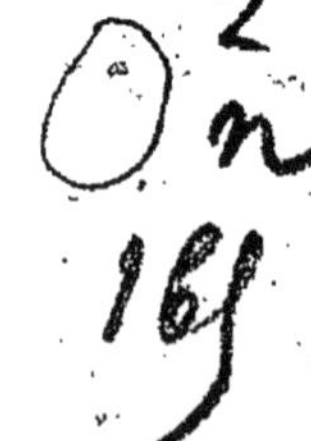

Imp. de PILLET fils aîné, rue des Grands-Augustins, 5.

LA
CHINE CONTEMPORAINE

PAR

CH. LAVOLLÉE

PARIS
MICHEL LÉVY FRÈRES, LIBRAIRES-ÉDITEURS
RUE VIVIENNE, 2 BIS

1860

PRÉFACE

Il y a peu de temps, la France ne s'inquiétait guère de la Chine. Lorsque le gouvernement décida, en 1857, l'envoi d'une ambassade et d'une escadre dans les mers de Chine pour réclamer, de concert avec la Grande-Bretagne, l'exécution ou la révision des traités, cette résolution fut généralement mal comprise. On se demandait ce que la France allait faire si loin, à la remorque de l'Angleterre ! On critiquait les dépenses de l'expédition, et l'on n'apercevait que les embarras probables de notre intervention sur les rives du céleste empire.

Peut-être aujourd'hui cette opinion croit-elle triompher, en montrant la France obligée de diriger contre la Chine une seconde expédition, plus considérable et plus coûteuse, pour venger son pavillon insulté à l'embouchure du Peï-ho.

Je suis de ceux qui, dès le début, ont éprouvé une vive satisfaction à ce réveil tardif de l'action française en Orient. Attaché, de 1843 à 1846, à la mission qui fut envoyée en Chine sous les ordres de M. de Lagrené, j'ai rapporté de ce voyage la conviction que les contrées lointaines de l'Asie sont appelées à jouer un grand rôle dans les destinées de l'Europe, et qu'il est temps pour la France d'y apparaître.

J'ai vu, il y a quinze ans, l'Angleterre, l'Espagne, la Hollande solidement établies dans les mers de l'Inde et de la Chine, y possédant de belles colonies et prêtes à se partager les profits de la révolution inévitable qui doit tôt ou tard ouvrir au monde les marchés de la Chine et du Japon. En même temps le pavillon des États-Unis visitait tous les ports de ces régions, et l'on sentait déjà peser, du côté du Nord, la main puissante et mystérieuse de la Russie. — Seule, la France n'était nulle part. Un consulat sans nationaux, quelques missionnaires catholiques, pieusement voués à leur secrète propagande, voilà comment la France était représentée sur un terrain où tant d'intérêts européens se trouvaient déjà postés et armés.

Depuis cette époque, j'ai observé, avec une curiosité bien naturelle, les événements qui se sont produits en Chine, les progrès qui s'y sont accomplis. C'est par centaines de millions que se calcule l'accroissement du commerce. Dans la ville de Shang-haï, où la mission de M. de Lagrené n'avait trouvé, en 1845, qu'une dizaine d'Anglais, s'élève aujourd'hui un vaste quartier peuplé d'Européens. Il y a là comme une prise de possession de la Chine par l'Europe. Les traités de paix, les guerres pourront l'accélérer ou la ralentir; mais, dès ce moment, la révolution est faite, et il est permis d'affirmer que la fin du dix-neuvième siècle verra établis entre l'Europe et l'extrême Orient des rapports au moins égaux en importance à ceux qui existent aujourd'hui entre l'Europe et l'Amérique.

Comment donc la France se tiendrait-elle à l'écart de ce mouvement qui entraîne vers l'Asie les influences politiques et les ambitions commerciales? Lors même que nos intérêts présents ne nous paraîtraient pas assez considérables pour justifier les dépenses d'une intervention diplomatique et militaire, il faut songer à l'avenir. Le gouvernement impérial a donc sagement fait de reprendre en 1857 l'œuvre que la monarchie de Juillet avait tentée en 1843, et de fonder en Orient une politique française.

C'est d'ailleurs une erreur de croire que notre commerce soit tout à fait désintéressé dans les événements de Chine. Si l'on s'en rapporte aux statistiques de la douane, on n'obtient pour nos échanges avec le céleste empire qu'un misérable chiffre de quelques millions de francs. Mais si l'on consulte les faits, on arrive à un chiffre de cent millions. Cette différence, qui paraît extraordinaire, provient de ce que les marchandises, nous arrivant pour la plupart sous pavillon anglais et par l'intermédiaire des entrepôts anglais, figurent, dans les registres de la douane, au compte des importations de la Grande-Bretagne. M. Rondot, qui a étudié de près et pratiqué ce commerce, a très-nettement exposé la question dans une note récente, publiée par les soins de la chambre de commerce de Lyon. Voici comment il s'exprime : « L'établissement d'un commerce de quelque importance entre la France et la Chine ne remonte qu'à une douzaine d'années ; il est dû en grande partie aux délégués, élus par les chambres de commerce, qui accompagnèrent la mission en Chine dont M. de Lagrené fut le chef. En effet, ils firent connaître plusieurs substances utiles à nos manufactures, parmi lesquelles on peut citer la gutta-percha, le gambier, les galles de Chine, et dont la France reçoit actuellement près de trois millions de kilogrammes par an. L'importation des marchandises françaises dans l'extrême Orient a décuplé depuis cette mission : les produits des fabriques de Paris, d'Amiens, de Beauvais, d'Elbeuf, de Rouen et même de Saint-Étienne ont été expédiés à plusieurs reprises sur les marchés chinois... » M. Rondot ajoute qu'en 1852 quatre-vingt-cinq balles de soies de Chine furent envoyées à Lyon en consignation, et que l'importation de cette matière première, si précieuse pour nos manufactures, atteint aujourd'hui le chiffre énorme de trente mille balles [1].

Telle est la situation actuelle de notre commerce avec la Chine. La conservation et l'extension de ce marché valent bien quelques sacrifices, que l'avenir compensera amplement. Si la France veut apparaître enfin dans les contrées de l'extrême Orient et y jouer

1. La note, rédigée par M. Rondot et approuvée par une délibération de la chambre de commerce de Lyon (12 janvier 1860), a été adressée à une commission chargée, au ministère du commerce, d'étudier les moyens de développer les relations directes de la France avec l'extrême Orient. Elle conclut : 1° à l'établissement d'un service direct de paquebots à vapeur français dans les mers de l'Inde et de la Chine; 2° à la fondation d'une banque française des Indes et de la Chine. Le travail de M. Rondot donne en quelques pages une idée très-nette de la condition présente et de l'avenir de notre commerce en Asie.

un rôle plus actif, ce n'est point par esprit d'aventure, ni pour la seule défense de la foi chrétienne, mais en vue d'intérêts matériels et par des considérations politiques dont l'importance ne peut plus être sérieusement contestée.

Sans doute, la France doit tenir à honneur de demeurer fidèle à la tradition qui l'a constituée gardienne et protectrice des intérêts catholiques en Asie. Mais son titre de Fille aînée de l'Église, tout en servant ses intérêts politiques, ne saurait lui imposer l'anachronisme d'une croisade. L'intérêt religieux, si haut qu'on le place, et par cela même qu'il s'élève au-dessus des intérêts humains, dédaigne et repousse l'emploi des armes humaines. La foi ne réclame point d'autre propagande que celle de la prédication, d'autre gloire ici-bas que celle du martyre. Si donc il ne s'agissait que de propager ou de venger le catholicisme, il n'y aurait point là de raison suffisante pour justifier une campagne de guerre contre le céleste empire.

Ramenée dans les limites de l'intérêt purement temporel, et dégagée des complications religieuses, la question chinoise n'en demeure pas moins entourée de nombreuses difficultés. Il faut bien le dire, aujourd'hui encore, malgré les progrès commerciaux que j'ai signalés, malgré la régularité et la rapidité des communications, quand nous regardons la Chine, nous sommes en face de l'inconnu, ou tout au moins de l'incertain. Nous ne connaissons pas le pays; nous ignorons son histoire intérieure; nous ne sommes pas au courant de son organisation politique et administrative, de l'application de sa loi écrite, de ses habitudes nationales ou internationales. Voilà, par exemple, près de dix ans qu'une insurrection formidable a éclaté au sein de l'empire, et nous en sommes encore à rechercher, à travers mille hypothèses contradictoires, les causes de cette révolte. En résumé, d'après le peu que nous voyons, la Chine nous semble un pays étrange, en contradiction perpétuelle avec nos idées et nos mœurs, une sorte de pays à l'envers, dont les perspectives exactes échappent à nos yeux comme à notre analyse, et il arrive trop souvent que, ne pouvant le comprendre, nous le jugeons ridicule ou grotesque, comme si nos faciles dédains pour une civilisation presque aussi vieille que le monde et pour un peuple de trois cents millions d'âmes, devaient nous venger de notre ignorance.

Il y a près de vingt ans que l'on s'est écrié, au

lendemain du traité de Nankin : « La Chine est ouverte ! » En effet, l'une des portes de ce vaste édifice avait volé en éclats sous le canon des Anglais ; mais depuis ce temps, à peine l'Europe en a-t-elle franchi le seuil. Les marchandises se sont échangées plus abondamment à travers cette première brèche pratiquée dans la grande muraille ; c'est un progrès, et il a été rapide. Mais il n'y a encore eu, à vrai dire, ni échange d'idées, ni contact des deux civilisations, ni fusion des deux races. La Chine et l'Europe sont demeurées en présence : la première, dans son attitude massive, immobile, impénétrable ; la seconde, regardant curieusement par quelques fissures, osant même çà et là quelques incursions furtives, devinant ou supposant ce qu'elle voyait mal, et prodiguant à cette nation qu'elle ne comprend pas tantôt les flatteries hyperboliques, tantôt la raillerie et l'insulte.

Est-il besoin de démontrer que, dans de telles conditions, et au milieu de ces obscurités, la politique européenne se trouve condamnée à marcher le plus souvent à l'aventure et qu'elle risque à chaque pas de se heurter contre des obstacles, et d'éprouver des mécomptes qui peuvent compromettre gravement le succès de sa diplomatie et même l'honneur de ses armes ?

La difficulté ne serait pas moins grande, si l'on avait la prétention d'écrire un livre didactique sur la Chine.

Cependant des voyageurs sincères, missionnaires apostoliques semant la parole du Ciel sur une terre ingrate, savants, diplomates, marins, simples touristes, ont publié des récits et des impressions qui ont éclairé de quelques lueurs les obscurs horizons du mystérieux empire. Leurs écrits ont de l'intérêt, et c'est là qu'il faut chercher le peu de vérité qu'il nous est quant à présent permis d'entrevoir sur les hommes et les choses de la Chine.

Depuis plusieurs années j'ai entrepris ce travail. Je me suis attaché à noter les points saillants, les épisodes caractéristiques, les traits de mœurs épars dans les récits des voyageurs ; j'ai essayé de prendre, en quelque sorte, un raccourci, une réduction de la Chine telle que chacun de ces observateurs l'a décrite. J'ai pu ainsi comparer les impressions des uns et des autres, et, par ce rapprochement, signaler les différences d'appréciation, les jugements contradictoires qui s'appliquent, ici et là, aux mêmes faits et aux mêmes coutumes.

C'est l'ensemble de cette étude, extraite de la *Re-*

vue des Deux-Mondes, que je présente, sous une nouvelle forme, au jugement du public. Peut-être, au moment où l'Europe a les regards tournés vers l'Asie, et alors que tant de familles en France attendent avec sollicitude des nouvelles de l'expédition de Chine, ces souvenirs de voyage, rajeunis par la lecture d'écrits plus récents, et complétés par le récit des faits qui ont précédé et amené la guerre actuelle, offriront-ils quelque intérêt.

1er avril 1860.

LA CHINE CONTEMPORAINE

LA GUERRE DE 1840 A 1842

D'APRÈS LES DOCUMENTS CHINOIS

I

Caractère général de la guerre de 1840. — Récits anglais; récits chinois publiés par sir John Davis. — Ignorance des Chinois en matière de géographie et de politique étrangère. — Attaque de l'île de Chusan par les Anglais. — Expédition du commodore Elliot dans le golfe de Petchili. — Les mandarins Lin, Kichen, Elipou et Yhshan. — Conventions signées à Canton. — Rapports adressés à Pékin. — Préjugés et illusions populaires.

Ce fut en 1840 que pour la première fois la Chine eut à soutenir contre une puissance européenne une lutte armée. Précédemment des conflits plus ou moins graves s'étaient élevés à Canton entre les mandarins et les négociants étrangers; mais ils avaient toujours été réglés pacifiquement, après une courte interruption des affaires, aucune des deux parties ne se souciant de recourir à l'emploi de la force. La date de 1840 peut donc être considérée comme le point de départ de la politique nouvelle que l'Europe a cru devoir adopter à l'égard du céleste empire. On sait quel a été le résultat de la première guerre de Chine. En deux campagnes successives, une poignée de soldats anglais a battu sur tous les points les troupes chinoises, et pénétrant au cœur même de l'empire, a conquis le fameux traité de Nankin (26 août 1842).

Cette guerre, qui excita si vivement la curiosité de l'Europe et dont le rapide dénoûment tint du prodige, a été racontée soit dans les bulletins officiels de l'état-major anglais, soit dans les relations particulières de quelques officiers. Ces récits ont assurément leur intérêt; mais ils ne nous montrent que les champs de bataille; ils ne révèlent que les sentiments et les impressions des vainqueurs. A cette époque on ne connaissait rien ou presque rien de l'intérieur de la Chine; on ignorait absolument ce qu'il y avait derrière ces troupes en désordre qui le plus souvent prenaient la fuite au premier feu; on ne se doutait pas de l'effet produit sur les populations, sur les mandarins, sur la cour de Pékin, par les événements qui ensanglantaient une partie de l'empire. Un haut fonctionnaire anglais, qui a longtemps habité Canton et qui, après le traité de Nankin, a gouverné la colonie de Hong-kong, sir John Davis a pu combler en partie cette lacune en étudiant et en racontant la première guerre de Chine d'après les documents indigènes [1].

Quelle opinion le gouvernement chinois, avant la guerre de 1840, s'était-il formée de ces *barbares* avec lesquels il se préparait à entrer en lutte? Quelle impression produisaient,

1. *China during the war and since the peace*, by sir John Davis. 1852.

à Pékin et dans les provinces, les désastres dont chaque courrier apportait la nouvelle? En quels termes étaient rédigées les instructions transmises aux mandarins et les dépêches que ceux-ci envoyaient à l'empereur? En un mot que se passait-il à l'intérieur de l'empire pendant que l'escadre et l'armée anglaises promenaient si aisément leurs drapeaux victorieux des rives du Chou-kiang au golfe de Petchili? Voilà ce que nous apprend sir John Davis. Les correspondances saisies dans le cours de l'expédition et traduites par le docteur Gutzlaff lui ont fourni les tableaux et les personnages du drame singulier qui se jouait derrière le champ de bataille. Il y a là des enseignements qu'il est utile aujourd'hui de méditer, en présence des événements si considérables qui pour la seconde fois, et dans des proportions beaucoup plus sérieuses, ont mis aux prises l'Europe et l'extrême Orient.

La Chine passe avec raison pour un pays de lettrés. L'instruction y est en grand honneur : chaque village possède une école où les enfants de la condition la plus humble vont recevoir le premier enseignement. Dans les chefs-lieux de district et dans les capitales de province, les docteurs sortis victorieux des concours expliquent et commentent devant une jeunesse nombreuse les œuvres sacrées de Confucius et de Mencius. La quantité de livres qui s'impriment et se vendent dans le céleste empire est immense. Comment donc se fait-il que les Chinois n'aient aucune notion sur les peuples étrangers? Un lettré, un membre de la célèbre Académie des Hanlin, pourra aisément réciter de mémoire toutes les sentences des *Sse-chou* et remonter de dynastie en dynastie aux époques fabuleuses de la mythologie chinoise, mais sa science ne franchira jamais les frontières et ne cherchera point à s'enquérir des événements qui se sont accomplis dans le monde des *barbares*. Singulière nation, chez laquelle l'ignorance des choses du dehors n'est pour ainsi dire qu'un trait d'orgueil! Pour les politiques, pour les poëtes, pour le vulgaire, il ne saurait y avoir d'autre pays que l'empire du Milieu, l'empire des Fleurs, l'empire du Ciel : qu'importe le reste? Voyez sur une carte chinoise l'immense étendue de territoire que s'adjuge la patrie de Confucius, et l'avare portion qui est laissée, comme par grâce, aux principautés d'Europe! Rien n'est plus sérieux que cette fière confiscation du globe au profit de la race chinoise. Les missionnaires jésuites admis pendant le dernier siècle à la cour de l'empereur Kang-hi ont dressé quelques cartes où l'Europe et l'Amérique sont dessinées avec plus d'exactitude; mais leurs travaux ne sont pas descendus à la portée de l'enseignement populaire, qui se complaît dans l'ignorance classique des géographes nationaux.

Cependant, à la veille de combattre les Anglais, Lin, vice-roi de Canton, voulut se rendre compte des ressources de l'ennemi. Il savait bien que l'orgueil chinois se faisait de grandes illusions sur la prétendue supériorité du céleste empire, et il résolut d'étudier avec quelque attention la situation respective des peuples européens. C'était s'y prendre un peu tard, Lin se mit bravement à l'œuvre; il fit recueillir en toute hâte les documents étrangers qu'il put se procurer en Chine ou dans l'Inde; il consulta des Américains ou des Russes, qu'il pensait être fort peu intéressés dans le démêlé anglo-chinois, et à force de recherches et d'études il parvint à réunir les matériaux d'une vaste compilation qui fut imprimée en douze volumes, sous le titre de *Notes statistiques sur les royaumes de l'Ouest*. Les extraits de cet ouvrage cités par sir John Davis contiennent de singulières révélations. Après avoir établi que les Anglais ont dans l'Ouest trois ennemis puissants, la Russie, les États-Unis et la France, le document chinois découvre que la Cochinchine, Siam, Ava et le Népaul inspirent à la Grande-Bretagne de vives inquiétudes. Cela posé, le savant compilateur indique très-sérieusement deux plans de campagne : il conseille, soit d'expédier à travers le territoire russe une armée chinoise qui s'emparerait de l'Angleterre, soit d'envoyer une flotte de jonques à la conquête du Bengale. — C'était un personnage éminent, un lettré, un vice-roi qui écrivait ou dictait de pareilles extravagances à l'usage de la cour de Pékin : voilà les renseignements qui devaient servir de bases aux opérations stratégiques des armées chinoises ! Est-il besoin de démontrer quelle influence désastreuse cette ignorance des faits les plus simples exerça sur les destinées du céleste empire, sur la conduite de ses négociateurs et de ses généraux ?

Toutefois, ce qui paraît le plus extraordinaire, c'est que pendant tout le cours de la lutte, le gouvernement chinois, qui recevait à chaque rencontre de si rudes leçons, s'opiniâtrait de plus en plus dans ses vieux préjugés et repoussait comme une lumière importune les renseignements que lui prodiguaient de continuelles défaites. Il y avait entre les différentes classes de mandarins militaires et civils une complicité de mensonge qui endormait dans une sécurité fatale la cour de Pékin et transformait en victoires signalées les déroutes les plus éclatantes. Les généraux chinois ne voulaient absolument pas être battus; ils racontaient avec un superbe aplomb leur fuite triomphale; dans les proclamations qu'ils adressaient au peuple, dans les bulletins qu'ils envoyaient à l'empereur, ils annonçaient en style pompeux la prochaine extermination des barbares. Qui eût osé ne pas les croire sur parole? La nation chinoise est élevée dans le respect du langage officiel : elle accueillait volontiers ces communications, qui lui paraissaient d'ailleurs très-vraisemblables et fort naturelles, car il lui eût été bien difficile de s'imaginer que les troupes impériales pussent être vaincues par une poignée d'étrangers. Aujourd'hui encore, le fait est certain, les provinces intérieures demeurent convaincues que l'empereur a triomphé de tous ses ennemis, et que les Européens ne doivent qu'à son inépuisable clémence la faculté de résider et de trafiquer sur quelques points de la côte. Dans la relation de son voyage en Tartarie et au Tibet, M. Huc rend compte d'une conversation qu'il eut avec deux Tartares appartenant aux *bannières de Tchakar*, c'est-à-dire à l'armée de réserve, qui est convoquée seulement dans les grandes occasions : « Les Anglais, disaient naïvement ces Tartares, ayant appris que les invincibles milices approchaient, ont été effrayés et ont demandé la paix. Le saint maître, dans son immense miséricorde, la leur a accordée, et alors nous sommes revenus dans nos prairies veiller à la garde de nos troupeaux. »

Ce fut dans le port de Tinghae (Chusan) qu'eut lieu le premier engagement entre les Anglais et les Chinois. Située en face de l'embouchure du fleuve Yang-tse-kiang, qui traverse le céleste empire de l'est à l'ouest, et qui baigne les murailles de Nankin, l'île Chusan est un point militaire et commercial de la plus haute importance. Lorsque le chef de l'escadre fit sommer l'amiral chinois de livrer la place, celui-ci parut fort étonné de voir que les Anglais fussent venus de si loin lui chercher querelle : « C'est avec les gens de Canton que vous êtes en mésintelligence; allez donc attaquer Canton et laissez-nous en repos. » La logique de cet argument toucha médiocrement l'amiral sir Gordon Bremer : en neuf minutes toutes les jonques rangées le long du rivage étaient détruites, et le lendemain les troupes anglaises entraient à Tinghae. On trouva sur les parapets des provisions de chaux pilée destinée à aveugler les barbares qui essayeraient d'escalader les murs. Le gouverneur du Che-kiang ne pouvait guère dissimuler ce grave échec. Dans son rapport, il parle assez légèrement de quelques jonques coulées et de Tinghae prise, ou plutôt surprise par la faute de l'amiral chinois; mais il se hâte d'ajouter : « Attendons que notre grande armée soit réunie, nous attaquerons les Anglais et nous les aurons tous vivants. » Le gouverneur du Kiang-sou, Yu-kien, déploya dans son style plus de bravoure encore que son collègue du Che-kiang. Voici en quels termes il rassurait ses administrés : « Chassés de Canton et de Macao, où ils faisaient le commerce de l'opium, les Anglais sont venus au Fo-kien, d'où ils ont été expulsés. Ils ont profité d'un vent favorable pour remonter dans le nord. Ils n'ont d'autres ressources que leurs navires, qui tirent soixante pieds d'eau, et qui ne peuvent par conséquent approcher de nos côtes... Que chacun de vous dorme tranquille ! Moi, qui depuis ma jeunesse ai lu une foule de livres sur l'art de la guerre, et qui ai répandu la terreur de mon nom dans le Turkestan, je considère ces ennemis comme de faibles joncs. Malheur à eux s'ils osent venir à nous!... » Un autre mandarin, adressant un long rapport à l'empereur à la suite des mêmes événements, annonçait qu'il suffirait de lancer quelques brûlots pour incendier la flotte anglaise, et qu'alors on pourrait « ouvrir sur les navires le feu des batteries, déployer la terreur céleste et exterminer l'ennemi sans perdre un seul homme. » C'est ainsi que les documents officiels écrivaient l'histoire!

Cependant l'empereur Tao-kwang fut un moment tenté d'ouvrir les yeux, lorsque l'escadre anglaise, ayant à bord le plénipotentiaire Elliot, entra résolûment dans le golfe de Petchili et vint mouiller à l'embouchure du Pei-ho. Jamais armée ennemie ne s'était aventurée si près de la capitale. Les projets d'extermination furent ajournés. Le mandarin Kichen, qui remplissait alors les fonctions de premier ministre, et qui s'était toujours montré hostile aux mesures de violence prises par le vice-roi de Canton, voyait enfin triompher sa politique, et il fut écouté avec empressement lorsqu'il s'offrit à éloigner les Anglais par les voies de la conciliation. Il fallait à tout prix délivrer l'empereur d'un voisinage incommode. Kichen réussit. Ce résultat doit être assurément compté au nombre des plus beaux succès diplomatiques que la ruse et le mensonge aient jamais remportés. Le mandarin se garda bien de faire connaître à l'empereur les exigences des Anglais, et à M. Elliot les décisions superbes que la cour de Pékin se croyait encore le pouvoir d'édicter en face des barbares. Il supprima de part et d'autre les correspondances qu'il avait mission d'échanger; il arrangea à son gré les demandes et les réponses, — laissant croire au plénipotentiaire anglais que ses réclamations étaient favorablement accueillies, et qu'il y serait fait droit à Canton, — persuadant à l'empereur que les barbares étaient repentants et soumis, et qu'ils sollicitaient humblement la faveur de rentrer en grâce. En un mot il sut mentir tant et si bien, que les Anglais commirent la faute de quitter le Petchili, et que l'empereur, charmé de la fuite de ses ennemis, s'empressa de conférer à Kichen ses pleins pouvoirs pour continuer à Canton l'œuvre de paix si heureusement commencée.

Cependant sur les rives du Chou-kiang les affaires changèrent de face. Le rusé mandarin comptait traîner les négociations en longueur, et il espérait que tout se passerait en conférences. Il avait vu l'escadre anglaise d'assez près pour n'être point désireux de faire parler la poudre. Par malheur pour Kichen, les dispositions de la populace de Canton étaient bien différentes : la découverte d'un complot tramé contre les Anglais amena l'attaque et la destruction des forts de Chuenpi, et Kichen, pour conjurer de plus grands malheurs, se vit obligé de signer avec le capitaine Elliot une convention par laquelle il accordait aux Anglais une indemnité de six millions de dollars et la cession de l'île de Hong-kong, en échange de l'abandon de Chusan.

Comment annoncer à l'empereur ces tristes nouvelles? La situation était délicate. En partant de Pékin, Kichen n'avait-il pas pris l'engagement de mettre l'ennemi à la raison? Aussi rien de plus curieux que ses dépêches : « Canton ne se trouvant pas encore en état de défense, écrit-il d'abord, j'ai dû consentir à un arrangement provisoire; mais ces barbares m'ont causé tant d'ennui, que je veux les exterminer à tout prix, et j'attends mon heure! » — « En vérité, dit-il dans un autre rapport, ces barbares n'écoutent rien! leurs officiers n'ont pas pu les empêcher de s'emparer des forts de Chuenpi. Depuis ce moment, ils ont montré un vif repentir et ils sont pleins de crainte... » Enfin la vérité parvint aux oreilles de l'empereur. Tao-kwang, qui avait ordonné a Kichen « de lui envoyer dans des paniers les têtes des Anglais, » fut naturellement fort indigné de ne recevoir qu'un projet de convention qui lui enlevait son argent et Hong-kong. Voici comment il répondit aux dépêches de Kichen; on ne saurait vraiment trop admirer un pareil langage dans la bouche d'un vaincu : « Les Anglais devenant chaque jour plus extravagants, j'avais prescrit à Kichen de se tenir sur ses gardes et de profiter de la première occasion pour ouvrir l'attaque. Au lieu de cela, il s'est laissé circonvenir et corrompre par les barbares. Livrer Hong-kong aux Anglais, leur permettre de trafiquer à Canton! Est-ce que chaque parcelle de terre, chaque sujet chinois n'est point la propriété exclusive et inaliénable de l'État? Honte sur Kichen! Qu'il soit dégradé, couvert de chaînes et amené sous escorte à la capitale; que ses biens soient confisqués! » Et l'infortuné Kichen, qui possédait une fortune évaluée, d'après les documents chinois, à plus de deux cents millions, n'avait plus que quelques pièces de cuivre lorsqu'il fut jeté en prison, la chaîne au cou!

Il y a pourtant des juges à Pékin. Kichen fut cité devant leur tribunal, et il eut à se défendre sur treize chefs d'accusation. Son plus grand crime est de n'avoir pas vaincu l'escadre anglaise : on lui reproche d'avoir invité le capitaine Elliot à dîner, de s'être avili par la signature d'un traité, etc.

Kichen répond fort humblement qu'il a été victime de son ignorance; — qu'il n'a pas invité à dîner le chef des barbares, mais que, celui-ci ayant faim après une longue conférence, on lui a fait servir une collation; — que le traité conclu n'était qu'une feinte pour tromper les Anglais jusqu'à l'arrivée des troupes, et que lui, Kichen, se proposait bien de ne pas tenir sa parole, etc. On voit, par les pièces de ce singulier procès, quels sont, en matière de droit des gens, les principes des mandarins chinois. Kichen fut condamné à mort, comme coupable de trahison; mais l'empereur daigna lui faire grâce. MM. Huc et Gabet l'ont retrouvé au Tibet, plus tard il a exercé les hautes fonctions de gouverneur dans la province du Sse-tchouen [1].

En même temps que Kichen, on voit figurer au premier

1. Voici un extrait de la conversation fort curieuse que MM. Huc et Gabet eurent à Lhasa avec Kichen : « Kichen nous demanda des nouvelles de Palmerston, s'il était toujours chargé des affaires étrangères... — Et *Ilu* (Elliot), qu'est-il devenu ? Le savez-vous ? — Il a été rappelé : ta chute a entraîné la sienne. — C'est dommage. *Ilu* avait un cœur excellent, mais il ne savait pas prendre de résolution. A-t-il été mis à mort ou exilé ? — Ni l'un ni l'autre. En Europe, on n'y va pas si rondement qu'à Pékin. — Oui, c'est vrai : vos mandarins sont bien plus heureux que nous. Votre gouvernement vaut mieux que le nôtre; notre empereur ne peut tout savoir, et cependant c'est lui qui juge tout, sans que personne ose jamais trouver à redire à ses actes. Notre empereur nous dit : — Voilà qui est blanc... Nous nous prosternons, et nous répondons : Oui, voilà qui est blanc. — Il nous montre ensuite le même objet, et nous dit : Voilà qui est noir... Nous nous prosternons de nouveau, et nous répondons : Oui, voilà qui est noir. — Mais enfin si vous disiez qu'un objet ne saurait être à la fois blanc et noir? — L'empereur dirait peut-être à celui qui aurait ce courage : Tu as raison...; mais en même temps il le ferait étrangler ou décapiter. Oh ! nous n'avons pas, comme vous, une *assemblée de tous les chefs* (*tchoung-teau-y*; c'est ainsi que Kichen désignait la chambre des députés). Si votre empereur voulait agir contrairement à la justice, votre *tchoung-teau-y* serait là pour arrêter sa volonté. »

plan, sur le théâtre de la lutte anglo-chinoise, le mandarin Elipou, qui avait passé de longues années dans le gouvernement du Yunnan, province située au sud de la Chine, sur les frontières de l'empire birman. Il avait donc plus d'une fois entendu parler de la puissance des Anglais dans l'Inde, et il devait apprécier les périls sérieux qui menaçaient son pays, lorsque la confiance de la cour le plaça à la tête des deux Kiang. Elipou se rendit à son nouveau poste. Il ne partageait pas les illusions de Pékin; il n'avait point le feu sacré qui animait la plupart de ses collègues, et cependant il avait reçu, selon l'usage, les instructions les plus énergiques. Il devait protéger la côte des deux provinces qui étaient le plus exposées aux attaques de l'ennemi, chasser les Anglais de Chusan et soutenir, sur terre comme sur mer, l'honneur du drapeau impérial. On s'empressait d'ailleurs de lui indiquer les moyens d'obtenir une victoire signalée : il ne s'agissait que de construire des canons de fort calibre et de remplacer les jonques chinoises, dont on reconnaissait un peu tard l'infériorité, par des navires de guerre semblables à ceux des Anglais. Les mandarins à bouton rouge, qui tenaient conseil auprès de l'empereur, croyaient avoir trouvé le secret infaillible. Peut-être éprouvaient-ils quelques remords en s'abaissant à imiter les constructions navales de leurs ennemis et en abandonnant les formes traditionnelles de la jonque; mais la gravité des circonstances justifiait cette dérogation temporaire aux habitudes de l'empire. Le sage Elipou se mit en devoir d'exécuter les ordres qu'il avait reçus. Une immense fonderie fut établie à Chinhae, on y fabriqua de gigantesques pièces de canon; malheureusement la plupart éclatèrent au milieu des artilleurs improvisés que l'on avait fait venir du Fo-kien. Quant aux vaisseaux de ligne qui étaient destinés à lutter avec tant de succès contre la flotte anglaise, il fut impossible d'en dresser le plan. L'ingénieur que l'on avait chargé de cette honorable commande ne put se tirer d'affaire qu'en se suicidant. Accusé par ses ennemis d'incapacité et de tiédeur, Elipou se vit obligé, à son tour, d'enfler le style de ses rapports et de chanter victoire avec les autres mandarins. D'après la convention provisoire signée à Canton, le capitaine Elliot s'engageait à abandonner l'île Chusan. Dès que les troupes anglaises eurent évacué Tinghae, le gouverneur général des deux Kiang se hâta d'écrire à l'empereur qu'à l'approche de l'escadre chinoise, composée de cent trente jonques et formant trois divisions sous les ordres de trois généraux, les barbares étaient partis de l'île « dans le plus grand désordre. » Cet innocent mensonge ne sauva point Elipou. Le pauvre vieillard fut mandé à Pékin pour y rendre compte de sa conduite; pendant trois jours il attendit à genoux, à la porte du palais impérial, la faveur d'une audience. Jugé comme Kichen, il fut condamné à la déportation sur les rives du fleuve Amoor, où l'on exile les criminels de la plus vile espèce. Second exemple de la grandeur et de la décadence des mandarins!

Kichen avait été remplacé à Canton par un triumvirat de généraux ayant à sa tête Yhshan, parent de l'empereur. Les Anglais remontèrent le Chou-kiang et mirent le siége devant la ville (mai 1841). Bien qu'il eût écrit à Pékin dépêches sur dépêches pour annoncer la défaite des rebelles, Yhshan fut obligé de capituler. Voici enfin un rapport assez modeste; il n'est pas sans intérêt de voir comment un général chinois s'y prend pour avouer qu'il n'a point triomphé de tous ses ennemis : « Nos décharges d'artillerie se succédaient sans interruption; mais il était impossible de repousser tous les navires des barbares. L'ennemi finit par débarquer : il attaqua les forteresses situées au nord de la ville, et il lança tant de boulets et d'obus, qu'une foule de soldats et d'officiers furent tués ou blessés. Les habitants encombraient les rues, criant, se lamentant, nous suppliant de les sauver. A cette vue, le cœur me manqua. J'allai demander aux barbares ce qu'ils voulaient. Ils me répondirent tous qu'ils n'avaient pas encore reçu l'indemnité pour l'opium saisi, dont la valeur s'élevait à plusieurs millions de taëls. Ils ne réclamaient que le payement de cette somme; après quoi ils promettaient de se retirer au delà du Bogue. J'insistai alors pour qu'ils nous rendissent Hong-kong; mais ils dirent que cette île leur avait été régulièrement cédée par Kichen, et qu'ils pouvaient en fournir la preuve écrite. Considérant que Canton courait le plus grand danger et que tout autour de moi n'était que confusion et misère, j'accédai provisoirement à leur requête... Cependant je me mettrai plus tard en mesure de reprendre Hong-kong. En ce moment il me reste à vous supplier de me punir, ainsi que mes collègues, pour les fautes dont nous nous sommes rendus coupables, et je vous conjure en tremblant, au nom du peuple tout entier, d'approuver les conditions de la paix. »

Lorsque les Anglais s'en furent allés (avec six millions de dollars, prix de la rançon), Yhshan changea immédiatement de style. Il envoya à Pékin la tête d'un soldat anglais en la présentant comme celle de l'amiral sir Gordon Bremer. Un tel cadeau devait plaire à l'empereur. « J'ai reçu, dit Tao-kwang, une dépêche de Yhshan annonçant que les barbares, après avoir attaqué la ville, ont été deux fois repoussés. Notre courage a réduit l'ennemi à la dernière extrémité. Les susdits barbares ont demandé humblement que l'on implorât en leur faveur la grâce impériale. Votre sagesse a pensé qu'il ne fallait point leur refuser la faculté de faire le commerce; mais en même temps vous auriez dû leur ordonner de gagner immédiatement la pleine mer... Que les forts soient remis en état de défense... Si les Anglais montrent la moindre velléité de rébellion, vous les taillerez en pièces avec votre armée. » Peu de temps après cette expédition sur le Chou-kiang, l'escadre anglaise fut assaillie par un affreux typhon. Tao-kwang, apprenant par les récits de ses mandarins que la mer était couverte de cadavres, exprima sa satisfaction et ordonna que l'on brûlât dans les pagodes de Canton vingt bâtons d'encens; il fit accomplir la même cérémonie à Pékin par quatre princes de la maison impériale. Il publia ensuite plusieurs édits annonçant au peuple que les Anglais étaient anéantis, leurs soldats noyés et leurs navires coulés. En réalité, l'escadre avait réparé très-promptement ses avaries, et le cabinet de Londres venait de placer à la tête de l'expédition un nouveau chef, sir Henry Pottinger, qui devait causer aux mandarins et à l'empereur tant de cruelles insomnies!

Les récits qui précèdent ne nous ont laissé voir que les correspondances échangées entre les généraux chinois et l'empereur Tao-kwang : au-dessous de ces nobles personnages qui, par ignorance ou par calcul, composaient des narrations si divertissantes, que disait et que pensait le peuple? On admet à la rigueur que Tao-kwang, relégué dans sa capitale au fond d'un palais entouré de plusieurs murailles, ait été plus ou moins longtemps dupé par ses plus fidèles serviteurs, et qu'il ait ajouté foi aux bulletins de victoire qu'on lui adressait de si loin; mais les Chinois, les soldats qui étaient si rudement menés par les troupes anglaises, les habitants du littoral, qui voyaient passer et repasser à l'horizon l'escadre des barbares; les citoyens de Canton, qui avaient entendu le canon de l'ennemi et qui venaient de payer argent comptant leur dernière défaite; en un mot ces millions d'hommes, acteurs ou témoins dans les différents épisodes de la lutte, pouvaient-ils conserver la moindre illusion et croire encore à l'invincible majesté du céleste empire? Eh bien! tous les documents établissent que les masses populaires, si promptes à fuir devant les forces anglaises, ne perdaient rien de leur imperturbable confiance. Ces désastres matériels dont il eût été bien difficile de contester les déplorables effets, on les attribuait à l'incapacité des chefs, à la faiblesse de Kichen, qui n'avait pas su rassembler à temps les troupes impériales, à la trahison d'un grand nombre de Chinois qui s'étaient glissés dans les rangs ennemis. Ce dernier motif se trouvait reproduit, par une préférence singulière, dans la plupart des manifestes que les lettrés de Canton adressaient à la populace, en paraphrasant les maximes de Confucius. Les Chinois demeuraient ainsi persuadés qu'ils n'avaient pu être vaincus que par des Chinois, et ils prenaient volontiers à leur compte des triomphes déshonorés par la trahison. L'escadre britannique avait à peine quitté les eaux du Chou-kiang, que les murailles de Canton furent couvertes de placards où l'orgueilleux pinceau des lettrés vengeait en ces termes l'honneur national : « Nous sommes les enfants de l'empire céleste, et nous sommes assez forts pour défendre notre pays. Nous n'avons pas besoin de nos mandarins pour vous exterminer, et vous avez comblé la mesure de vos crimes. Si le traité signé par nos chefs n'avait point mis obstacle à nos projets, vous auriez éprouvé la puissance de nos bras. N'ayez plus l'audace de nous offenser, car nous sommes décidés à faire un exemple. Vous ne pourriez cette fois nous échapper. » Ces déclamations ridicules, avidement lues et chaudement applaudies par la populace, n'expliquent-elles pas les mensonges officiels que les mandarins entassaient dans leurs dépêches? Dès que l'ennemi n'était plus là, les habitants de Canton se croyaient sincèrement victorieux. Comment les chefs auraient-ils tenu un autre langage? Ils écrivaient pour ainsi dire sous la dictée de l'enthousiasme populaire, et ils annonçaient sur la foi des placards que les Anglais allaient être foudroyés.

II

Reprise des hostilités par sir Henry Pottinger, successeur du commodore Elliot. — Ruses de guerre imaginées par les Chinois. — Aventures du gouverneur de Tinghae (Chusan). — Réapparition d'Elipou et première apparition de Ky-ing. — Attitude respective des Chinois et des Tartares pendant la guerre. — Arrivée des Anglais devant Nankin. — Signature du traité de 1842.

Investi du commandement supérieur de l'expédition britannique, sir Henry Pottinger comprit que le moment était venu de pousser vigoureusement les opérations et d'en finir avec ce système de conventions provisoires qui aurait dû lasser plus tôt la patience du capitaine Elliot. La campagne qu'il entreprit immédiatement, avec la ferme résolution de ne déposer les armes que devant une capitulation régulière, aboutit en peu de mois à la signature du traité de Nankin. L'île de Chusan fut occupée de nouveau; Amoy, Koolongsou, Chinhae, Ning-po, Shang-haï, Chapou, tombèrent successivement au pouvoir des troupes que les *steamers* de l'escadre transportaient de victoire en victoire, à la grande stupéfaction des Chinois, émerveillés de voir des navires sans voiles marcher contre le vent et remonter le courant des fleuves. Les mandarins ne se faisaient aucun scrupule de placer sous les yeux de l'empereur le récit de leurs prétendus triomphes; leur style nous est connu. Cependant, à mesure que l'ennemi pénètre au cœur de l'empire, les généraux ne paraissent plus aussi sûrs d'eux-mêmes; on peut en juger par les stratagèmes étranges à l'aide desquels ils comptent avoir raison des Anglais, et qu'ils laissent discuter sérieusement dans leur camp. Il faut, dit l'un, envelopper les barbares dans des nuages de fumée et les attaquer à l'improviste. Un autre propose d'expédier une troupe de plongeurs qui brisera les gouvernails et pratiquera des voies d'eau en perçant les coques des navires. Celui-ci demande que l'on prohibe l'exportation du soufre et du salpêtre, afin d'enlever aux Anglais les moyens de fabriquer de la poudre. Le vertige s'emparait ainsi de toutes les têtes, et il enfantait les idées les plus grotesques. On trouva un placard qui engageait les Anglais à retourner dans leur pays pour y avoir soin de leurs vieux parents. Ce conseil était sincère, car les Chinois pratiquent religieusement les devoirs de la piété filiale. Dans une autre proclamation, le général Yiking garantissait aux cipayes la vie sauve, s'ils s'abstenaient de tirer sur les Chinois, et il promettait le bouton de mandarin à ceux qui livreraient un officier. Il avait appris que les cipayes, les *hommes noirs*, comme il les appelait, appartenaient à une race conquise par les Anglais; il pensait donc qu'ils saisiraient avec empressement l'occasion de se débarrasser de leurs maîtres. — Enfin, dit sir John Davis, on ramassa, dans un camp que les Chinois venaient d'abandonner, la copie d'une lettre adressée au général anglais pour l'inviter à remettre son armée entre les mains de Yiking, lequel, en retour d'un si grand service, le recommanderait très-vivement aux bonnes grâces du fils du ciel (l'empereur). — Voilà où en étaient réduits ces infortunés mandarins; ils ne savaient plus comment éloigner les barbares : menaces, prières, conseils, mensonges, tout échouait contre les progrès de l'invasion; il fallait donc affronter le courroux impérial, plus redoutable mille fois que l'armée ennemie. On vit alors les généraux et même les autorités civiles préférer le suicide à l'aveu d'une défaite. Ces incidents devinrent de plus en plus fréquents. Ajoutons cependant que les suicides, en Chine, ne sont pas toujours mortels. Après l'assaut de Tinghae (Chusan) le magistrat civil prit la fuite avec la caisse et se réfugia dans une île voisine; mais au sortir de la ville il eut soin de déposer sur le bord d'un canal son costume de cérémonie et ses grandes bottes de mandarin. On crut qu'il s'était noyé de désespoir, et il passa naturellement pour un héros! N'était-ce pas bien joué?..... Par malheur, au bout de quelque temps l'espièglerie fut découverte, et notre mandarin, convaincu de n'être pas noyé, se vit condamner à mort pour crime de désertion; il eut l'esprit de faire commuer sa peine en celle du bannissement, puis il en fut quitte pour une forte amende; enfin il rentra tout à fait en grâce, et il fut nommé gouverneur civil de Chusan *in partibus*, pour reprendre ses anciennes fonctions le jour où les barbares auraient évacué l'île. Il dut attendre cinq ans. Dans l'intervalle, comme il s'était montré généreux à l'égard des prisonniers anglais et qu'il pouvait ainsi rendre d'utiles services dans les négociations, il fut adjoint aux plénipotentiaires chargés de conclure le traité de Nankin. Telles sont, en Chine, les vicissitudes d'une carrière de mandarin.

Elipou lui-même nous est rendu. Nous l'avons laissé tout à l'heure déchu de tous ses grades et condamné à terminer sa longue carrière sur les frontières de la Sibérie. Il était encore en route pour ce lointain exil, lorsqu'un exprès le rappela à Pékin, où l'empereur, effrayé de la tournure que prenaient les événements, lui confia pour la seconde fois la direction des affaires. Après avoir si longtemps écouté le parti qui, dans son conseil, prêchait la guerre à outrance, Tao-kwang s'était enfin rallié à la politique de paix et de conciliation dont les mandarins Kichen et Elipou avaient dès l'origine démontré l'impérieuse nécessité. Il était las (et cela se conçoit) de recevoir chaque jour un pompeux récit des victoires remportées par son armée, et d'apprendre en même temps que chaque jour les Anglais gagnaient du terrain et se rapprochaient de sa capitale. Il ne songea donc plus qu'à arrêter à tout prix la marche des barbares. Tel fut le sens des instructions données à Elipou, qui devait être secondé, dans cette volte-face de l'orgueil chinois, par les lumières et la sagesse du mandarin Ky-ing, destiné à jouer un rôle si éminent dans la politique extérieure du céleste empire.

Les deux messagers auxquels Tao-kwang confiait ainsi la branche d'olivier, Elipou et Ky-ing, étaient d'origine tartare. Il convient de placer ici une curieuse remarque qui jette un nouveau jour sur le caractère des deux races établies en Chine. Pendant tout le cours de la lutte, les mandarins qui représentaient, soit à Pékin, soit dans les provinces, l'élément tartare, c'est-à-dire la race conquérante, semblaient pencher vers la paix. Les plus ardents conseillers de la guerre, les fanatiques, les sanguins, ceux qui ne voulaient jamais entendre parler de transaction ni de trêve, c'étaient les mandarins de la race conquise, les Chinois de la vieille roche, toujours prêts à s'indigner de l'indulgence qui épargnait les barbares. Ces lettrés à plumes de paon s'épuisaient à rédiger de fières proclamations et à venger par des phrases le territoire violé; mais sur le champ de bataille les autorités chinoises, si éloquentes dans le conseil, ne se distinguaient le plus souvent que par la prudence exagérée de leurs promptes retraites; les chefs tartares, au contraire, se défendaient avec résignation, et ils déployèrent parfois une noble intrépidité, à laquelle les officiers anglais se sont empressés de rendre hommage. Il n'y eut jamais de lutte sérieuse que là où les troupes tartares étaient engagées.

L'escadre anglaise a jeté l'ancre devant Nankin. Toute résistance est impossible : les Tartares viennent de s'ensevelir bravement sous les ruines de Chin-kiang-fou; les Chinois, mandarins et soldats, se sentent perdus; une éclipse de soleil, sinistre augure, leur a prédit l'inévitable défaite. Elipou et Ky-ing remplissent alors leur mission; ils subissent la loi du vainqueur, et dans une longue dépêche ils annoncent à l'empereur la triste nouvelle : « Nous proposons, disent-ils (pour notre crime la mort serait un châtiment trop faible), nous proposons d'accueillir les demandes des Anglais. Nous savons bien que leurs exigences accusent une avidité insatiable; elles n'ont toutefois pour objet que l'intérêt du commerce, et elles excluent pour l'avenir toute pensée hostile. Aussi, afin de sauver la province et de mettre fin aux calamités de la guerre, nous sommes-nous déterminés à accepter ces conditions. Nous avons promis aux Anglais, sur la foi du serment, que s'ils montraient quelque repentir pour le mal qu'ils nous ont fait, et s'ils concluaient un armistice, leurs propositions seraient agréées..... » Par un autre rapport, les plénipotentiaires chinois rendent compte du progrès des négociations, dont Tao-kwang avait approuvé l'ensemble, sauf quelques réserves. Il s'agit d'obtenir pour les Européens la faculté de résider avec leurs familles dans les ports qui doivent être ouverts au commerce. « Nous avons remarqué que les barbares subissent l'influence de leurs femmes et qu'ils obéissent à la voix de l'affection. La présence des femmes dans les ports adoucirait donc leur caractère et nous donnerait plus de sécurité. Si les barbares ont auprès d'eux tout ce qui leur est cher et s'ils voient leurs magasins abondamment garnis de marchandises, ils seront en notre pouvoir, et nous les gouvernerons plus aisément. — Tout bien considéré, disait Ky-ing, nous avons placé notre sceau au bas du traité, au risque d'encourir le mécontentement du grand empereur et d'attirer sur nos têtes les plus sévères châtiments; nous osons solliciter de nouveau la ratification de nos actes... » Et le traité de Nankin, signé le 26 août 1842, fut en effet ratifié par l'empereur Tao-kwang!

L'issue de la guerre de Chine ne pouvait être un instant

douteuse. La civilisation européenne et la discipline devaient infailliblement triompher. Cependant l'empereur ne possédait-il pas d'immenses ressources? Maître absolu d'un vaste territoire, il disposait à son gré d'une population nombreuse et fidèle : les impôts ordinaires et extraordinaires, les ventes de titres, les dons, les exactions, alimentaient son trésor, et l'on a calculé que les dépenses, durant les deux années de lutte, s'étaient élevées à deux cent cinquante millions. Les approvisionnements d'armes répondaient à tous les besoins, puisque les Anglais prirent et enclouèrent, dans les villes et sur les champs de bataille, deux mille trois cent cinquante-six pièces de canon; enfin, même dans les proclamations ridicules dont nous avons cité quelques fragments, il y avait un vif sentiment de patriotisme, une foi profonde dans l'inviolabilité du sol, une haine ardente de l'invasion étrangère. Devant une escadre anglaise et quelques régiments bien commandés tous ces éléments de résistance demeurèrent stériles. L'empereur, tremblant dans son palais, dut capituler. L'histoire du monde ne présente en aucun temps le spectacle d'une humiliation pareille. Jamais non plus elle n'a démontré plus éloquemment la loi providentielle qui impose à toutes les nations, à toutes les races, le devoir de se rapprocher, de s'unir, d'échanger leurs idées et leurs richesses, et d'apporter en quelque sorte à la masse commune le contingent de leur génie. Pourquoi la Chine fut-elle si honteusement battue? Suffit-il d'accuser de lâcheté une nation entière? L'explication paraît simple, mais elle serait aussi injuste qu'injurieuse pour l'honneur du céleste empire. Les Chinois, et surtout les Tartares, savent braver le péril et sacrifier au besoin leur vie. Bien qu'ils placent les dignités civiles au-dessus des dignités militaires, ils honorent, comme tous les peuples, le courage déployé dans le combat : ils ont souvent fait la guerre, ils ont remporté des victoires, ils conservent dans leurs annales le souvenir de princes conquérants et de généraux glorieux. Cherchons donc ailleurs le motif de leurs récentes défaites. Ce ne sont point les soldats de l'Angleterre, ce sont les armes de l'Occident qui les ont vaincus : ils sont tombés victimes de leur ignorance, non de leur lâcheté. Quelle résistance pouvaient-ils opposer avec leurs sabres à double lame, leurs fusils à mèche et leurs canons inoffensifs, à ces troupes disciplinées dont chaque décharge lançait la mort dans leurs rangs ? Dès que le vent avait dissipé la fumée de leur artillerie qu'ils croyaient si formidable, ils voyaient s'ébranler en bon ordre des bataillons intacts, qui les mitraillaient à coup sûr. Les Chinois fuyaient donc, quel que fût leur nombre, et la panique leur donnait des ailes. A leurs yeux les Anglais n'étaient plus des hommes, mais des démons ! Comment la lutte n'eût-elle pas été inégale ? La Chine, qui durant tant de siècles avait persisté à se séparer de la grande famille humaine, devait expier tôt ou tard son isolement orgueilleux. Pendant qu'elle demeurait stationnaire et se fiait à la solidité de ses vieilles armures, les peuples de l'Occident forgeaient le fer destiné à la conquérir; ils dérobaient à la science les secrets de la guerre. En dédaignant de prendre part à cet enseignement qui se transmet par le contact et se développe au foyer de la civilisation commune, l'empire céleste se préparait d'éternels remords, car il en est des peuples comme des hommes : malheur à ceux qui vivent seuls !

III

Conséquences pour la Chine de la politique d'isolement. — Attitude des contrées limitrophes pendant la guerre. — Rôle de la Russie. — Rôle de la France; entrevues et correspondance des mandarins avec le commandant Cécille et M. de Jancigny. — Relations entre la Chine et la Grande-Bretagne après la conclusion de la paix. — Expédition de sir John Davis contre Canton (1847). — Mort de l'empereur Tao-kwang et avénement de son fils Hien-foung (1850).

La Chine a toujours vécu seule. Étrangère aux progrès accomplis dans l'art de la guerre, elle ignorait également les moyens de se ménager des alliances qui auraient pu, au jour du péril, lui venir en aide, et le caractère de sa politique lui interdisait tout appel aux intérêts ou aux sympathies des autres nations. Méprise grossière, dont les mandarins les plus éclairés du cabinet impérial reconnurent trop tard les funestes conséquences! Dans la lutte engagée contre l'Angleterre, le céleste empire ne représentait-il pas en définitive la race asiatique attaquée par la race européenne? Et dès lors ne devait-il point rattacher à sa cause tous les peuples de l'extrême Orient? Si les alliés n'avaient point envoyé de troupes à Canton ou à Nankin, ils auraient du moins opéré d'utiles diversions sur les frontières de l'Inde, et peut-être la Grande-Bretagne eût-elle sérieusement réfléchi devant la perspective d'une conflagration générale. En outre, est-il bien sûr que certaines nations de l'Europe et les États-Unis aient applaudi sans réserve à l'initiative prise par l'Angleterre pour forcer à coups de canon les portes de la Chine? L'événement a prouvé que le commerce du monde entier avait largement profité du triomphe obtenu par les armes britanniques; mais à l'époque où la guerre fut déclarée on craignait que l'Angleterre ne s'attribuât après la victoire des priviléges exclusifs, et ne se fît, suivant son habitude, la part du lion. Ces appréhensions, qui furent complétement démenties, il faut le reconnaitre, par les clauses libérales du traité de Nankin, devaient exciter de vives défiances, que l'habileté la plus vulgaire se fût empressée d'exploiter au profit de la cause chinoise. Enfin les conseillers de Tao-Kwang pouvaient-ils ignorer à quel point la Russie et les États-Unis sont jaloux des progrès de la puissance anglaise dans l'Asie orientale? Il y avait là pour eux les éléments d'une imposante médiation, qui eût été en mesure de prévenir ou de pallier la honte des derniers désastres. Malheureusement le cabinet de Pékin ne songeait guère à ces détails de politique extérieure, et sa diplomatie n'allait pas si loin.

Dès 1840, les Ghorkas, tribu puissante qui touche à la fois aux frontières de la Chine et à celles de l'Inde, s'abouchèrent avec le ministre chinois qui réside à Lhasa (Tibet), et lui offrirent leur concours contre les Anglais : ils auraient pu, dit le ministre de Lhasa, envahir l'Inde, s'emparer du pays qui produit l'opium, et ruiner ainsi la principale ressource de l'ennemi; mais les Ghorkas demandaient qu'on leur envoyât d'abord des canons et des hommes, et plus tard ils jugèrent prudents de demeurer neutres. Les empires d'Ava et de Cochinchine gardèrent la même réserve, en sorte que, par son imprévoyance et par suite du peu de confiance qu'elle inspirait, la cour de Pékin perdit ses alliés naturels et resta seule exposée aux coups des Anglais.

D'après les documents chinois consultés par sir John Davis,

un officier russe accompagné d'un détachement de Cosaques, serait arrivé dans le Turkestan au commencement de 1841, en sollicitant la permission d'entrer en Chine. L'empereur aurait répondu par un ordre d'expulsion et fait ramener l'officier russe et ses Cosaques de brigade en brigade jusqu'à l'extrême frontière. On suppose que le but de cette mission était d'enseigner aux troupes chinoises le maniement du fusil et la manœuvre du canon. Comment vérifier l'exactitude d'un pareil récit? Les historiens du céleste empire ne sauraient être crus sur parole, et cette apparition subite d'un officier russe à la frontière, ce refus dédaigneux de l'empereur, cet escadron de Cosaques expulsé si cavalièrement et reconduit entre les rangs des gendarmes chinois, tout cela n'est probablement qu'une fable sortie de l'imagination des mandarins. D'ailleurs, si le tzar avait eu la pensée très-ambitieuse d'apprendre l'exercice aux Chinois, il lui eût été fort aisé de connaître à l'avance les dispositions de la cour de Pékin par l'intermédiaire du collége russe établi dans cette capitale. Les relations avantageuses que la Russie entretient avec la Chine sur le marché de Kiakhta, aux confins de la Sibérie, permettent jusqu'à un certain point de croire que le tzar, désireux d'étudier de plus près la politique suivie à l'égard de l'Angleterre, aurait envoyé dans les provinces du nord des émissaires chargés de lui rendre compte des événements. Peut-être encore quelque officier de fortune, s'ennuyant au fond d'une garnison de Sibérie, sera-t-il venu offrir son épée et ses services, à l'exemple de ces nombreux officiers français, italiens, espagnols, que l'on retrouve au milieu des armées asiatiques. En tout cas, malgré le secret dépit que devait inspirer au gouvernement russe le triomphe des Anglais, il n'est point présumable que les faits se soient passés officiellement ainsi que le rapportent les documents chinois.

La France n'était point aussi directement intéressée que la Russie aux conséquences de la guerre. Elle devait donc envisager avec une certaine indifférence les événements qui mettaient aux prises, à l'autre bout du monde, l'Angleterre et le céleste empire. Peut-être eût-elle vu sans déplaisir l'ambition démesurée de sa rivale se briser contre la grande muraille, car il arrive souvent que le patriotisme, égaré par d'aveugles haines, se complaît dans les désastres d'autrui; mais il faut laisser au vulgaire ces préjugés étroits et stériles. Si l'on observe les choses de plus haut, on reconnaîtra qu'il ne s'agissait point seulement d'une querelle survenue entre l'Angleterre et la Chine à l'occasion de quelques caisses d'opium : la civilisation, l'honneur même du nom européen, combattaient dans les rangs de l'expédition britannique; c'était le génie de la vieille Europe qui se décidait à demander raison d'injurieux dédains et d'humiliations trop longtemps subies. Du jour où la Grande-Bretagne commençait le feu, les autres nations de l'Occident étaient tenues de respecter, sinon d'appuyer, cette initiative qui leur ouvrait les portes du plus vaste empire de l'Asie. Le gouvernement français prit dès l'origine cette louable attitude. Il garda la plus stricte neutralité; mais il eut soin d'entretenir constamment sur les côtes de Chine un navire de guerre qui suivait, sans les contrarier, tous les mouvements de l'escadre anglaise. La *Danaïde*, la *Favorite*, l'*Érigone*, commandées par des officiers du plus haut mérite, MM. Ducampe de Rosamel, Page et Cécille, remplirent tour à tour cette mission délicate. En outre, un agent spécial, M. de Jancigny, fut envoyé en Chine à bord de la frégate *l'Érigone*, pour étudier particulièrement les ressources que pouvaient offrir au commerce les marchés conquis par les armes de l'Angleterre.

Il est assez curieux de connaître l'effet produit sur les Chinois par la présence de nos navires de guerre. Tantôt on nous supposait de sinistres projets, et les mandarins donnaient ordre de se défier de nous, vu notre qualité de barbares; tantôt, au contraire, notre pavillon apparaissait comme une menace contre les Anglais. Yi-king, qui, après l'occupation de Ning-po, fut placé à la tête des troupes du Che-kiang, avec le titre de « général inspirant la terreur, » crut devoir un jour rassurer ses compatriotes en leur disant, dans une proclamation, que les ennemis, réduits à la dernière extrémité, avaient été obligés d'implorer l'appui des Français, « peuple qui leur ressemble par le costume. » On se figure aisément toutes les suppositions auxquelles l'imagination si féconde des mandarins et des lettrés pouvait se livrer sur notre compte. Sir John Davis a recueilli à ce sujet une pièce fort intéressante qui mérite d'être reproduite textuellement: c'est un rapport adressé à l'empereur par Yhshan, l'un des généraux de l'armée de Canton.

« Pendant la douzième lune de l'année dernière (janvier 1842), les chefs Jancigny et Cécille arrivèrent à Hong-kong à bord d'un bâtiment de guerre, en annonçant que d'autres navires ne tarderaient pas à les joindre. Tandis que nous prescrivions une enquête sur cet incident, on nous apprit que Cécille était venu à Canton dans une barque, et les marchands hanistes nous dirent qu'il désirait avoir une entrevue avec les mandarins. Nous dûmes considérer que les Français avaient été respectueux et dociles dans leurs relations de commerce, tandis que les Anglais, en se montrant rebelles et en faisant la guerre, avaient entravé le négoce des autres nations et provoqué ainsi de vifs ressentiments. Comme les chefs français ne demandaient qu'un entretien purement officieux, nous avons cédé aux circonstances et nous nous sommes relâchés de notre dignité, afin de combiner nos plans et de semer la division entre les barbares. Pendant la conférence, Cécille déclara que son souverain avait eu connaissance de la guerre engagée avec les Anglais et qu'il l'avait envoyé en Chine pour protéger les navires français et, au besoin, pour offrir sa médiation. Nous avons répondu : « Votre souverain a toujours été obéissant et dévoué, nous nous plaisons à le reconnaître. Les Anglais sont pervers, cruels, incorrigibles; aussi ont-ils offensé toutes les nations. Puisque votre roi vous a envoyé ici avec un navire de guerre, déployez votre vaillance, et alors nous nous empresserons d'en référer au grand empereur, qui vous accordera, n'en doutez pas, des faveurs extraordinaires. — Cécille répliqua que, si les Anglais étaient en guerre avec la Chine, ils étaient en paix avec la France, et qu'il n'avait, quant à lui, aucun motif pour commencer les hostilités. — Si je les attaquais sans raison, ajouta-t-il, les autres peuples en seraient indignés; il vaut bien mieux que l'empire du Milieu cesse de faire la guerre et qu'il arrive à conclure une paix honorable. — Nous lui avons alors demandé comment il croyait possible d'obtenir un arrangement. Il nous dit qu'il s'adresserait aux Anglais ; que si ses propositions étaient accueillies, toute difficulté disparaîtrait, mais que si elles étaient rejetées, la guerre était inévitable. Comme à cette époque les Anglais avaient encouru la juste indignation de Votre Majesté en s'emparant de Ning-po et de plusieurs villes, et que d'ailleurs le général qui répand la terreur (Yi-king) avait déjà reçu l'ordre de les exterminer, nous ne pouvions autoriser Cécille à leur porter des paroles de conciliation. L'officier français nous dit alors qu'il allait voir le général anglais, et que s'il obtenait quelque nouvelle, il se hâterait de nous la communiquer. Pour répondre à ce bon procédé, nous résolûmes de lui décerner une récompense. »

Si l'on dégage de ce récit l'emphase chinoise, sur laquelle nous devons être maintenant fort édifiés, il faut avouer que le sens, sinon le texte des paroles rapportées par le mandarin de Canton paraît assez vraisemblable. Le cabinet de Pékin eût été très-désireux d'employer à l'égard des Européens les moyens de répression dont il fait usage à l'égard des pirates. On sait que les côtes de la Chine sont, de temps immémorial, exposées aux déprédations d'une piraterie parfaitement organisée. Lorsque le pillage devient trop scandaleux, le gouvernement prend le parti d'offrir à l'un de ces forbans une bonne somme et un bouton d'or ou de cristal, à condition que le nouveau mandarin donnera la chasse à ses anciens complices. Cette politique est la seule qui obtienne quelque succès, la marine impériale étant tout à fait incapable de se mesurer avec l'ennemi. Les gouverneurs du littoral s'estiment très-heureux et se montrent très-fiers de battre les pirates avec les pirates. De même ils avaient imaginé de battre les barbares avec les barbares, et la proposition que le général chinois adressait en janvier 1842 à l'honorable commandant de l'*Érigone* était aussi sérieuse que naïve. Quant aux réponses de M. Cécille, elles ne laissèrent aucun doute sur l'attitude que la France entendait garder entre les deux puissances belligérantes. Les mandarins en furent satisfaits au point de les juger dignes d'une récompense impériale; cependant elles ne pouvaient nous compromettre aux yeux des Anglais, et elles refusaient formellement aux Chinois l'appui matériel que ceux-ci se croyaient en droit de réclamer.

Il y a encore dans le rapport d'Yhshan un curieux passage à citer: « Pendant la seconde lune (mars 1842), Jancigny nous fit remettre une dépêche dans laquelle il traitait également de la paix, en exprimant l'espoir que l'île de Hong-kong serait laissée aux mains des rebelles. Après avoir examiné avec plus d'attention la conduite de ces Français, nous reconnûmes qu'ils étaient amis de l'Angleterre, qu'ils voulaient tirer parti de leur médiation, et qu'ils songeaient à partager nos dépouilles. Alors nous ne les avons plus considérés que comme des gens rusés et imbus des principes barbares. Nous avons repoussé leurs offres, en leur conseillant de ne point aider les rebelles, de peur que les pierres précieuses et les pierres brutes ne fussent broyées dans le même mortier. Toutefois nous leur avons promis une récompense s'ils voulaient s'employer au service de la Chine, et en même temps nous avons recommandé à nos officiers d'avoir toujours l'œil sur eux... » Ce rapport, dont le début décorait presque un officier français de la plume de paon, et dont la fin nous remet si brusquement à notre place de barbares, ne fut communiqué à l'empereur qu'au mois d'août 1842, c'est-à-dire au moment où Elipou et Ky-ing signaient le fatal traité de Nankin. M. le commandant Cécille, ainsi que M. Page, qui avait très-habilement remonté le Yang-tse-kiang avec sa corvette, était convié à assister à ce grand acte, et dans la suite les mandarins regrettèrent plus d'une fois de n'avoir point compris les paroles sincères et désintéressées que leur apportaient les agents de la France.

Par la conclusion du traité de Nankin, les Chinois s'engageaient à rembourser une forte indemnité, vingt et un millions de dollars, représentant les frais de l'expédition (les peuples battus par les Anglais payent toujours l'amende). L'île de Hong-Kong était cédée en toute propriété à la couronne britannique; les étrangers obtenaient la permission de résider et de trafiquer dans cinq ports, sous la protection de consuls investis d'attributions et de priviléges fort étendus; le monopole des marchands hanistes était aboli, et le commerce devenait complétement libre; les droits d'entrée et de sortie sur les marchandises étaient fixés par un tarif spécial; l'opium ne figurait pas dans ce tarif, il demeurait officiellement prohibé. — En garantie du payement de l'indemnité, les Anglais retenaient l'île de Chusan, où deux fois le sort des armes avait été si contraire aux troupes impériales.

Les termes de l'indemnité furent versés, à chaque échéance, avec une exactitude irréprochable. Le commerce suivit son cours régulier, et les mandarins fermèrent les yeux sur la contrebande de l'opium [1]. Les Chinois attendaient trop im-

1. « M. Ky-ing, dit M. Davis, m'adressa en 1844 une note par laquelle il proposait ouvertement de laisser, d'un commun accord, toute latitude au commerce de l'opium. En conséquence il n'y a pas eu, depuis la paix, un seul édit contre l'opium, et lorsque le consul anglais de Shang-haï, se conformant aux clauses du traité, signalait aux mandarins les navires qui se livraient à la contrebande, les autorités locales paraissaient peu empressées de recevoir ces sortes

patiemment le jour où les barbares évacueraient Chusan, ils étaient trop désireux de purger l'hypothèque et de rentrer en possession de leur territoire pour ne pas éviter avec soin toute discussion qui eût déterminé l'Angleterre à s'approprier le gage. Chusan est placé dans une situation si favorable, que le cabinet de Londres eût été ravi de trouver un prétexte pour ne s'en point dessaisir. Sir John Davis, qui exerçait à cette époque les fonctions de gouverneur de Hong-kong et de plénipotentiaire de Sa Majesté Britannique en Chine, ne fait point mystère des intentions de son gouvernement. Il déclare qu'il reçut l'autorisation de négocier l'achat de l'île; mais ayant acquis la certitude que les Chinois ne se prêteraient à aucune transaction sur ce point, et qu'ils n'écouteraient pas davantage les propositions des États-Unis ou de la France; considérant d'ailleurs que l'importance commerciale de Hong-kong s'accroissait de jour en jour, et que dès lors il était moins urgent d'obtenir la cession d'une autre colonie sur la côte de Chine, sir John Davis ne jugea point à propos de faire usage de ses pleins pouvoirs. Le 7 juillet 1846 il restitua aux quatre commissaires délégués par l'empereur l'île de Chusan et le port de Tinghae.

A partir de ce moment les relations diplomatiques entre le gouvernement de Hong-kong et le vice-roi de Canton devinrent moins cordiales. Ky-ing, qui avait si ardemment défendu les idées de paix, au risque de compromettre son autorité à Pékin et sa popularité à Canton, Ky-ing lui-même,

d'avis. Il ne manquait plus au commerce de l'opium que la sanction d'un édit impérial, mais cette sanction officielle ne put jamais être obtenue. » Dans le tarif annexé au traité de Tien-tsin en 1858, l'opium a été compris avec un droit de 30 *taëls* par caisse.

l'ami des barbares, se refroidit tout à coup. Diverses tentatives furent faites pour reconstituer, sous une forme indirecte, le monopole des hanistes : le gouvernement chinois fut accusé d'établir à l'intérieur de l'empire des droits de transit sur les produits destinés aux cinq ports, afin de neutraliser, par un simple déplacement de perception, les avantages de tarif stipulés en 1842; la cité de Canton continuait d'être fermée aux étrangers, contrairement au texte formel du traité. Enfin la populace, dans un délire de sauvage patriotisme, attaqua les factoreries, où les Européens, privés de la protection des autorités, furent obligés de se défendre eux-mêmes. A ces divers griefs venaient s'ajouter plusieurs attentats isolés, commis dans les environs de la ville contre des sujets anglais. Les consuls et le gouverneur de Hong-kong adressèrent successivement à Ky-ing des représentations officielles, en invoquant le droit des gens ainsi que les clauses du traité de Nankin. Évasives d'abord, les réponses du vice-roi devinrent insolentes. Il fallut recourir aux grands moyens. Au mois de mars 1847, sir John Davis, se conformant aux instructions de lord Palmerston, fit embarquer sur les *steamers* les troupes dont il pouvait disposer, entra dans le Chou-kiang, s'empara des forts, encloua ou jeta à l'eau huit cent vingt-sept pièces de canon, et ne s'arrêta que devant Canton. Ce coup de vigueur, qui aurait pu rallumer la guerre et créer à la politique anglaise de graves embarras, fut frappé si à propos, que les Chinois, mal préparés à la résistance, se confondirent immédiatement en excuses et souscrivirent sans hésiter aux conditions imposées par le représentant de la Grande-Bretagne.

On pouvait croire que le gouvernement impérial, à peine

délivré des Anglais, s'empresserait de mettre à profit la rude leçon qui venait de lui être infligée, qu'il comprendrait la nécessité de se ménager des alliances et de réformer l'organisation de ses troupes. Plusieurs mandarins osèrent en effet appeler l'attention de la cour sur les mesures de salut public que réclamait l'avenir des relations désormais établies avec les nations européennes. Malheureusement la guerre avait partout en Chine introduit le désordre, et l'empereur Hien-foung, qui succédait à son père Tao-kwang le 26 février 1850, héritait d'une bien lourde tâche ! Pendant que les Anglais envahissaient le territoire, les généraux chinois avaient imaginé de distribuer dans les villes et jusque dans les moindres villages une grande quantité de fusils, qui furent particulièrement recherchés par les pirates et les voleurs. A Canton, Ky-ing eut l'idée malencontreuse de créer une sorte de garde nationale qui ne tarda pas à écouter la voix des démagogues, à ouvrir des clubs et à menacer le gouvernement. N'est-il pas permis de sourire à la lecture de ces curieux détails, qui peignent trop fidèlement la situation intérieure de la Chine ? Mais, au fond, que penser d'un pays où les autorités ne savent pas même arrêter les voleurs ? Peuple étrange, qui conserve toujours à nos yeux son caractère grotesque, et qui ne peut échapper à notre gaieté, alors même qu'il apparaît au milieu de ses désastres ! — Nous venons de lire quelques pages de son histoire, écrite en quelque sorte par lui-même ; nous avons vu les proclamations victorieuses des mandarins, les éloquentes colères des lettrés, la majestueuse sérénité de l'empereur ; nous avons assisté aux scènes à la fois tristes et ridicules qui se sont succédé pendant le cours de ce long drame où se jouaient les destinées du céleste empire. Eh bien! cette nation, si naïve en apparence, est douée d'une intelligence supérieure : elle est lettrée, délicate, polie; elle a reçu depuis des siècles les lumières de la civilisation, mais elle n'est point *sociable*. Voilà son erreur, voilà le crime qu'elle expie cruellement. Voilà l'explication de sa honteuse défaite. Jamais Dieu n'a consacré en caractères plus éclatants les droits et les devoirs sur lesquels repose la société humaine.

AVENTURES

D'UN MISSIONNAIRE CATHOLIQUE

M. L'ABBÉ HUC.

I

Situation de MM. Huc et Gabet à Lhasa, capitale du Tibet. — Leur expulsion et leur départ pour Canton. — Leur attitude devant les autorités chinoises; leur costume. — Voyage en palanquin. — Les *Koung-kouan* ou palais communaux. — Arrivée à Tching-tou, capitale de la province du Sse-tchouen. — Procès et jugement des deux missionnaires.

Les missionnaires catholiques qui se dévouent à la conversion des Chinois ont rarement le loisir d'écrire leurs impressions de voyage. Après avoir franchi de longues distances pour atteindre, à l'extrémité de l'empire, le champ de bataille de leur apostolat, il faut encore qu'ils parcourent sans relâche les districts confiés à leur zèle, et qu'ils visitent, à travers mille périls, les familles ou les petites communautés chrétiennes, rares oasis de la foi enclavées dans les terres bouddhiques. Que de fatigues, que d'émotions et d'aventures pendant ces pieuses étapes! Quelle prudence, et plus souvent quels prodiges de témérité ou d'adresse pour braver ou tromper la vigilance des mandarins! Ce serait, à coup sûr, un curieux livre qu'un *Guide* du missionnaire en Chine. On peut en juger par les récits touchants que publient les *Annales de la propagation de la foi;* mais ces correspondances familières, écrites au jour le jour, dans de courts intervalles de repos, ne sont que les pages détachées d'un livre qu'il faudrait recomposer à loisir. De tous les missionnaires qui ont dans ces dernières années parcouru la Chine, M. Huc est le seul qui nous ait donné une relation suivie et régulière d'une partie de ses pérégrinations apostoliques [1].

M. Huc avait franchi, en 1844, les frontières occidentales de la Chine pour aller, avec M. Gabet, établir à Lhasa le siége d'une mission catholique. Parfaitement accueillis dans la capitale du Tibet par la population, par les lamas et par le régent, les deux missionnaires avaient en peu de temps opéré plusieurs conversions, et ils se promettaient une abondante moisson de fidèles. Malheureusement ils avaient compté sans les susceptibilités jalouses de l'ambassadeur que la cour de Pékin entretient à Lhasa. Le mandarin Kichen prit ombrage. « Il fait ici un froid terrible, dit-il à M. Huc, le climat est malsain : vous seriez mieux en France. » Et alors commence une série de persécutions et de menaces adressées tant aux missionnaires qu'au régent tibétain. Celui-ci, excellent homme, qui d'abord avait soutenu ses hôtes, dut à la fin s'avouer vaincu, et le départ des

1. L'*Empire chinois*, par M. Huc, ancien missionnaire apostolique en Chine.

missionnaires fut décidé. Kichen, satisfait de sa victoire, leur prodigua dès ce moment toute sorte d'égards. Voilà donc MM. Huc et Gabet qui se remettent en route pour la frontière chinoise, d'où ils doivent se rendre dans la capitale de la province de Sse-tchouen, et de là à Canton; mais cette fois ils ne voyageront plus en missionnaires, « à la façon des ballots de contrebande. » Nous les verrons entourés d'une escorte de mandarins et foulant au grand jour le pavé ou plutôt la poussière des routes impériales. Ce ne sont point des délinquants reconduits de brigade en brigade jusqu'à la frontière; ce sont de nobles étrangers poliment condamnés à se voir rapatriés aux frais du gouvernement chinois. Singulier voyage qui n'a point encore eu son pareil dans les annales des missions catholiques en Chine et qui méritait assurément d'être conté!

Ta-tsien-lou (*la forge des flèches*) est la première ville que l'on rencontre en sortant du Tibet; elle appartient à la province de Sse-tchouen. MM. Huc et Gabet y arrivèrent au commencement de juin 1846, trois mois après avoir quitté Lhasa. Ils venaient de franchir à cheval, et Dieu sait par quels chemins, cinq mille cinquante *lis*, soit environ cinq cent cinq lieues. Un peu de repos leur était nécessaire, et puis nos voyageurs allaient désormais faire route sur le territoire du céleste empire; ils allaient échanger leur escorte tibétaine contre une escorte chinoise, et comme ils n'étaient pas bien sûrs que les mandarins tiendraient à leur égard les engagements pris par Kichen, ils avaient besoin de préparer mûrement leur plan de campagne. Ta-tsien-lou était donc pour eux une station très-importante. Ils eurent d'abord à soutenir une lutte en règle contre le mandarin, qui voulait absolument les condamner à continuer le voyage à cheval : exigence cruelle! A la fin le palanquin fut accordé.

Puis vint la grave question du costume. La toilette tibétaine, c'est-à-dire le casque en peau de loup et la longue tunique en pelleterie, n'était plus de mise dans le Sse-tchouen. Les Chinois n'auraient eu qu'une fort piètre idée de gens aussi mal vêtus. Les voyageurs se firent donc confectionner de belles robes bleu de ciel, selon la dernière mode de Pékin, et ils chaussèrent de magnifiques bottes en satin noir ornées de hautes semelles. Ils auraient pu à la rigueur se contenter de cet accoutrement, qui devait commander partout la considération et le respect; ils imaginèrent cependant d'y joindre une large ceinture rouge et une calotte jaune brodée, du sommet de laquelle pendaient de longs épis de soie rouge. Pour le coup, les mandarins de Ta-tsien-lou trouvèrent l'idée exorbitante. Une ceinture rouge, un bonnet jaune! mais ce sont là les attributs de la famille impériale! Le livre des rites est formel sur ce point. Impossible de tolérer une infraction aussi monstrueuse aux lois, aux coutumes et aux costumes de l'empire; il faut ôter ceinture et bonnet. Bref, ce fut autour des deux Européens une véritable émeute. M. Huc déclara qu'en sa qualité d'étranger il demeurait libre de s'habiller à sa guise, et qu'il ne ferait plus un pas sans avoir sa ceinture rouge et sa calotte jaune. Ce dernier argument était péremptoire, car les mandarins désiraient par-dessus tout être débarrassés d'hôtes aussi incommodes. Ceux-ci purent donc s'éloigner triomphalement de Ta-tsien-lou dans leurs palanquins et avec les vêtements que vous savez.

On voit dès le début quelle attitude les missionnaires entendaient prendre en face des autorités chinoises. Peut-être trouvera-t-on que cette attitude était quelque peu forcée, et que les mandarins n'avaient pas tout à fait tort contre ces étrangers d'humeur si difficile; mais il est juste de tenir compte de la situation et des personnages. Une longue expérience du caractère chinois avait appris à M. Huc que devant les mandarins il ne faut jamais plier. « Les mandarins, dit-il spirituellement, sont comme leurs longs bambous : une fois qu'on est parvenu à leur saisir la tête et à les courber, ils restent là; pour peu qu'on lâche prise, ils se redressent à l'instant avec impétuosité. » Ces petites scènes qui se produisaient ainsi dès les premiers pas de ce long voyage à travers le céleste empire, ces querelles de Chinois à propos de palanquins et de costumes, devaient servir merveilleusement les intérêts des missionnaires. Les mandarins surent tout de suite qu'ils avaient affaire à des gens qui n'aimaient pas à être contrariés et qui ne céderaient pas; et puis la calotte jaune valait bien le combat qu'elle avait coûté. En voyant passer ces étrangers coiffés des couleurs impériales, les populations allaient naturellement les prendre pour des personnages très-considérables, honorés d'une mission de l'empereur. Partout en effet les regards ébahis des Chinois s'arrêtèrent avec respects sur ces nobles bonnets, dont la teinte jaune et les broderies inaccoutumées illuminaient en quelque sorte l'intérieur des palanquins.

La caravane est donc en route pour Tching-tou, capitale de la province de Sse-tchouen. Le mandarin qui l'avait commandée sur le territoire du Tibet devait la quitter à la frontière de la Chine; mais il fut obligé de continuer sa corvée jusqu'au chef-lieu de la province, aucun des mandarins de Ta-tsien-lou ne s'étant soucié de prendre sa place. L'escorte recrutée à Lhasa reçut un renfort de jeunes soldats conduits par un sous-officier qui cheminait à son aise, un parapluie d'une main et un éventail de l'autre. Quant aux palanquins, quatre porteurs, payés à raison d'un sapèque par *li* ou un sou par lieue, les enlevèrent rapidement par les routes les plus difficiles, de sorte que bientôt l'escorte fut honteusement distancée. Il fallut cependant franchir une immense montagne, le Fei-yue-ling, dont les flancs escarpés et les précipices rappelaient à nos voyageurs les plus mauvais jours du Tibet; mais les palanquins se tirèrent avec honneur du mauvais pas, et après cette dernière épreuve la caravane arriva dans une région fertile, semée de riches vallons et de collines verdoyantes. C'était bien la Chine avec le charme de sa riante nature, embellie par le soleil du mois de juin. Les missionnaires reconnaissaient le tableau animé et pittoresque qui avait si souvent, dans le cours de leurs tournées apostoliques, égayé leurs yeux; ils retrouvaient les villages populeux, les hôtelleries, les pagodes au toit recourbé, les bosquets de bambous et de bananiers encadrant des bâtiments de fermes, partout l'image du travail, du mouvement, de cette animation régulière que l'on rencontre jusque dans les régions les plus reculées du céleste empire. Enfin ils sentaient la Chine à l'odeur fortement musquée qui s'échappe du terroir, odeur singulière que je me souviens parfaitement, pour ma part, d'avoir aspirée dans cet étrange pays.

Rien n'est plus rude qu'un voyage en palanquin, surtout quand il faut, après une journée de balancements et de soubresauts, passer la nuit dans une auberge chinoise. Or le mandarin de l'escorte se montrait peu difficile pour le choix des auberges, et les missionnaires, bien qu'ils n'eussent pas contracté des habitudes de sybarites, avaient quelque peine à concilier cet excès d'économie avec les magnifiques promesses que leur avait prodiguées Kichen en leur donnant congé à Lhasa. Une seule fois, sur la route de Tching-tou, ils reçurent l'hospitalité dans un véritable palais, où ils se virent traités avec une exquise politesse, servis avec luxe et visités par les plus gros mandarins de l'endroit. C'était le *koung-kouan* ou palais communal. — A toutes les étapes sur les principales routes de l'empire, il y a un *koung-kouan* exclusivement réservé aux mandarins de haut rang qui voyagent pour le service public, et les gouverneurs de la ville sont chargés de payer les dépenses. — MM. Huc et Gabet n'eurent garde de dédaigner le splendide festin qui était préparé en leur honneur; ils ne s'expliquaient guère cependant une réception aussi fastueuse, et ils voulurent avoir le mot de l'énigme. Or ils découvrirent que Kichen avait réellement ordonné de les traiter partout comme des mandarins de première classe et de les loger à ce titre dans les *koung-kouan* des villes où ils devaient passer, mais que le chef de l'escorte avait très-adroitement éludé ses instructions. Le mandarin avant d'arriver à l'étape faisait dire aux gouverneurs que les deux étrangers confiés à sa garde voulaient absolument aller à l'auberge, et qu'il suffisait de lui remettre la somme d'argent qui aurait été consacrée à les défrayer dans le palais communal. On devine le reste. L'honnête homme prenait tout l'argent et dépensait le moins possible. Ce n'est là d'ailleurs qu'un échantillon de ses peccadilles : nous ferons mieux de ne plus nous arrêter à de pareilles bagatelles et d'entrer tout de suite dans la capitale de Sse-tchouen, où d'après les ordres de l'empereur les missionnaires doivent être jugés.

Kichen, on le pense bien, s'était hâté d'écrire à Pékin qu'il venait d'arrêter deux prêtres européens au Tibet, qu'il avait saisi dans leur bagage des livres, des cartes de géographie, des emblèmes de religion, toutes choses fort suspectes, et qu'il avait pris les mesures nécessaires pour faire conduire ces étrangers sur le territoire chinois. Aussitôt l'empereur ordonna au vice-roi du Sse-tchouen de procéder à une enquête et de lui adresser un rapport détaillé sur tous les faits qui se rattachaient au voyage des missionnaires. Il fallait donc exécuter les ordres de l'empereur; mais en vérité il eût été impossible de montrer plus d'égards envers des prévenus cités devant un tribunal sous le coup d'une accusation qui en d'autres temps avait entraîné le dernier supplice. — Un palanquin pour voiture cellulaire, un mandarin pour gendarme, une auberge et même le *koung-kouan* pour prison, pendant le trajet les respectueux hommages des autorités et la curiosité bienveillante des populations, voilà le traitement à coup sûr fort inusité qui, depuis la frontière de la Chine jusqu'à Tching-tou, avait été infligé à ces grands coupables. Il est vrai qu'au bout de cette route semée de roses se dressait le tribunal redouté des juges de Sse-tchouen; mais dès leur arrivée à Tching-tou les prévenus durent être à peu près rassurés. On les conduisit d'abord chez l'un des trois préfets qui se partagent l'administration et la police de la ville. Ce mandarin leur donna une courte audience, et quand il apprit qu'on avait commis l'impertinence de les loger dans des hôtelleries comme de simples mortels, il tança vertement le chef de l'escorte. Après cette entrevue, les missionnaires furent conduits à la résidence qui leur était assignée; c'était un palais habité par un magistrat de second ordre. On y avait disposé des appartements très-confortables.

Le lendemain le préfet invita les missionnaires à dîner. En Chine comme ailleurs on fait parfois les affaires à table. Tout en veillant à ce que les échansons remplissent fréquemment de vin chaud les petits verres de ses convives, le mandarin, qui avait également invité un de ses collègues, employait tous ses talents de diplomate à convertir la causerie en interrogatoire et à préparer ainsi, *inter pocula*, le dossier du procès. Les accusés ne furent pas dupes de ce petit manége, et ils surent toujours ramener la conversation vers « la pluie et le beau temps. » Après le dîner cependant, l'entretien présenta plus d'intérêt; mais ce fut des mandarins que vinrent les confidences. On parla du christianisme et de sa situation dans le Sse-tchouen. — Le préfet entra à ce sujet dans des détails dont la précision étonna singulièrement les missionnaires. « Nous pensions bien, dit M. Huc, que les chrétiens, malgré leurs précautions à se cacher, ne pouvaient jamais réussir à déjouer complétement la surveillance de la police et des tribunaux; nous savions qu'ils étaient connus, qu'on n'ignorait pas les lieux et les heures de leurs réunions, qu'on pouvait même assez facilement soupçonner parmi eux la présence des Européens; mais nous étions bien loin de croire que la plupart des mandarins étaient au courant de toutes leurs affaires. A Lhasa, Kichen nous avait déjà annoncé que dans la province du Sse-tchouen nous rencontrerions beaucoup de chrétiens, il nous signala même les endroits où ils étaient en plus grand nombre. Pendant qu'il était vice-roi de la province, il était instruit de tout; il savait que les alentours de son palais étaient presque entièrement habités par des chrétiens, et de chez lui il entendait le chant des prières, quand on se réunissait aux jours de fête. Je sais même, ajouta-t-il, que le chef de tous les chrétiens de la province est un Français nommé *Ma* (Monseigneur Perocheau, évêque de Maxula); je connais la maison où il réside; tous les ans il envoie des courriers à Canton chercher de l'argent et des marchandises; à une certaine époque de l'année il fait la visite de tous les districts où il y a des chrétiens. Je ne l'ai pas tracassé, parce que je me suis assuré que c'est un homme vertueux et charitable. — Il est évident que si l'on voulait s'emparer en Chine de tous les chrétiens et de tous les missionnaires, la chose ne serait peut-être pas très-difficile; mais les mandarins se garderaient bien d'en venir là, parce qu'ils se trouveraient surchargés d'affaires qui, en définitive, ne leur rapporteraient aucun profit; ils seraient même grandement exposés à être dégradés et envoyés en exil. Les tribunaux de Pékin et l'empereur ne manqueraient pas de les accuser de négligence et de leur demander comment ils ont été jusqu'à ce jour sans savoir ce qui se passait dans leur mandarinat et sans faire exécuter les lois de l'empire. Ainsi l'intérêt personnel des magistrats est souvent pour les chrétiens une garantie de paix et de tranquillité. »

L'entretien des missionnaires avec les deux magistrats confirma donc l'exactitude des déclarations de Kichen sur l'état du catholicisme dans la province du Sse-tchouen, et le procès qui allait être jugé devait avoir d'autant plus d'importance, qu'il pouvait, suivant l'issue, effrayer ou rassurer les nombreux chrétiens de Tching-tou, dont l'anxiété était naturellement des plus vives. Les mandarins mirent d'ailleurs la plus grande diligence à réunir toutes les pièces de l'instruction, et quatre jours seulement après leur entrée à Tching-tou, MM. Huc et Gabet furent mandés devant le tribunal. Pendant ce court délai on avait eu pour eux tous les soins imaginables; on leur avait donné deux valets de chambre, et le vice-roi avait attaché à leurs personnes deux mandarins à globule doré, chargés de leur tenir compagnie et de les égayer par les charmes de leur conversation. En outre, le magistrat qui habitait le palais ne manquait pas de venir leur rendre fréquemment ses devoirs, et plusieurs personnes de distinction tenaient à honneur de visiter les nobles étrangers, dont l'arrivée et le prochain jugement étaient l'objet des entretiens de toute la ville.

Aussi, à l'heure fixée pour l'ouverture du procès, les abords du tribunal étaient-ils encombrés d'une immense foule au milieu de laquelle les missionnaires purent remarquer quelques visages sympathiques; c'étaient des chrétiens, dont les regards mornes trahissaient une vive inquiétude. Les accusés s'avancèrent d'un pas ferme dans la salle où siégeaient les juges. Ils montèrent un escalier dont les douze marches en pierre étaient bordées par deux rangs de bourreaux couverts de longues robes rouges et armés de leurs instruments de supplice. Le président était un homme d'une cinquantaine d'années, « lèvres épaisses et violettes, joues pantelantes, teint blanc sale, nez carré, oreilles plates, longues et luisantes, front profondément sillonné de rides, yeux probablement petits et un peu rouges, mais cachés derrière de rondes et grandes lunettes, retenues à la sommité des oreilles par un petit cordon noir. Son costume était superbe; sur sa poitrine brillait un large écusson où était représenté en broderie d'or et d'argent un dragon impérial : un globule en corail rouge, décoration des mandarins de première classe, surmontait son bonnet officiel, et un long chapelet parfumé et orné de médaillons était suspendu à son cou. » Les autres juges portaient à peu près le même costume. Derrière eux se tenaient des officiers en habits de soie ; des soldats armés entouraient la salle ; enfin un public d'élite occupait dans les couloirs latéraux des places réservées.

« Tremblez, tremblez ! » s'écrièrent en chœur les bourreaux lorsque MM. Huc et Gabet traversèrent leurs rangs. « A genoux, accusés ! » chantèrent à leur tour huit greffiers de leur plus belle voix. Les accusés restèrent debout. A une seconde sommation appuyée de gestes très-impérieux, ils répondirent qu'ils ne s'agenouilleraient pas, attendu que ce n'était point l'usage dans leur pays, et ils rappelèrent la tolérance que leur avait accordée, sur cette question d'étiquette, l'ambassadeur Kichen. Le président n'insista pas, et après un assez long silence il procéda à l'interrogatoire. — De quel pays êtes-vous ? — Pourquoi êtes-vous venus en Chine? — Où avez-vous appris le langage de Pékin, etc. ? — Puis on apporta devant le tribunal les papiers et les différens objets qui avaient été saisis à Lhasa dans le bagage des missionnaires, et que Kichen avait eu soin de renfermer dans une caisse scellée avec de grands cachets rouges. Tout était parfaitement en règle ; les accusés reconnurent les objets qui leur étaient représentés, et on les invita à rédiger et à signer en français comme en chinois une attestation *ad hoc*. Les formalités ne se seraient pas accomplies avec plus d'ordre devant un tribunal européen.

Quand ces préliminaires furent terminés, le magistrat qui

occupait le siége à la droite du président, et qui remplissait l'office de juge d'instruction, prononça un violent réquisitoire et adressa aux prévenus une foule de questions auxquelles ceux-ci jugèrent à propos de ne pas répondre, en déclarant qu'ils ne comprenaient pas un pareil langage. Le président répéta les questions d'un ton plus calme; il demanda notamment aux missionnaires quels étaient les Chinois qui les avaient introduits dans l'empire, et ceux qui les avaient logés. Ils déclarèrent qu'aucune puissance humaine ne les forcerait à commettre une dénonciation. Les juges paraissaient assez embarrassés de cette attitude si décidée; aussi l'un d'eux s'avisa-t-il de soulever un incident : il fit remettre aux missionnaires une feuille de papier sur laquelle étaient écrites en traits grossiers les lettres de l'alphabet européen, et il les pria de lire en appuyant sur les intonations. Cette fois il fut obtempéré à cette requête fort innocente, et les magistrats eurent la satisfaction d'entendre lire très-distinctement les vingt-quatre lettres de l'aphabet : la lecture les intéressa même au point qu'ils en demandèrent une seconde, plus lente et plus accentuée. « Il paraît, dirent les accusés, que nous sommes ici des maîtres d'école, et que vous êtes nos élèves. » A cette réflexion, qui ne manquait pas de justesse, tous les assistants, magistrats et auditoire, de rire à gorge déployée. L'intermède de l'alphabet venait de produire un excellent effet, et les juges étaient décidément en joyeuse humeur. Le président crut devoir toutefois revenir aux choses sérieuses. Il demanda pour quel motif et en vue de quel profit les Français cherchaient à convertir les Chinois à la religion chrétienne ; puis il multiplia ses questions sur le christianisme. Les missionnaires ne laissèrent pas échapper l'occasion de faire publiquement et dans une circonstance aussi solennelle l'exposé de leurs croyances, et le tribunal dut entendre leur sermon. Enfin le président leur dit très-poliment qu'ils avaient sans doute besoin de repos, et il leva la séance.

Les missionnaires avaient gagné leur procès. Deux jours après leur comparution devant le tribunal, le vice-roi de Sse-tchouen, Pao-hing, les invita à se rendre à son palais, et il eut soin de leur envoyer deux beaux palanquins de parade et une brillante escorte. Tous les mandarins civils et militaires de Tching-tou avaient été convoqués en grande cérémonie, et ils se tenaient debout dans une antichambre voisine de la salle d'audience, où le vice-roi, vêtu d'une modeste robe en soie bleue et assis, les jambes croisées, sur un divan, fit introduire les missionnaires. L'entretien roula d'abord sur les incidents du voyage. Pao-hing annonça qu'il venait de destituer le chef de l'escorte qui, en ne logeant pas les voyageurs dans les palais communaux, avait compromis la dignité de l'empire. Il s'emporta ensuite contre Kichen, ce faiseur d'embarras, qui, suivant lui, aurait agi bien plus sagement en laissant les missionnaires se promener à leur guise dans le Tibet. — Mais enfin, puisque vous voilà, où voulez-vous aller? — Nous voulons aller au Tibet, à Lhasa, répondit tout naturellement M. Huc. — Au Tibet? Si cela n'avait dépendu que de moi, vous y seriez encore. Maintenant n'y pensons plus; il faut aller à Canton, où vous serez remis au représentant de votre nation. Je réponds de vous sur ma tête. — Pao-hing prit congé de ses hôtes après leur avoir adressé quelques observations sur l'irrégularité de leur costume, car MM. Huc et Gabet ne quittaient jamais la ceinture rouge non plus que le fameux bonnet jaune. Ils déclarèrent qu'ils désiraient s'habiller ainsi. Le vice-roi se mit à rire et leur laissa carte blanche.

Pao-hing était de l'école, fort nombreuse en Chine, des mandarins qui détestent les embarras et qui s'accommodent volontiers de tout, pourvu que l'on épargne leur responsabilité; il se serait bien gardé, s'il avait été le maître, d'arrêter deux Européens, de faire un gros procès, de révolutionner la ville et la province et d'appeler sur une question aussi compromettante l'attention du cabinet de Pékin. Combien il eût préféré fumer tranquillement sa longue pipe, mâcher la noix d'arec et boire sa tasse de thé, plutôt que de chercher querelle au christianisme, dont il n'avait, en vérité, nul souci! Sa mauvaise humeur contre le fougueux Kichen était caractéristique, et dès qu'il eut achevé son rapport à l'empereur, rapport fort honnête, qui relatait assez exactement les faits, il ne songea plus qu'à repasser à son collègue de la province de Hou-pé les hôtes importuns que lui avait si mal à propos envoyés l'ambassadeur chinois à Lhasa. Il se montra toutefois jusqu'au dernier moment plein de bienveillance envers les missionnaires. Dans l'audience qu'il leur accorda le jour du départ, il leur remit une copie des instructions qu'il avait données aux mandarins chargés de les accompagner jusqu'à la capitale de la province voisine, et ces instructions pourvoyaient avec le plus grand soin aux moindres détails du voyage. Il accueillit les observations qui lui étaient soumises sur la situation des chrétiens dans le céleste empire et sur la nécessité d'exécuter fidèlement les promesses faites en 1844, au nom de l'empereur, à l'ambassadeur français, M. de Lagrené; il s'engagea même à intercéder en faveur du christianisme lors de son prochain voyage à Pékin. Pao-hing et les missionnaires se quittèrent donc les meilleurs amis du monde, et quand MM. Huc et Gabet remontèrent dans leurs palanquins pour continuer leur route à travers la Chine, ils purent apprécier ce que vaut l'amitié d'un vice-roi. Tous les mandarins de Tching-tou s'inclinaient devant eux; la population se pressait avec enthousiasme sur leur passage; les chrétiens, sortant de la foule, invoquaient leur bénédiction par de hardis signes de croix. C'était une marche triomphale. Ils étaient entrés dans la capitale du Sse-tchouen pour y comparaître devant les juges; ils en sortaient maintenant applaudis, fêtés, suivis d'un splendide cortége. Un mandarin de première classe eût été à bon droit jaloux de tant d'honneurs prodigués à ces barbares de l'Occident!

II

La province de Sse-tchouen. — Manières de voyager en Chine; les routes et les auberges. — Réflexions sur l'administration intérieure de la Chine. — Les chrétiens du Sse-tchouen. — Un tribunal chinois. — Entrée dans la province du Hou-pé. — Rencontre de mandarins lettrés; la géographie, l'astronomie, la médecine et la pharmacie en Chine. — Manifestation populaire en l'honneur d'un mandarin destitué. — Traversée du lac Ping-hou; aspect du lac. — Arrivée à Ou-tchang-fou, capitale du Hou-pé.

La province du Sse-tchouen, que nos voyageurs doivent traverser, est la plus vaste et l'une des plus riches de l'empire chinois. Elle mesure environ trois cents lieues de largeur et renferme neuf villes de premier ordre, cent quinze villes d'ordre inférieur, un grand nombre de forts et de places de guerre. C'est un beau pays, couvert de fertiles plaines, de montagnes pittoresques et de gracieux vallons. Çà et là jaillissent des lacs dont les eaux poissonneuses nourrissent des colonies de pêcheurs. Partout on rencontre des canaux et des rivières navigables qui portent des milliers de jonques et qui répandent sur leurs rives la fécondité et la richesse. Le Yang-tse-kiang, ce fleuve géant qui traverse la Chine dans toute sa largeur, sillonne le Sse-tchouen du sud-ouest au nord-est. Les produits du sol sont aussi abondants que variés : ici des céréales qui doivent nourrir l'énorme population de plusieurs provinces; là des plantes textiles et tinctoriales, principalement le chanvre et l'indigo; ailleurs le thé, le tabac, les plantes médicinales, etc. Quant au peuple, il est à la fois plus intelligent et plus poli que dans la plupart des autres provinces; il fournit à la cour des légions de mandarins civils et militaires, et il compte dans les annales du céleste empire de nombreuses illustrations. Enfin c'est dans le Sse-tchouen que le christianisme paraît avoir fait le plus de progrès : M. Huc estime qu'il y a dans la province au moins cent mille chrétiens.

Nos missionnaires avaient donc, en quittant Tching-tou, la perspective d'un voyage agréable et commode. Ils allaient cheminer en grand équipage, tantôt sur les routes impériales, tantôt par eau, avec un état-major de deux mandarins et une escorte de douze satellites. Les *koung-kouan* ou palais communaux que l'habile administration de Kichen, précédemment vice-roi du Sse-tchouen, avait établis comme autant de caravansérails dans les principales villes d'étape, devaient s'ouvrir pour eux, et les gouverneurs, avertis officiellement de leur passage, avaient reçu l'ordre de les héberger comme des personnages de haut rang. Cependant, malgré les brillantes promesses de cet itinéraire, MM. Huc et Gabet n'étaient pas au bout de leurs peines. Les fourberies de leurs aides de camp, les mille tours des mandarins, le déplorable état des routes, les tempêtes du Yang-tse-kiang, la vermine, les moustiques, les cakerlats, tout conspirait contre eux. A chaque étape, il fallait tancer les magistrats, faire la grosse voix, combattre ruse par ruse, entêtement par entêtement, entamer une campagne en règle et disputer le terrain pied à pied. Il y avait là de quoi lasser la patience la plus apostolique; mais les deux missionnaires qui pour le moment voyageaient, bien malgré eux, aux frais des autorités chinoises, n'étaient pas d'humeur à battre en retraite devant les mandarins, et dans toutes les rencontres ils culbutaient l'ennemi avec une intrépidité sans pareille. Ce système, qui, on doit le dire, ne comportait pas la moindre dose de patience, leur avait trop bien réussi jusqu'à leur arrivée dans la capitale du Sse-tchouen pour qu'ils n'en poursuivissent pas l'application impartiale dans le reste de la province.

Les Chinois voyagent beaucoup; on serait donc tenté de croire que les moyens de locomotion sont chez eux très-perfectionnés. Par eau, les trajets s'accomplissent assez à l'aise. Les mandarins et les personnes riches possèdent de bonnes jonques, confortablement aménagées, qui les transportent sans trop de fatigue d'une province à l'autre, à travers les fleuves, les lacs et les canaux qui coupent, dans le midi surtout, une grande partie du territoire. Cependant beaucoup de canaux sont aujourd'hui si mal entretenus, que la navigation se trouve fréquemment interrompue. Quant aux fleuves et aux lacs, on ne saurait s'y fier par tous les temps : les ouragans ne sont pas rares, et les voyageurs prudents se voient forcés de rester au port. — Dans les provinces septentrionales de l'empire, où les voies navigables sont moins nombreuses, il faut souvent franchir par terre de longues distances. Or les palanquins, suspendus sur les épaules de quatre porteurs qui ne marchent pas toujours à pas égaux, sont très-fatigants; à plus forte raison les chariots, qui ne sont pas le moins du monde suspendus, où il faut se tenir assis, les jambes croisées, et qui versent très-souvent : ce qui expliquerait, suivant M. Huc, l'habileté des Chinois dans l'art si difficile de raccommoder les bras et les jambes. On voyage aussi en brouette, ce qui n'est peut-être pas aussi dangereux, car on verse de moins haut, mais n'est probablement pas plus commode. Enfin on peut aller à cheval, à mulet ou à âne. — Les routes impériales étaient autrefois larges, bien dallées et entretenues avec soin. On retrouve encore, aux abords de quelques grandes villes, des vestiges de leur ancienne magnificence; mais, à mesure que l'on s'éloigne des principaux centres de population, ces routes se rétrécissent en minces sentiers et ne conservent d'impérial que le nom. Plus d'arbres, plus de dalles, plus de ponts pour traverser les moindres cours d'eau. Les Chinois font remonter à l'avénement de la dynastie tartare-mandchoue la destruction de leurs voies de communication, qui, sous les vieilles dynasties nationales, avaient été pour les plus illustres souverains l'objet d'une vive sollicitude.

Le système des hôtelleries ne vaut guère mieux que les routes. Pour les trajets par eau cela importe peu, attendu que l'on prend ses repas dans la jonque; mais pour les voyages par terre l'inconvénient est très-sensible : aussi le

Chinois prudent a-t-il bien soin de faire sa provision de vivres lorsqu'il doit loger dans les petites villes, si mieux il n'aime cumuler en un seul repas déjeuner, dîner et souper, de façon à pouvoir atteindre, l'estomac plein, un chef-lieu de district où les auberges lui offriront plus de ressources. Les missionnaires, qui avaient droit à l'hospitalité des palais communaux, pouvaient ne point se préoccuper de ce détail. Cependant ils eurent à passer la nuit dans plusieurs localités dépourvues de *koung-kouan*, et les renseignements fournis par M. Huc sur un certain hôtel des *Béatitudes*, situé dans une certaine ville du Sse-tchouen nommée Yao-tchan, m'empêcheraient tout à fait, le cas échéant, de me loger à cette belle enseigne.

Ce fut le jour même du départ de Tching-tou que commencèrent les tribulations des voyageurs. Le mandarin Ting, qui le vice-roi avait confié la conduite de la petite caravane, ne songeait qu'à remplir sa bourse. Il avait fourni de mauvais palanquins, diminué le nombre des porteurs, et il annonçait ainsi l'intention de lésiner sur toutes choses au détriment des missionnaires. Il fallut donc le rappeler vertement à l'ordre ; mais il était trop chinois pour ne pas s'indemniser immédiatement de ce léger mécompte. On arriva le lendemain sur les rives du Yang-tse-kiang. Le fleuve coulait avec majesté, entraînant dans son cours rapide une flotte de jonques. — Si nous faisions route en bateau ? proposa le mandarin. Les chemins vont devenir détestables : des montagnes ! des précipices ! les palanquins ne s'en tireront pas ! — Tout le monde est d'accord, et voilà Ting enchanté. Il loue une mauvaise barque et y installe son monde, puis il envoie un de ses gens sur la route de terre recueillir le tribut que les gouverneurs des villes auraient dû payer aux étapes suivantes pour les frais de séjour de toute la caravane. Pendant ce temps, une pluie battante inonde la jonque, et les malheureux passagers sont obligés de se blottir dans une petite chambre enfumée de tabac et d'opium. Ce n'est pas tout : on débarque à Kien-tcheou, et le mandarin, qui prend goût à la perception des impôts, se garde bien de conduire ses voyageurs au palais communal ; il les dirige sur l'auberge des *Désirs accomplis*, sauf à acquitter la dépense, qui sera plus que couverte par le tribut du gouverneur. Ici encore il faut batailler pour forcer, malgré l'obstination de Ting, malgré la diplomatie des autorités de Kien-tcheou, l'entrée du palais communal. A chaque étape se reproduisent ces luttes si gaiement décrites par M. Huc; ce sont de curieux tableaux de mœurs, où tous les personnages sont mis en scène avec un art infini, qui, j'aime à le croire, emprunte à la vérité son plus grand charme. D'un côté, les deux missionnaires, qui réclament avec acharnement et dans toutes les langues, en chinois par-ci, en mogol par-là, leur droit au *houng-kouan*, qui malmènent leurs guides, dont ils ne sont, à vrai dire, que les prisonniers, qui traitent de haut en bas les mandarins grands et petits, civils et militaires, dans les villes de première classe comme dans les moindres bourgs, qui enfoncent les portes et casseraient les vitres, s'il y en avait ; d'un autre côté, les mandarins tout ébahis d'abord à la vue de ces voyageurs d'espèce inconnue; puis, quand il faut débourser, rusant, mentant, menaçant, levant les yeux et les mains au ciel, enfin, au moment suprême et à bout de fourberie, cédant tout, s'exécutant presque de bonne grâce, désarmant entre les mains du plus fort et se rendant à discrétion : voilà les scènes de cette ravissante comédie, que M. Huc devait cependant trouver infiniment trop prolongée.

Est-ce donc ainsi que la Chine est administrée ? Voilà donc comment se comportent dans cette terre classique de la monarchie absolue les représentants de l'autorité ! voilà les mandarins ! Le portrait n'est pas édifiant ; lors même qu'il paraîtrait quelque peu chargé (et je m'expliquerai plus loin sur ce point), il est instructif, et il doit nous aider à comprendre l'énigme si compliquée de l'insurrection chinoise. « Nous avons vu, dit M. Huc, la corruption la plus hideuse s'infiltrer partout, les magistrats vendre la justice au plus offrant, et les mandarins de tout degré, au lieu de protéger les peuples, les pressurer et les piller par tous les moyens imaginables. » Tous les faits, les moindres incidents du voyage accompli par les deux missionnaires ne sont que le développement de ce témoignage, et viennent jeter une vive lumière sur la situation intérieure de la Chine. On aurait tort cependant d'attribuer au mécanisme des institutions chinoises la responsabilité de ces affreux désordres. Au fond, les institutions sont patriarcales : bien qu'elles reposent sur l'absolutisme, elles désavouent l'oppression et la tyrannie. L'empereur, suivant l'expression antique, est le père et la mère du peuple, et le principe d'autorité découle de la notion de famille ; mais depuis la conquête tartare, cette charte, consacrée par les traditions séculaires, a cessé d'être une vérité. Tout en respectant la forme des institutions, les Tartares, effrayés de leur petit nombre au milieu de leurs innombrables sujets, se sont appliqués à changer les rouages et à fausser par des réformes d'abord peu sensibles le système en vigueur sous les anciennes dynasties. Ainsi, obligés de laisser aux Chinois une grande partie des fonctions publiques, et craignant que l'influence de ces fonctionnaires, naturellement hostiles, ne parvînt à miner leur autorité, ils décrétèrent qu'un mandarin ne pourrait exercer son emploi dans le même lieu pendant plus de trois années. M. Huc signale avec raison cette mesure comme étant la principale cause de la désorganisation qui a envahi peu à peu tous les rangs de l'administration chinoise. Les mandarins sont nommés dans un pays qu'ils ne connaissent pas, où ils ne sont pas connus, d'où ils savent qu'ils partiront à jour fixe. Ils ne songent plus dès lors qu'à amasser au plus vite, à force d'extorsions et d'exactions, une fortune dont ils iront, à l'autre bout de l'empire, enfouir la honte et savourer impunément les jouissances. Là où il n'y a plus de responsabilité morale, le gouvernement paternel disparaît. En voulant briser, comme c'était d'ailleurs leur droit, les influences politiques, menaçantes pour leur conquête, les Tartares ont brisé du même coup le lien de famille qui unissait étroitement les différentes classes de la société chinoise. Cet expédient a contribué sans aucun doute à maintenir depuis deux siècles leur dynastie sur le trône de Pékin, mais il a préparé en même temps une dissolution inévitable dont nous voyons se produire aujourd'hui les premiers symptômes. C'est en 1846 que M. Huc a rencontré sur les rives du Yang-tse-kiang les incroyables mandarins dont il a retracé les portraits; en 1850 la révolte éclatait au fond de la province du Kwang-si. Il y a entre ces portraits de mandarins et cette révolution populaire un rapport très-direct qui doit frapper tous les esprits, et l'on ne saurait vraiment faire un crime aux Chinois de s'être insurgés contre de pareils maîtres.

Mais il est temps de rejoindre nos missionnaires. On ne les avait pas trompés en leur annonçant qu'ils trouveraient sur leur route un assez grand nombre de chrétiens. Ils les reconnaissaient aux signes de croix faits à la dérobée dans les rangs épais de la foule et à l'émotion secrète qu'ils éprouvaient en traversant certains groupes d'où s'échappaient, visibles pour eux seuls, les radieux éclairs de la foi. A Tchoung-king, ils reçurent une lettre d'un évêque catholique qui, du fond de sa retraite, leur donnait des nouvelles assez tristes de sa mission, et signalait notamment l'arrestation de trois chrétiens emprisonnés à Tchang-tcheou, ville de troisième ordre où les voyageurs devaient s'arrêter. Le parti de MM. Huc et Gabet est bientôt pris. Ils arrivent à Tchang-tcheou, s'installent au palais communal, donnent audience au mandarin du lieu, et après les politesses d'usage ils l'interrogent sur les chrétiens. « Avez-vous ici beaucoup de chrétiens ? — Une quantité. — Et sont-ce de braves gens ? — Sans aucun doute. Comment des hommes qui suivent votre sainte doctrine ne seraient-ils pas ornés de toutes les vertus ! — Le bruit court cependant qu'il y a trois chrétiens enfermés dans la prison du tribunal. — N'en croyez pas un mot, ce sont de fausses rumeurs. Le peuple de nos contrées ment avec une facilité vraiment déplorable ! » L'audience terminée, le mandarin se retire tout joyeux ; mais les missionnaires, qui connaissent leur monde, ne le tiennent pas quitte : ils lui envoient immédiatement un petit billet indiquant le nom, l'âge, la profession des prisonniers, et lui déclarent qu'il a menti indignement, etc. Au bout de quelques instants les trois chrétiens arrivent avec leur absolution complète, et le mandarin transmet piteusement ses humbles excuses.

Ainsi partout où ils passaient les deux voyageurs voyaient les autorités trembler devant eux, et cette fois ils avaient eu la satisfaction de pouvoir employer au profit de leurs coreligionnaires persécutés l'influence singulière qu'ils devaient, il faut bien le dire, à leur réputation de caractères intraitables. Les mandarins, d'ordinaire si insolents quand ils n'avaient devant eux que leurs dociles sujets, se sentaient subjugués par l'aplomb de ces étrangers qui chargeaient à fond sur leurs fourberies et leurs mensonges, et qui les poussaient sans miséricorde jusque dans leurs derniers retranchements. Comment résister à de pareilles gens ? Ne s'avisent-ils pas d'exercer le droit de grâce et d'ouvrir aux criminels la porte des prisons, absolument comme s'ils étaient des vice-rois en tournée ? Il ne leur manque plus que de chasser les magistrats de leurs siéges, de s'emparer du tribunal, de citer les mandarins à leur barre et de prononcer des arrêts. Quoi de plus logique ? Et en effet, le lendemain même de la scène de Tchang-tcheou, nous allons assister à l'aventure la plus extraordinaire, la plus incroyable de tout le voyage.

C'était dans la petite ville de Leang-chan. Les chrétiens, assez nombreux dans cette ville et aux environs, accouraient avec empressement au palais communal, où les missionnaires, encouragés par leur triomphe de la veille, les affermissaient dans la foi et leur annonçaient un avenir meilleur. Témoins de ces visites et de ces entrevues assez suspectes, les mandarins ne disaient mot, mais ils n'en étaient pas plus satisfaits ; à la fin l'un d'eux eut la malencontreuse idée de saisir dans la chambre des missionnaires un paquet et une lettre qui venaient de leur être apportés de la part d'un chrétien nommé Tchao. Le paquet contenait des fruits secs, et la lettre quelques phrases de compliments et d'adieux. L'acte du mandarin trop zélé constituait une véritable violation de domicile, fait très-grave qui ne pouvait demeurer impuni ; en outre, Tchao venait d'être emprisonné sous la prévention de complot. « Il faut un jugement, s'écrient les missionnaires, et un jugement public, en notre présence ! — Calmez-vous, leur dit le préfet ; Tchao va être relâché, et il ne restera plus trace de l'affaire. — Non pas ! il faut un bon jugement, et nous ne quittons pas la place que l'arrêt n'ait été rendu. » Pour comprendre la portée de cette menace, on doit se rappeler que les voyageurs et leur escorte sont hébergés et nourris aux frais du préfet, en sorte que celui-ci est naturellement très-désireux de les voir partir et très-effrayé pour sa bourse de les voir rester. Aussi, après quelques pourparlers, le jugement de Tchao est accordé, et le magistrat a tant de hâte d'en finir, qu'à minuit il envoie prévenir les missionnaires que le tribunal est prêt et que l'audience va s'ouvrir. « Nous fûmes introduits, dit M. Huc, dans la salle d'audience, qui était splendidement éclairée par de grosses lanternes en papier de diverses couleurs. Une multitude de curieux, parmi lesquels devait se trouver un grand nombre de chrétiens, encombrait le fond de la salle. Les principaux mandarins de la ville et nos trois conducteurs se trouvaient à la partie supérieure, sur une estrade élevée, où on avait disposé plusieurs siéges devant une longue table. Aussitôt que nous fûmes arrivés dans ce sanctuaire de la justice, les magistrats nous firent l'accueil le plus gracieux, et le préfet nous dit qu'il fallait prendre place aussitôt pour commencer vite le jugement. La situation était critique ; comment allait-on se placer ?

Personne ne paraissait bien fixé sur ce point, et notre présence semblait donner au préfet lui-même des doutes sérieux au sujet de ses prérogatives : il avait bien sur le devant de sa tunique de soie violette un dragon impérial richement brodé en relief; mais nous portions, nous, une belle ceinture rouge. Le préfet avait un globule bleu, et nous autres nous étions coiffés d'un bonnet jaune. Après quelques instants d'hésitation, nous nous sentîmes une telle surabondance d'énergie, que nous éprouvâmes le besoin de diriger nous-mêmes les débats. Nous allâmes donc nous installer fièrement sur le siége du président, et nous assignâmes à nos assesseurs la place qu'ils devaient occuper à droite et à gauche, chacun suivant le degré de sa dignité. Il y eut dans l'auditoire un petit mouvement d'hilarité et de surprise qui n'avait pourtant aucun caractère d'opposition. Les mandarins se trouvèrent du coup complétement désorientés, et se placèrent, comme des machines, selon qu'il leur avait été dit. » Après ce coup d'État, la séance fut ouverte. Les missionnaires, qui avaient comparu pour leur propre compte devant le tribunal de Tching-tou, étaient assez au courant de la procédure; ils firent donc toutes choses selon les règles. D'abord ils placèrent sur la table le corps du délit, c'est-à-dire la lettre et le paquet, dont le mandarin auteur de la saisie reconnut l'identité; puis ils firent passer ces deux paquets sous les yeux de tous les juges, pour que ceux-ci fussent en mesure d'apprécier le délit en parfaite connaissance de cause. Ces préliminaires accomplis par le ministère d'un huissier qui était « coiffé d'un bonnet de feutre noir taillé en pain de sucre et orné de longues plumes de faisan, » l'accusé Tchao fut introduit devant le tribunal. C'était un Chinois d'excellente tournure, dont la physionomie intelligente promettait un acteur tout à fait approprié au rôle que les missionnaires lui avaient assigné d'avance dans la représentation extraordinaire donnée par eux aux habitants de Leang-chan. Tchao salua le président et les juges, et il allait s'agenouiller, suivant la mode chinoise, pour subir son interrogatoire, quand le président lui dit de rester debout. A ce moment le préfet voulut intervenir, et, prétextant la difficulté que les missionnaires éprouveraient à se faire bien comprendre de l'accusé, il offrit complaisamment de poser lui-même les questions; mais il fut repoussé avec perte, et l'interrogatoire commença. En réponse aux questions qui lui furent adressées, l'accusé fit connaître son nom, son âge, le lieu de naissance, sa religion. Il déclara qu'il était chrétien; il reconnut avoir écrit la lettre et envoyé le paquet de fruits secs « pour témoigner aux pères spirituels sa piété filiale; » il se défendit d'avoir agi contrairement aux lois et protesta de la pureté de ses intentions. Tout allait au mieux : le président approuvait fort les réponses de Tchao; les juges, consultés par lui, abondaient dans son sens, et il ne restait plus qu'à prononcer, à la satisfaction générale, un arrêt de non-lieu. Cependant M. Huc jugea que l'occasion était merveilleuse pour aborder devant les mandarins et en présence de toute cette foule la question du christianisme. Il interrogea Tchao sur le nombre et la condition des chrétiens dans la province, et il se procura ainsi, en plein tribunal et dans cette courte audience, plus de renseignements qu'il n'en eût obtenu peut-être dans une longue tournée apostolique; il termina l'incident en annonçant à haute et intelligible voix qu'un édit de l'empereur avait autorisé les chrétiens à se livrer aux pratiques de leur culte, et qu'on pouvait désormais adorer Dieu en toute liberté. — Cela dit, il daigna demander au préfet s'il pensait que Tchao dût être mis en liberté : « Assurément, » répondit le mandarin, espérant enfin être délivré de cette rude séance, et le chrétien fut immédiatement relâché. — Les missionnaires auraient pu à la rigueur se contenter de cet arrêt ; mais ils se sentaient en veine de rendre la justice, et M. Huc prenait goût à son siége de président. Restait le mandarin qui avait saisi la lettre et fait emprisonner Tchao. Évidemment il était coupable, puisque Tchao venait d'être proclamé innocent; en conséquence M. Huc le déclara indigne de continuer son service, et lui retira purement et simplement les fonctions qu'il avait été chargé de remplir dans l'escorte. Ainsi, fut close cette mémorable audience !

On croirait rêver en lisant de pareilles aventures, car, après tout, la Chine est un pays civilisé, où les notions d'autorité et de hiérarchie sont depuis plusieurs siècles répandues parmi le peuple, où l'intelligence, l'esprit et le bon sens sont pour le moins aussi développés que dans nos régions occidentales ! Je ne me charge pas d'expliquer la tolérance exagérée dont firent preuve en cette occasion les mandarins de Leang-chan. M. Huc ne doute pas que sa ceinture rouge n'ait produit sur toute la population de l'endroit un effet magique, et il attribue en grande partie à ce détail si précieux de son costume la réussite de sa campagne judiciaire. Je croirais plutôt que les Chinois ont été complétement abasourdis en voyant ces deux étrangers s'établir sans plus de façon au banc des juges, et que la crainte de provoquer une rixe compromettante ou seulement un embarras pour l'administration locale a déterminé les mandarins à laisser passer la justice des missionnaires. Il convient toutefois d'ajouter que l'aventure tourna au profit de la petite chrétienté de Leang-chan. A partir de ce moment, il n'y eut plus de persécutions : les magistrats cessèrent d'entraver l'exercice du culte catholique, et il est probable que les habitants de Leang-chan n'oublieront pas de sitôt le sermon de M. Huc.

Ce fut à travers cette longue série de luttes et d'accidents que les voyageurs parcoururent, de l'ouest à l'est, la province du Sse-tchouen et arrivèrent aux frontières du Hou-pé. On les avait prévenus que cette province ne leur offrirait pas autant de ressources que le Sse-tchouen : la plupart des villes ne possédaient point de palais communaux, et la population était grossière et ignorante. Ces renseignements peu avantageux auraient pu décourager des touristes moins endurcis aux mille et une misères d'un voyage en pays chinois. Il n'y avait pas d'ailleurs à choisir. Heureusement on pouvait faire une bonne partie du trajet sur les eaux du Yang-tse-kiang, dont le cours large et rapide forme en quelque sorte la grande route de la province. Je ne raconterai plus les contestations qui s'élevèrent encore dans plusieurs villes entre les missionnaires et les mandarins ; j'aime mieux, pour la rareté du fait, citer la mention honorable que M. Huc accorde au magistrat de la petite ville d'I-tou-hien, — un jeune Chinois aimant les conversations sérieuses, connaissant l'existence et l'étendue des cinq parties du monde et demandant si les gouvernements européens auront bientôt fait de percer l'isthme de Suez. Plus tard, en approchant de Canton, M. Huc rencontra un lettré, d'origine mongole, qui le surprit également par la précision de sa science géographique, d'où il conclut qu'il ne faudrait pas juger la géographie en usage dans le céleste empire d'après les cartes ridicules qui ont été apportées en Europe. Il est certain cependant que, sauf de très-rares exceptions les Chinois, même les Chinois lettrés, sont aujourd'hui encore très-peu versés dans la connaissance de la mappemonde, et il suffit de rappeler les grossières erreurs dont fourmillent leurs ouvrages les plus récents. Il en est de même des sciences mathématiques : d'après l'aveu fait à M. Huc par le vice-roi du Sse-tchouen, les astronomes de Pékin se trouveraient fort en peine de continuer le calendrier rédigé par les missionnaires autrefois admis à la cour de l'empereur Kang-hi. Ce calendrier avait été préparé pour une assez longue série d'années, et il paraît qu'on est arrivé au bout. En un mot, il est certain que l'étude des sciences est très-arriérée dans le céleste empire, et que les notions apportées au dix-septième siècle par les jésuites de Pékin sont aujourd'hui entièrement perdues.

Quant à la médecine, c'est un sujet fort délicat qu'il faut laisser aux personnes compétentes. Les médecins chinois tâtent le pouls, pratiquent l'acuponcture, formulent d'interminables ordonnances pour rétablir l'équilibre entre les esprits vitaux et réconcilier le principe aqueux avec le principe igné. M. Huc fut malheureusement condamné à entendre les longues dissertations et à subir les remèdes du docteur de la ville de Kuén-kiang, où il tomba sérieusement malade. On le guérit avec des pilules rouges infusées dans une tasse de thé, ou du moins la guérison succéda à l'absorption de ce remède, qui est considéré en Chine comme souverain, et dont la composition est un secret appartenant à une famille de la capitale. On comprend que M. Huc se montre fort indulgent pour la médecine chinoise. Il ne se borne pas à faire observer, ce qui est vrai, qu'il y a en Chine autant de maladies qu'ailleurs, et que la mortalité n'y est pas proportionnellement plus grande que dans nos pays de l'Occident : il attribue de plus à la médecine du céleste empire la guérison de plusieurs maladies qui en Europe sont réputées incurables. Il cite, par exemple, les traitements employés contre la rage et contre la surdité. Du reste, en Chine est médecin qui veut; la loi ne prescrit point d'examen et n'exige aucun diplôme. La profession est généralement exercée par des bacheliers qui, ne se sentant pas en mesure d'obtenir un grade supérieur et d'aspirer au mandarinat, apprennent les formules et se livrent à l'art de guérir. Beaucoup de médecins sont en même temps pharmaciens, ce qui explique l'immense consommation de remèdes qu'entraîne chaque maladie; mais les produits pharmaceutiques sont en général peu coûteux, et les malades peuvent limiter leurs frais en se faisant traiter à prix fixe. — Les magistrats de Kuen-kiang n'épargnèrent aucun soin et ne reculèrent devant aucune dépense pour hâter la guérison de M. Huc. Si le missionnaire leur avait causé le chagrin de mourir dans leur ville et sous leur juridiction, c'eût été pour eux, vis-à-vis des autorités supérieures, un cas de responsabilité très-grave. Ils s'étaient pourtant préparés à cette douloureuse éventualité en commandant le cercueil destiné à contenir la dépouille mortelle de leur hôte. Ce cercueil, qu'ils s'empressèrent de montrer à M. Huc, était fait de quatre énormes troncs d'arbre « bien rabotés, coloriés en violet, puis recouverts d'une couche de beau vernis. » C'était une bière de première classe. Nos lecteurs savent sans doute qu'en Chine il est d'usage d'acheter à l'avance son cercueil, et il faut être bien dénué de ressources pour ne point se procurer cette satisfaction.

En passant à Han-tchouan, les missionnaires furent témoins d'une manifestation politique en l'honneur d'un mandarin militaire qui venait d'être destitué de son poste à la suite d'intrigues ourdies contre lui à Pékin. Le mandarin était à cheval, entouré d'un nombreux cortége et acclamé par une immense foule. Arrivé près de l'une des portes de la ville, il s'arrêta : deux vieillards lui retirèrent respectueusement ses bottes et lui mirent une paire de chaussures neuves. Les vieilles bottes furent ensuite suspendues sous la voûte de la porte, et le cortége reprit sa marche. « Cet usage singulier de déchausser un mandarin quand il quitte un pays est très-répandu et remonte à une haute antiquité ; c'est un moyen adopté par les Chinois pour protester contre l'injustice du gouvernement et témoigner leur reconnaissance au magistrat qui a exercé sa charge en père et mère du peuple. Dans presque toutes les villes de Chine on aperçoit, aux voûtes des grandes portes d'entrée, de riches assortiments de vieilles bottes toutes poudreuses et tombant quelquefois de vétusté. C'est là une des gloires, un des ornements les plus beaux de la cité. L'archéologie de ces antiques et honorables chaussures peut donner d'une manière approximative le nombre des bons mandarins qu'une contrée a eu le bonheur de posséder. » Telle est l'explication de M. Huc sur ce curieux incident de la paire de bottes. L'honorable missionnaire la tient d'un Chinois catholique qui l'accompagnait : il avoue qu'il eut d'abord beaucoup de peine à y croire, mais qu'il dut plus tard demeurer convaincu de l'exactitude du renseignement en voyant un grand nombre de portes ainsi armoriées. Il serait donc malséant de se montrer incrédule, et réellement ce serait dommage que l'explication ne fût point vraie. Il ne me reste qu'à regretter de n'avoir remarqué aucune paire de bottes suspendue aux portes des quelques villes chinoises que j'ai visitées, et je ne sache pas que jusqu'ici aucun voyageur ni même aucun missionnaire ait signalé cette étonnante coutume.

A peu de distance de Han-tchouan, MM. Huc et Gabet arrivèrent sur les bords du lac Ping-hou, magnifique nappe d'eau ou le génie industrieux des Chinois a semé un archipel factice d'îles flottantes qui excitent à bon droit la surprise et l'admiration des étrangers. Ces îles sont formées d'énormes radeaux en bois de bambou, et sur ces radeaux, couverts d'une couche de terre végétale, s'élèvent des maisons et des cultures. Des familles entières habitent ces fermes flottantes qui tantôt demeurent à l'ancre, mollement bercées par les eaux, tantôt déplient leurs immenses voiles et se promènent lentement sur le lac. Tous les grands lacs du céleste empire sont, à ce qu'il paraît, émaillés de ces corbeilles de fleurs et de verdure, charmantes métairies qui naviguent avec leurs colons et leurs récoltes. Pourquoi faut-il que ces îlots gracieux, dont l'assemblage mouvant offre à l'œil un tableau si pittoresque, n'éveillent dans l'esprit que les sombres pensées de la misère ? Ce n'est point de gaieté de cœur ni par originalité que les Chinois, forçant la nature, se livrent en quelque sorte à la culture des lacs, et s'avisent d'élire domicile au milieu de l'eau. S'ils quittent la terre ferme, c'est que celle-ci ne peut les nourrir. Pour une population aussi nombreuse, le sol est insuffisant, et il rejette sur les rivières et sur les lacs le trop-plein qui l'encombre. De là cette émigration des classes déshéritées, cet exil ingénieux dans les bateaux et dans les îles flottantes : explication malheureusement trop simple d'un fait que les touristes admirent comme un décor de paysage, et qui n'est en réalité qu'un expédient imaginé contre l'excessive misère du peuple.

Après avoir traversé le lac Ping-hou, les missionnaires se rendirent à la ville de Han-yang, où ils s'embarquèrent de nouveau pour traverser le Yang-tse-kiang et gagner, sur l'autre rive, la capitale de la province du Hou-pé. La jonque qui les portait, poussée par un vent favorable, mit près d'une heure à atteindre le mouillage d'Ou-tchang-fou. — Que sont nos petites rivières d'Europe auprès de ce large et puissant fleuve, le *fils de l'Océan!* A plus de deux cents lieues de son embouchure, le Yang-tse-kiang est presque un bras de mer, et de loin ses rivages se perdent dans les brouillards de l'horizon. Admirable instrument de richesse que la nature a donné au céleste empire! Un jour viendra, et peut-être ce jour est proche, où les lourdes jonques se transformeront en légers *steamers*, où la vapeur remplacera les voiles de rotin, qui attendent souvent la brise dans les plis de leur éventail. Dieu sait combien de forces endormies se réveilleront alors au souffle du génie occidental! Ce fleuve si grand, la vapeur le rendra plus grand encore par l'emploi qu'elle fera de ses eaux. Je ne puis m'empêcher de courir ainsi vers l'avenir, quand je suis des regards et que j'accompagne de mes vœux nos missionnaires ballottés sur leur jonque, surpris au milieu du fleuve par une bourrasque et voguant non sans péril vers Ou-tchang-fou, Ils abordent cependant, et nous pouvons enfin nous reposer quelque temps avec eux dans la capitale du Hou-pé.

III

Les villes d'Ou-tchang-fou, d'Han-yang et de Han-keou; leur population et leur commerce. — La province du Kiang-si. — La pyrotechnie chez les Chinois. — Le lac Poyang. — Le vinaigre de polype. — Nan-tchang-fou, capitale du Kiang-si. — Pisciculture. — Les montagnes Meï-ling. — La province de Canton. — Arrivée à Canton.

Ou-tchang-fou occupe au centre de la Chine une position très-importante; c'est une immense place de commerce. Par le Yang-tse-kiang et par les rivières ou canaux qui aboutissent au grand fleuve, elle communique avec la plupart des provinces. En face d'elle sont situées deux villes très-considérables : Han-yang, que nous venons de quitter, et un peu plus au nord, Han-keou. D'après M. Huc, ces trois cités contiendraient ensemble une population de huit millions d'âmes. Je reproduis cette évaluation, parce que, venant d'un témoin oculaire, elle justifierait les calculs qui ont été produits sur l'énorme population du céleste empire, calculs que beaucoup de bons esprits ont regardés comme exagérés. Huit millions d'habitants dans trois villes, dont une seule est capitale de province! huit millions agglomérés dans un étroit espace, pressés sur les deux rives d'un fleuve, étouffés dans un amas de petites maisons ou dans des milliers de bateaux! Pourquoi alors n'admettrait-on pas le chiffre de trois cent trente-trois millions d'habitants indiqué en 1794 par lord Macartney, et celui de trois cent soixante et un millions qui, suivant M. Huc, résulterait des derniers recensements opérés sous la dynastie mandchoue? « Lorsque les

Hollandais vinrent la première fois à la Chine, écrivait le Gentil en 1716, ils demandèrent si les femmes y mettaient au monde vingt enfants à la fois, tant la multitude du peuple les surprit. Pour moi, j'aurais fait volontiers la même question. Cette foule n'est pas seulement remarquable dans les villes, elle l'est encore dans les campagnes et dans les moindres bourgs. J'approuve fort l'idée d'un voyageur qui dit que l'empire de la Chine est une grande ville qui a douze cents lieues de circuit. » Et en effet cette prodigieuse population de la Chine a de tout temps émerveillé les voyageurs qui ont visité ce curieux pays. On rencontre bien dans certaines régions des terrains vagues d'une assez grande étendue, et M. Huc reconnaît que parfois, dans les provinces du sud, on croirait voyager au milieu des déserts de la Tartarie; mais ces vides sont largement compensés par l'exubérance de population qui couvre les bords des fleuves, des canaux et des lacs, ou qui habite les nombreuses villes de bateaux. Comment nourrir ces multitudes entassées? Conçoit-on les ravages qu'une récolte insuffisante ou seulement une inondation qui arrête les transports doit produire dans les provinces intérieures? Aussi l'agriculture est-elle particulièrement honorée, et ce n'est pas en vain qu'une tradition vieille de trente siècles ramène chaque année, vers la fin du mois de mars, la cérémonie du labourage, où le souverain conduit la charrue et trace le premier sillon dans le champ sacré. L'empereur Kang-hi a rangé avec raison parmi ses plus beaux titres de gloire la découverte d'une nouvelle espèce de riz. Les magistrats dans leurs proclamations, les poëtes dans leurs vers, les philosophes dans leurs écrits, rappellent sans cesse au peuple la supériorité de l'industrie agricole sur toutes les autres industries, et il suffit de traverser le moindre district pour juger avec quel soin, au versant des collines comme au fond des vallées, le sol est mis en culture, et pour admirer les procédés ingénieux qui répandent partout les bienfaits de l'irrigation.

Cependant l'activité agricole ne résoudrait pas à elle seule le grand problème des subsistances dans ce vaste pays. Il faut que la navigation et le commerce distribuent entre les différentes parties du territoire et transportent souvent à des distances fort éloignées les produits du sol. Là encore éclate le génie patient et laborieux de la race chinoise. Voyez partout ces jonques chargées à couler bas qui encombrent les ports, ces armées de portefaix qui manœuvrent incessamment à travers les rues étroites des villes, ces boutiques sans nombre — boutiques fixes ou ambulantes — où se vendent les approvisionnements de chaque jour pour des millions de consommateurs ! Si le mouvement perpétuel est quelque part, c'est en Chine qu'on le doit chercher, dans le triangle formé par les trois villes de Ou-tchang-fou, Han-yang et Han-keou. Cette dernière surtout est le centre d'énormes opérations de transit et d'entrepôt; une grande partie du commerce intérieur du céleste empire passe par ses magasins. Le commerce étranger n'est pour ainsi dire qu'une goutte d'eau dans ce gouffre où aboutissent tous les courants qui alimentent les besoins de trois cent soixante millions d'hommes. Les Européens s'exagèrent singulièrement leur importance, s'ils se figurent que l'interruption de leur trafic dans quelques ports de la côte exercerait quelque influence sur le marché intérieur. On ne s'en apercevrait seulement pas, et les factoreries de Canton et de Shang-haï pourraient crouler sans qu'il y eût le moindre ralentissement d'affaires dans les magasins de Han-keou ni sur le Yang-tse-kiang. Nous devons ainsi comprendre pourquoi la dynastie tartare a montré si peu d'empressement à favoriser l'intervention commerciale de l'Europe dans les transactions de l'empire. Le négoce intérieur suffit à l'activité des Chinois, et le gouvernement n'apercevait pas d'intérêt sérieux à modifier pour le commerce une politique qui avait si longtemps adopté pour devise l'exclusion systématique des étrangers.

La province du Hou-pé est moins étendue et surtout moins fertile que celle du Sse-tchouen; le sol est coupé de marais qui rendent le climat insalubre; la population paraît débile et chétive. Quant aux chrétiens, leur nombre ne dépasse pas quatorze mille, et ils ont à subir de fréquentes persécutions. Enfin ce fut à Ou-tchang-fou que deux prêtres catholiques, M. Clet en 1822 et M. Perboyre en 1840, reçurent le martyre. Le Hou-pé et sa capitale devaient donc figurer parmi les étapes les plus pénibles dans le voyage de nos missionnaires.

Avant de quitter Han-yang, M. Huc avait commis une faiblesse. Les mandarins de la ville ne lui ayant pas fait servir un repas convenable, il s'était oublié au point de commander son dîner au restaurant et de le payer. Imprudence fatale! car il perdait d'un seul coup le fruit des victoires qu'il avait jusqu'alors remportées avec tant de peine contre le mauvais vouloir ou l'apathie des mandarins. Au lieu de parler haut et ferme, suivant son habitude, il avait cédé; — il avait payé! Aussi le gouverneur du Hou-pé daigna-t-il à peine s'occuper des deux voyageurs lors de leur entrée à Ou-tchang-fou. On leur donna pour logis une petite cellule de pagode, où ils se trouvèrent fort mal. Il n'y avait plus à hésiter : il fallait revenir, sans le moindre retard, à la pratique vigoureuse de l'ancien système, pousser droit aux mandarins, et dicter sans miséricorde les conditions de la paix. MM. Huc et Gabet montèrent donc dans leurs palanquins, se rendirent directement au palais, forcèrent les portes au mépris de la consigne et des rites, et demandèrent à parler au gouverneur. Grande rumeur dans tout le palais : mais enfin le mandarin, après avoir vainement tenté divers faux-fuyants, se vit obligé de donner audience à ces visiteurs incommodes, et, à la suite d'une conversation très-vive, les voyageurs obtinrent d'être immédiatement transférés dans un beau temple bouddhique, entouré de cours et jardins, orné de belles terrasses et peuplé de nombreux domestiques. La faute d'Han-yang était largement réparée, et les missionnaires avaient reconquis aux yeux des mandarins tout le prestige de leur mauvaise réputation. Il leur était d'autant plus nécessaire de faire acte de vigueur, qu'ils allaient changer d'escorte, et il importait que les nouveaux guides fussent dès le premier jour au courant des us et coutumes de nos voyageurs.

Au sortir d'Ou-tchang-fou, les missionnaires se dirigèrent vers la province du Kiang-si. La première partie du trajet ne fut marquée par aucun incident qui mérite d'être rapporté ; il y a bien encore dans le récit de M. Huc quelques histoires d'auberges chinoises et de mandarins récalcitrants, mais le lecteur doit être maintenant blasé sur ces détails, qui finissent par devenir un peu monotones. Cependant à Hoang-meï-hien, ville frontière du Hou-pé, les voyageurs furent reçus avec une magnificence dont ils avaient perdu l'habitude depuis qu'ils avaient quitté l'hospitalière province du Sse-tchouen. Les mandarins leur rendirent les plus grands honneurs; ils firent tirer pour eux, pendant la nuit, un splendide feu d'artifice, et leur donnèrent une sérénade — La pyrotechnie joue un rôle considérable dans la vie des Chinois; à toute occasion, les paisibles habitants du céleste empire se livrent à une prodigieuse consommation de pétards : naissances, mariages, enterrements, spectacles, réceptions de mandarins, réunions d'amis, tout est célébré par de bruyants feux d'artifice. Les pétards sont suspendus par gros paquets à de longues perches de bambous; on met le feu à l'un des paquets, et tous les autres partent successivement. Lorsqu'une jonque lève l'ancre, les matelots brûlent des pétards, soit en guise de réjouissance, soit pour appeler l'attention des dieux et se les rendre propices; la même cérémonie se répète lorsque la jonque arrive au mouillage. J'ai habité pendant quelques mois, à Macao, une maison dont les fenêtres avaient vue sur la rade, et dans les premiers temps j'étais matin et soir assourdi; on s'accoutume pourtant à ce bruit comme au son des cloches. Quant à la musique chinoise, c'est un bruit tout différent, et j'avoue que je ne suis jamais parvenu à m'y habituer.

Jusqu'alors les missionnaires, suivant le cours du Yang-tse-kiang, avaient presque constamment marché de l'ouest à l'est. Dès leur entrée dans le Kiang-si, ils traversent une dernière fois le fleuve, et ils marchent vers le sud. Une distance de deux cents lieues les sépare encore de Canton ! Ils s'embarquent sur une jonque pour franchir le lac Poyang, qui mesure environ quinze lieues de long sur cinq ou six de large, et, descendus sans encombre sur la rive méridionale de cette charmante nappe d'eau qui a inspiré tant de poëtes chinois, ils reprennent leurs palanquins jusqu'à Nan-tchang-fou, capitale du Kiang-si. La route, à travers de vastes prairies calcinées par le soleil, est des plus fatigantes. Heureusement nos voyageurs ont la bonne fortune de trouver, dans un corps de garde où ils s'arrêtent, du vinaigre de polype ! Ce vinaigre est peu connu en Chine, et très-certainement on ne le connaissait pas en Europe avant la description de M. Huc. Voici ce dont il s'agit. « On place le polype dans un grand vase rempli d'eau douce à laquelle on ajoute quelques verres d'eau de-vie. Après vingt ou trente jours, ce liquide se trouve transformé en excellent vinaigre, sans qu'il soit besoin de lui faire subir aucune manipulation ni d'y ajouter le moindre ingrédient. Ce vinaigre est clair comme de l'eau de roche, d'une grande force et d'un goût très-agréable. Cette première transformation une fois terminée, la source est intarissable, car à mesure qu'on en tire pour la consommation, on n'a qu'à ajouter une égale quantité d'eau pure, sans addition d'eau-de-vie. » Le livre de M. Huc contient, pour l'usage de la vie commune, plusieurs recettes qui ne manquent pas d'originalité, par exemple le moyen d'empêcher un âne de braire (on lui attache une grosse pierre à la queue), un procédé pour lire dans les yeux d'un chat quelle heure il est, etc.; mais quelque estimables que soient ces découvertes, je les place bien au-dessous du vinaigre de polype. Ce vinaigre serait une véritable conquête pour l'économie domestique, et l'on doit regretter que M. Huc n'ait pas rapporté en France l'un de ces polypes de la mer Jaune qu'il a possédé pendant un an, et qui lui distillait tous les jours d'excellent vinaigre.

Nan-tchang-fou compte parmi les plus grandes villes de la Chine. C'est un lieu de passage pour les marchandises qui s'échangent entre le nord et le midi de l'empire; aussi le commerce y est-il très-considérable. Nos missionnaires, voyant que les mandarins ne savaient pas trop où les loger, avisèrent un beau bâtiment, qui était « le palais des compositions littéraires. » Les principales villes renferment un établissement semblable, qui est exclusivement réservé aux cérémonies et aux exercices de la puissante corporation des lettrés. MM. Huc et Gabet se firent conduire directement à ce palais, où ils se trouvèrent si bien installés, qu'ils ne voulurent absolument pas le quitter malgré le scandale que cette prise de possession, tout à fait contraire aux rites, devait exciter parmi les docteurs. Du reste, les mandarins se montrèrent indulgents pour cette petite irrégularité, et les missionnaires purent jouir en paix des quelques jours de halte qu'ils passèrent dans la capitale du Kiang-si, au milieu des chefs-d'œuvre de l'industrie chinoise. C'est en effet dans cette province que sont situées les grandes fabriques de porcelaine qui approvisionnent tout l'empire. La ville de King-te-tching, à l'est du lac Poyang, renferme au moins cinq cents fabriques et une population de plus d'un million d'âmes, qui est employée presque tout entière à la fabrication et au commerce de la porcelaine. Après cette industrie, que l'on peut considérer comme l'une des gloires de la Chine, il est juste de mentionner les succès obtenus par la pisciculture dans les étangs du Kiang-si. M. Huc lui consacre une page très-instructive, qui sera lue avec plaisir par nos pisciculteurs de France. « Vers le commencement du printemps un grand nombre de marchands de frai, venus, dit-on, de la province de Canton, parcourent les campagnes pour vendre leurs précieuses semences aux propriétaires des étangs. Leur marchandise, renfermée dans des tonneaux qu'ils traînent sur des brouettes, est tout simplement une sorte de liquide épais, jaunâtre, assez semblable à de la vase. Il est impossible d'y distinguer à l'œil nu le moindre animalcule. Pour quelques sapèques on achète plein une écuelle de cette eau bourbeuse, qui suffit pour ensemencer, selon l'expression du pays, un étang assez considérable. On se contente de jeter cette vase dans l'eau, et en quelques jours les poissons éclosent à foison. Quand ils sont devenus un peu gros, on les nourrit en jetant sur la surface des viviers des herbes tendres et hachées menu. On augmente la ration à mesure qu'ils grossissent. Le développement de ces poissons s'opère avec une rapidité incroyable. Un mois tout au plus après leur éclosion, ils sont déjà pleins de force, et c'est le moment de leur donner de la pâture en abondance. Matin et soir les possesseurs de viviers s'en vont faucher les champs et apportent à leurs poissons d'énormes charges d'herbe. Les poissons montent à la surface de l'eau et se précipitent avec avidité sur cette herbe, qu'ils dévorent en folâtrant et en faisant entendre un bruissement perpétuel; on dirait un grand troupeau de lapins aquatiques. La voracité de ces poissons ne peut être comparée qu'à celle des vers à soie quand ils sont sur le point de filer leur cocon. Après avoir été nourris de cette manière pendant une quinzaine de jours, ils atteignent ordinairement le poids de deux ou trois livres, et ne grossissent plus. Alors on les pêche et on va les vendre tout vivants dans les grands centres de population. » Ainsi, dans cette branche si intéressante d'industrie, où nous sommes encore aux tâtonnements, aux essais, aux expériences de laboratoire, les Chinois auraient depuis longtemps obtenu des résultats définitifs, et la pisciculture serait chez eux un fait accompli! Nous savions déjà que cet étrange peuple, avec son génie simple et pratique et son esprit d'observation, nous a devancés de plusieurs siècles dans la carrière des découvertes. Avant nous les Chinois ont inventé la poudre, la boussole, l'imprimerie, bien d'autres choses encore. A cette liste, qui serait longue, il faut ajouter l'art de fabriquer le poisson, et dans un pays qui a trois cents millions d'habitants à nourrir, c'est une découverte de premier ordre. Le poisson, qui abonde d'ailleurs sur les côtes et dans les eaux intérieures de la Chine, occupe une large place dans l'alimentation du peuple.

De Nan-tchang-fou, nos voyageurs allaient se rendre directement à Canton. Le gouverneur du Kiang-si pourvut avec une grande libéralité à tous les préparatifs de leur départ. Comme ils devaient faire route par eau, il leur procura deux magnifiques jonques, l'une pour eux, l'autre pour les mandarins et les gens de la suite; en outre une jonque de guerre leur était donnée comme conserve. Quant aux approvisionnements, ils étaient mis à la charge des villes où la flottille allait passer; chacune de ces villes avait ordre de donner aux missionnaires, pour le service de leur table, un tribut de cinq onces d'argent (environ cinquante francs). Aussi M. Huc ne manque-t-il pas de louer hautement la générosité des mandarins de Nan-tchang-fou, et il fait connaître à ce sujet la maigre pitance que le gouvernement chinois alloue au colonel russe qui, tous les dix ans, conduit la légation du tzar de Kiakhta à Pékin. Voici de quoi se compose la ration:

— par jour un mouton, une tasse de vin, une livre de thé, une cruche de lait, deux onces de beurre, deux poissons, une livre d'herbes salées, quatre onces de fèves fermentées, quatre onces de vinaigre, une once de sel et deux soucoupes d'huile de lampe; tous les neuf jours, un dîner de quatre services à la chinoise. — Nos missionnaires étaient bien plus largement traités, et ils n'avaient rien à envier à la légation du tzar.

Ils naviguèrent d'abord pendant quinze jours, confortablement installés dans le salon de leur jonque, s'arrêtant chaque soir dans un port, repartant le lendemain matin au bruit des pétards et du tam-tam, recevant partout les hommages et le tribut des mandarins, partout honorés comme des personnages du plus haut rang. Ils arrivèrent ainsi au pied de la montagne Meï-ling, qui sépare le Kiang-si de la province de Canton. C'est par là que doivent passer les marchandises que l'entrepôt de Canton expédie dans les régions intérieures de l'empire. Après avoir franchi en palanquin les sentiers escarpés du Meï-ling, où ils rencontrèrent de longues files de portefaix ployant sous le poids des ballots, les missionnaires se trouvèrent à Nan-hioung, grande ville de commerce sur les rives du fleuve Chou-kiang. Ils s'embarquèrent de nouveau sur une jonque mandarine, et en six jours de navigation ils furent rendus à Canton (octobre 1846). Les voilà enfin au terme du voyage, à deux pas des factoreries européennes, presque en Euroqe. On ne leur fit pas longtemps attendre l'heure de la délivrance. Le vice-roi les remit, contre un reçu en règle, entre les mains du consul hollandais, M. Van Bazel, et dès ce moment ils n'eurent plus rien à démêler avec les autorités du céleste empire.

IV

Examen critique des appréciations de M. Huc sur le peuple chinois et sur les mandarins. — L'infanticide et l'*œuvre de la Sainte-Enfance*. — Situation du christianisme en Chine. — Exposé et résultat des négociations engagées en 1844 et 1845 par l'ambassadeur français, M. de Lagrené, en faveur de la tolérance religieuse. — Conclusions générales sur les observations de M. Huc.

Ainsi s'accomplit ce voyage extraordinaire. En six mois, MM. Huc et Gabet venaient de parcourir le Tibet et quatre provinces de la Chine, le Sse-tchouen, le Hou-pé. le Kiang-si et le Kwang-tung; ils avaient descendu le Yang-tse-kiang, l'un des plus beaux fleuves du monde, le plus curieux peut-être par la variété et la physionomie singulière des populations qui bordent ses rives ou qui plantent en quelque sorte leur tente dans ses eaux; ils avaient traversé les lacs Ting-hou et Poyang, franchi les crêtes abruptes de la montagne Meï-ling, et enfin navigué sur le Chou-kiang. En un mot, ils avaient vu la Chine non pas à travers le voile plus ou moins épais que les défiances politiques opposent encore aux regards des étrangers, non pas avec les précautions infinies que les préjugés et la persécution imposent au zèle des missionnaires catholiques, mais librement, ouvertement, face à face. Et dans le cours de cet étonnant voyage, que d'épisodes, que de scènes étranges, que d'aventures! Tout cela est raconté par M. Huc de la façon la plus divertissante. Ne vous attendez pas à retrouver dans son livre le style du missionnaire: l'auteur déclare lui-même qu'il s'est arraché pour un moment aux préoccupations exclusives de son caractère apostolique, et que, réservant pour les *Annales de la propagation de la foi* les expansions pieuses, les aspirations ardentes du chrétien, il a voulu surtout, par cette relation de son voyage, présenter une description de l'empire chinois à l'usage de tout le monde. On ne doit donc pas être surpris de rencontrer dans son récit tant de scènes comiques, grotesques même, et souvent peu édifiantes. Ce sont des scènes chinoises. M. Huc n'a fait que peindre le tableau dans lequel il a figuré non comme missionnaire, mais comme simple particulier, convoyé d'un bout à l'autre de l'empire par ordre des autorités chinoises, et obligé de combattre à toute heure pour conquérir un repas, un logis, un palanquin ou une jonque. Certes on ne saurait exiger beaucoup de gravité dans le récit de cette campagne involontairement entreprise par M. Huc et par son digne lieutenant, M. Gabet, contre les mandarins du céleste empire. Je ne sais trop pourtant, mais il me semble que parfois l'ardeur du combat a entraîné un peu loin les deux champions, et que les vainqueurs n'ont pas su toujours résister aux enivrements du triomphe. Et puis, s'il faut dire toute ma pensée, je croirais volontiers qu'il y a çà et là dans le récit certains détails de mise en scène qui ont emprunté au moins quelques traits à l'*humour* et à la vivacité spirituelle de l'écrivain. Je ne m'en plaindrais certainement pas, s'il ne s'agissait que d'une relation de voyage; mais M. Huc s'est en même temps proposé de décrire les institutions, les mœurs, les habitudes du peuple chinois : alors je me demande si ce but est toujours atteint, et je m'inquiète à la pensée que les couleurs du tableau pourraient être parfois trop chargées. — Je prends par exemple les portraits de mandarins qui figurent dans la galerie de M. Huc. Sauf de rares exceptions, les dépositaires de l'autorité dans les provinces traversées par nos deux missionnaires sont représentés sous les traits les plus noirs. Non-seulement ils sont fourbes, menteurs, voleurs, ils vendent la justice, etc., mais encore, à en juger par plusieurs scènes, très-amusantes du reste, qui sont décrites dans la relation de M. Huc, ils seraient en général d'une niaiserie et d'une bêtise incomparables. De plus, comme le physique doit répondre au moral, presque tous sont fort laids; un mandarin peint par M. Huc passe à l'état de caricature. Bref, les lecteurs qui n'ont jamais eu la bonne fortune de contempler un mandarin (et c'est le plus grand nombre) sont parfaitement autorisés à concevoir la plus triste idée de l'espèce. Cependant, s'il est vrai que la vénalité et la corruption ont pénétré profondément à tous les degrés de l'administration chinoise, et qu'au point de vue moral l'autorité a perdu son ancien prestige (ce qui explique en partie, comme je l'ai indiqué plus haut, l'origine et les progrès de l'insurrection actuelle), ce n'est pas à dire pour cela que, sous le rapport intellectuel et physique, la corporation des mandarins se compose en majorité de personnages stupides et grotesques. Les magistrats inférieurs de Sse-tchouen et du Hou-pé ont pu être abasourdis par les procédés très-insolites des deux missionnaires, et dans la crainte de se compromettre au sujet de ces voyageurs affublés de bonnets jaunes, ils ont dû en mainte occasion faire preuve d'une incroyable faiblesse de caractère. Un mandarin dans l'embarras en face d'un Européen n'est capable que de tout céder. Cet incident de rencontre n'empêche pas qu'il ne puisse être, au demeuraut, distingué de manières, assez instruit, et que dans l'exercice ordinaire de ses fonctions il ne possède les facultés intellectuelles que l'on trouve chez les dignitaires les plus corrompus des nations civilisées ; en un mot, il n'est pas toujours ridicule. Quant à la beauté ou à la laideur des mandarins, c'est une question de goût : les Chinois ne représentent certainement pas le type de la beauté ; mais ils ne me paraissent pas inférieurs à bien d'autres races, et je ne vois pas pourquoi la figure d'un mandarin en Chine serait nécessairement plus laide que celle d'un préfet en France. J'admets cependant que, par suite d'une très-mauvaise chance, MM. Huc et Gabet n'aient eu affaire le plus souvent qu'à des magistrats ineptes et très-laids. Mon observation n'a d'autre but que de prémunir le lecteur contre l'application générale de ce signalement aux mandarins du céleste empire.

M. Huc n'est guère plus indulgent pour le peuple chinois que pour les mandarins. Suivant lui, les Chinois sont irréligieux, ivrognes, joueurs, débauchés ; ils battent leurs femmes, etc. S'ils ont quelques vertus, ce ne sont que des vertus égoïstes. Après avoir signalé l'optimisme des missionnaires du dix-septième siècle, M. Huc critique le pessimisme des missionnaires modernes, qui, en représentant la Chine sous des couleurs peu riantes, « ont, sans le vouloir, exagéré le mal. » J'éprouve dès lors moins de scrupule à supposer que lui-même a, sans le vouloir, exagéré les vices des habitants du céleste empire, car je ne vois réellement pas ce qu'on pourrait dire de pis contre l'ensemble d'une nation. Les correctifs ou les circonstances atténuantes admises de temps en temps dans le cours du réquisitoire ne détruisent pas l'impression générale qui doit rester dans l'esprit du lecteur, impression qui n'est rien moins que favorable à cet immense peuple, dont les missionnaires catholiques ont entrepris la conversion. Il est un point toutefois sur lequel M. Huc a fourni des éclaircissements très-précieux, — je veux parler de l'infanticide, — et il me semble que, malgré la sévérité très-légitime des conclusions, son témoignage atténue singulièrement les accusations dont on a, dans ces dernières années, poursuivi la nation chinoise.

On se souvient de l'espèce d'agitation excitée à Paris et dans toute la France en faveur des petits Chinois, que l'on sacrifie, disait-on, par milliers et même par millions, « et qui périssent soit dans les eaux des fleuves, soit sous la dent des animaux immondes. » Les missionnaires avaient en effet raconté que l'on rencontre fréquemment en Chine, le long des routes, sur les fleuves, les lacs et les canaux, des cadavres de petits enfants. M. Huc ne doute pas de l'exactitude de ces récits, mais voici en quels termes il s'exprime : « Pendant plus de dix ans nous avons parcouru l'empire chinois dans presque toutes ses provinces, et nous devons déclarer, pour rendre hommage à la vérité, que nous n'avons jamais aperçu un seul cadavre d'enfant... Toutefois nous avons la certitude qu'on peut en rencontrer très-souvent... » Et alors M. Huc explique que, les frais de sépulture étant très-coûteux, les parents, déjà pauvres, ne veulent pas se réduire à la mendicité pour ensevelir leurs enfants, et qu'ils se contentent de les envelopper dans quelques lambeaux de nattes, puis de les exposer dans un ravin ou de les abandonner au courant des eaux. « Mais on aurait tort de conclure que les enfants étaient encore vivants quand ils ont été ainsi jetés et abandonnés. Cela peut cependant arriver assez souvent, surtout pour les petites filles dont on veut se défaire et qu'on expose de la sorte, dans l'espérance qu'elles seront peut-être recueillies par d'autres. » A l'aide de ces explications on peut ramener les faits à leur juste valeur. Que l'infanticide existe en Chine, cela n'est pas douteux ; les édits publiés par le gouvernement contre cet odieux crime l'attesteraient suffisamment, à défaut de nombreux et incontestables témoignages. Dans un pays où la population est excessive, où la misère est grande, où les institutions charitables n'ont pris encore aucun développement, il n'y a pas à s'étonner qu'il en soit ainsi. L'infanticide n'est pas pour cela un fait général en Chine, une habitude, un trait de mœurs ; il n'atteint pas les proportions qui lui ont été attribuées. Les Chinois aiment leurs enfants, je dirai même qu'ils les aiment avec une expansion de tendresse dont tous les voyageurs qui ont visité un point quelconque du céleste empire ont été frappés et touchés. Vous pouvez battre impunément un Chinois ; mais n'ayez pas le malheur de malmener un enfant dans les rues de Canton ou de Shang-haï, quand même vous seriez assailli, suivant l'usage, par les cris et les quolibets d'une bande de gamins ! Les Chinois qui en seraient témoins ne vous le pardonneraient pas. Des embarras très-sérieux, de véritables émeutes sont survenus dans les rues de Canton, à la suite de quelque légère correction infligée à un enfant taquin par un Européen impatienté. On calomnie donc le peuple chinois lorsqu'on l'accuse d'infanticide comme d'un crime fréquent et systématique. Loin de moi la pensée de blâmer les pieux appels qui ont été faits à la charité française par l'association de la Sainte-Enfance, ni de contester les services très-réels que cette association a rendus : à quelque degré qu'il existe, l'infanticide doit être combattu ; mais parce que l'on sauve quelques enfants, on n'acquiert pas le droit de déshonorer tous les pères.

Malgré le dévouement des missionnaires catholiques, le christianisme fait en Chine très-peu de progrès. M. Huc n'estime qu'à huit cent mille le nombre des chrétiens dans tout l'empire. Sur une population qui dépasse trois cents millions d'âmes, ce chiffre est insignifiant. C'est à l'indifférence du peuple en matière religieuse au moins autant qu'aux persécutions qu'il faut attribuer la stérilité des efforts apostoliques. On peut dire en effet que les habitants du céleste empire n'ont point d'autre foi que le culte des ancêtres, dont il a été si souvent parlé. Ils honorent par surcroît, si cela leur plaît, Bouddha, Confucius, Lao-tse ou Mahomet, et ils observent plus ou moins exactement les pratiques superstitieuses que prescrit l'un ou l'autre de ces différents cultes ; mais on ne remarque point dans les cérémonies extérieures la présence du sentiment religieux. De son côté, le gouvernement est complétement sceptique, et il laisse chacun libre de croire et de pratiquer à sa guise. Cependant cette tolérance ne s'applique pas à la religion chrétienne, parce que celle-ci n'est point considérée précisément comme une secte religieuse, mais plutôt comme une association secrète, imbue de doctrines étrangères et pouvant ainsi mettre en péril l'indépendance de l'empire. En traitant ce grave sujet, M. Huc rappelle les démarches tentées en 1844 par M. de Lagrené pour obtenir en faveur des chrétiens de la Chine le bienfait de la liberté religieuse ; il rend hommage aux excellentes intentions de notre ambassadeur, mais il fait observer que l'édit obtenu par la diplomatie n'a produit aucun résultat sérieux, qu'il n'a pas reçu dans les provinces la publicité nécessaire, que les chrétiens sont persécutés comme par le passé, et que peut-être même leur condition a été moins favorable à la suite de ces négociations, dont le prétendu succès avait rempli d'espérance toutes les âmes pieuses.

Pour apprécier exactement les faits, il convient de se reporter aux principaux incidents des pourparlers engagés dès 1844 entre M. de Lagrené et le commissaire impérial Ky-ing, au sujet du christianisme. L'ambassadeur français était arrivé en Chine pour conclure un traité d'amitié et de commerce. Dans le cours des négociations relatives à ce traité, il pressa vivement le commissaire impérial de plaider auprès du cabinet de Pékin la cause de la religion chrétienne. Cette demande était purement officieuse, car il semblait impossible d'introduire dans la convention commerciale une clause formelle en faveur du christianisme, ou de stipuler un arrangement spécial sur une matière aussi délicate. Ky-ing acquiesça à la proposition, et vers la fin de 1844 il adressa à Pékin une *pétition respectueuse* pour appeler la clémence impériale sur les chrétiens « qui ne commettraient aucun délit. » L'empereur approuva la pétition. Dès ce moment on avait obtenu un point essentiel, à savoir que les chrétiens ne seraient plus persécutés en tant que chrétiens. M. de Lagrené ne jugea point cependant cette concession suffisante : il reprit les négociations, il demanda que l'on définît clairement les droits des catholiques, qu'on autorisât ceux-ci en termes exprès à ériger des églises, à se réunir pour prier en commun, à vénérer la croix et les images, etc., en un mot à observer librement toutes les pratiques extérieures de leur foi ; de plus il insista pour que les édits de tolérance, qu'il savait bien devoir être illusoires s'ils n'étaient pas rendus publics, fussent notifiés officiellement sous le plus bref délai dans toute l'étendue de l'empire. Après de longues discussions, Ky-ing céda, et au mois d'août 1845 il communiqua à M. de Lagrené une dépêche qu'il adressait aux mandarins supérieurs pour être transmise également à tous les fonctionnaires subalternes, et par laquelle il réglait les différentes questions soulevées par l'ambassadeur. Or c'est d'après cette communication de 1845, et non d'après l'édit de 1844 (le seul dont M. Huc fasse mention), qu'il faut apprécier les négociations suivies en faveur des catholiques; et si l'on examine attentivement les pièces qui ont été publiées, on reconnaîtra que le négociateur français avait très-bien compris la portée des lacunes signalées avec raison par M. Huc dans l'édit de 1844, et qu'il avait, par de nouvelles instances, arraché aux scrupules effrayés de Ky-ing toutes les concessions qu'il était humainement possible d'espérer.

Tel fut le système adopté par l'ambassadeur français dans la conduite de cette grave affaire. M. Huc nous déclare qu'il aurait agi autrement. Dès son arrivée à Canton, il aurait pris pour point de départ de la discussion les atrocités commises contre les missionnaires catholiques martyrisés dans l'intérieur du céleste empire. « Il eût fallu, dit-il, presser vivement le gouvernement chinois sur ce point; le moment était favorable, on eût dû l'acculer, c'était chose facile, dans sa sauvage barbarie, et là exiger impitoyablement de lui une réhabilitation éclatante de tous nos martyrs à la face de tout l'empire, une amende honorable insérée dans la *Gazette de Pékin*, enfin un monument expiatoire sur la place publique de Ou-tchang-fou, où M. Perboyre avait été étranglé en 1840. De cette manière, la religion chrétienne eût été glorifiée à jamais dans tout l'empire, les chrétiens relevés dans l'opinion publique, et la vie des missionnaires rendue inviolable. »

Je suis convaincu que M. Huc aurait bravement envoyé à Ky-ing cet ultimatum : divers épisodes de son voyage attestent qu'il ne se refuse rien avec les mandarins ; mais je suis convaincu aussi que le Tartare Ky-ing n'aurait jamais consenti à discuter sur de pareilles bases, et qu'il eût rejeté bien loin et la réhabilitation éclatante, et les excuses au *Moniteur* de Pékin, et le monument expiatoire ; puis, la question étant ainsi engagée, non-seulement il n'y aurait pas eu de traité de commerce, et la mission aurait éprouvé un échec complet à la face du monde entier, mais encore il y aurait eu rupture entre les deux gouvernements, et la France, pour soutenir sa parole, se serait vue obligée de déclarer la guerre à la Chine! Voilà, si je ne me trompe, où nous aurait menés la politique de M. Huc. Je persiste à croire que l'ambassade de 1844 a été beaucoup mieux inspirée, dans l'intérêt même des missions catholiques. Par l'édit de 1844 et par la notification de 1845 nous avons obtenu une satisfaction morale. Devons-nous désormais nous en tenir à ce résultat, si incomplet qu'il soit, ou bien faut-il ouvrir à coups de canon l'entrée de la Chine, et faire une croisade dans l'extrême Orient? La question se pose en ces termes absolus. On n'est pas maître de la restreindre, car la France ne saurait s'en tenir à de simples menaces, et la guerre sortirait nécessairement d'une menace bravée ou d'une réclamation repoussée. Tous les gouvernements qui se sont succédé en France ont jugé que la religion ne devait pas être prêchée, ni même vengée par les armes;

fidèles aux principes du droit international, ils ont laissé au gouvernement chinois la libre exécution de ses règlements intérieurs, ainsi que la faculté de tolérer ou d'interdire la prédication et l'exercice d'une religion étrangère. Il serait superflu de justifier cette politique. Je me borne à faire observer, en terminant, que MM. Huc et Gabet ne seraient peut-être point revenus à Canton, si le traité de 1844 n'avait imposé au gouvernement chinois l'obligation de remettre entre les mains des consuls les sujets français, missionnaires ou autres, arrêtés dans les provinces de l'empire où la circulation est interdite aux étrangers. Il n'est donc pas juste de prétendre que les efforts de la diplomatie sont demeurés complétement stériles.

Je ne saurais aborder ici les nombreuses questions traitées par M. Huc dans sa description de l'empire chinois; l'honorable missionnaire a pu étudier toutes les faces de son vaste sujet pendant quatorze années d'apostolat. Un séjour aussi prolongé dans les provinces de la Chine donne à M. Huc le droit de se montrer sévère à l'égard des touristes qui, pour avoir posé le pied à Macao ou dans quelque port à moitié *européennisé* du littoral, ont jugé à propos de présenter au public un tableau des mœurs, des coutumes et des institutions chinoises. L'auteur use largement de ce droit, et les malencontreux touristes, tout comme les publicistes d'Europe qui se permettent d'écrire sur le céleste empire, sont traités par lui comme s'ils étaient des mandarins du Hou-pé. Le traitement est un peu rude : est-il juste? Nous ne sommes plus au temps où un voyage *à la Chine* paraissait un événement; grâce à la vapeur, on se rend aujourd'hui à Canton en moins de deux mois; les journaux anglais de

Hong-Kong et de Shang-haï nous arrivent régulièrement; enfin il y a en Angleterre, aux États-Unis et même en France un assez bon nombre de personnes qui ont habité plus ou moins longtemps les ports de Chine ou qui ont étudié dans les colonies européennes de l'Asie la physionomie particulière des émigrants chinois. Par conséquent, les touristes et les publicistes seraient très-mal venus à parler de la Chine comme s'il s'agissait du Congo; on ne les croirait plus et on se moquerait d'eux. Sans être précisément *ouverte*, la Chine n'est plus, comme par le passé, un pays tout à fait inconnu, sur lequel on puisse impunément broder des contes des *Mille et une nuits.*

L'ouvrage de M. Huc a obtenu un légitime succès. Cependant, si l'on en retranche les aventures du voyage, on y trouve peu de choses nouvelles et inédites. Je n'en veux pour preuve que les citations assez nombreuses que l'auteur a extraites des livres publiés soit par les anciens missionnaires, soit par des voyageurs qui se sont bornés à visiter les ports de Chine. Je suis même obligé de prévenir le lecteur qu'il ne doit point attribuer exclusivement à M. Huc toutes les descriptions de mœurs qui se rencontrent dans son récit, et qui se produisent ou plutôt sont reproduites sans la moindre indication des sources où elles ont été puisées. Ainsi j'ai lu dans le *Voyage autour du monde* de le Gentil une description des différentes cérémonies qui se rattachent aux mariages chinois, et j'ai eu le plaisir de relire cette même description, un peu moins complète, il est vrai, dans l'ouvrage de M. Huc. Je comprends qu'il n'y ait pas en Chine deux façons de se marier, et les récits de deux voyageurs également véridiques doivent présenter une grande analogie; mais il paraît difficile que l'analogie s'étende aux détails du texte [1]. C'est dans une lettre datée d'Émouy (Amoy), le 6 décembre 1716, que le Gentil écrivait son chapitre sur le mariage. Peut-être ne s'est-il inspiré lui-même que d'une relation antérieure. Quoi qu'il en soit, le texte de M. Huc ne peut être considéré sur ce point que comme une réimpression.

Sans insister plus qu'il ne convient sur des objections de détail, nous devons nous préoccuper surtout des indications générales que l'on peut tirer du livre de M. Huc. Ces indications confirment celles qui nous ont été fournies sur la Chine dans les nombreux ouvrages publiés depuis le traité de Nankin. Les institutions politiques du céleste empire, profondément altérées par la domination tartare-mandchoue, chancellent sur leurs vieilles bases et menacent ruine, car le principe du gouvernement paternel est incompatible avec l'autorité, nécessairement défiante et jalouse, d'une dynastie conquérante. En même temps la hiérarchie administrative et les mœurs privées périssent dans le naufrage qui engloutit peu à peu les institutions. La centralisation puissante qui pendant des siècles a relié toutes les parties de cette vaste monarchie demeure aujourd'hui sans force, sans prestige : les mandarins sont devenus incapables de commander, et les peuples sont las d'obéir. Enfin, au sein de cette société

(1) On peut comparer les pages 53 à 96 du deuxième volume du *Nouveau voyage autour du monde*, par le Gentil (Amsterdam 1728), avec les pages 259 à 268 du deuxième volume (deuxième édition) de l'*Empire chinois*, par M. Huc. On remarque aisément la similitude *textuelle* d'un grand nombre de phrases dans les deux livres. Seulement la description du mariage chinois dans le livre de M. Huc est moins détaillée que dans celui de le Gentil, et l'ordre des paragraphes n'est pas le même.

qui a connu avant nous les bienfaits de la civilisation, qui a accompli tant de merveilles dans l'industrie, et qui aujourd'hui encore est si habile et si ingénieuse dans les combinaisons du commerce, il n'y a plus, à ce qu'il semble, ni religion ni sentiment religieux. Les vieux cultes de l'Orient y sont tombés dans le mépris; la philosophie de Confucius ne représente plus qu'une sorte de littérature historique; le christianisme lui-même, malgré tant d'efforts héroïques, tant de martyres, n'a pu faire circuler au milieu de ces ruines le souffle vivifiant d'une foi nouvelle. Quand on envisage ce triste tableau, on comprend qu'en présence de la démoralisation des classes supérieures et de l'apathie des populations, quelques bandes audacieuses aient levé avec succès le drapeau de la révolte. Peu importe que nous connaissions exactement les principes politiques et les doctrines religieuses proclamées par les chefs de l'insurrection. Il se passera peut-être encore plusieurs années avant la révélation du véritable mot d'ordre qui agite l'empire chinois; mais du moins nous pouvons dès à présent distinguer avec quelque certitude l'origine de cette crise; nous comprenons la rapidité et l'étendue de ses progrès, et M. Huc aura contribué à nous expliquer par ses *impressions de voyage* l'un des événements les plus considérables et les plus étranges de l'histoire contemporaine.

LA MISSION DU KIANG-NAN

LES JÉSUITES EN CHINE AU XVIIe ET AU XIXe SIÈCLE

I

Les premières missions des jésuites en Chine et la mission moderne du Kiang-nan. — Le P. Alexandre de Rhodes et le P. Broullion. — Voyage du P. de Rhodes au dix-septième siècle. — Le navire *la Sainte-Thérèse.* — Goa et la chasse aux chrétiens. — Ceylan et la pêche des perles. — Malacca et les cocotiers. — Macao. — L'*empire du Milieu.* — La Cochinchine et le Tonkin. — Les miracles. — La cour de Cochinchine en 1645. — Les médecins cochinchinois et un remède contre le mal de mer. — Retour du P. de Rhodes en Europe.

Ce fut dans le courant du seizième siècle que les missionnaires catholiques pénétrèrent en Chine. Après avoir prêché la foi au Japon, saint François Xavier, le grand apôtre, vint mourir en 1552 à Sancian, sur le seuil même de ce vaste empire, qui recueillit de ses lèvres expirantes le premier souffle du catholicisme. A sa suite, les vaillants disciples de Loyola se précipitèrent sur cette terre nouvelle, ouverte désormais à leur intrépide génie de propagande. Bientôt on les vit à Pékin, dans l'enceinte même du palais impérial, admis à la cour et contribuant par leur science et par leurs vertus aux splendeurs naissantes de la dynastie tartare. Les *Mémoires concernant les Chinois* attestent les immenses travaux des jésuites; c'est un monument impérissable de leur séjour dans ce pays merveilleux, que les premiers ils ont fait connaître à l'Europe, et auquel ils ont en même temps porté les premières notions de la civilisation occidentale. Les jésuites cependant furent expulsés du céleste empire. L'implacable loi d'exil qui leur ferma successivement l'accès des principaux États européens les poursuivit jusqu'en Chine, et ces vigoureux soldats de Rome durent abandonner la conquête promise à leur drapeau; mais les jésuites, on le sait, ne connaissent point les exils éternels, et leurs milices, parfois dispersées, se sont toujours retrouvées, après les plus terribles orages, debout et prêtes à affronter de nouveaux périls. Partout chassés, ils sont rentrés partout. Ils ont reparu en Chine, non plus, comme autrefois, par la grande et libre route qu'avait ouverte à leur ordre la faveur impériale, non plus pour siéger dans les académies de lettrés ou pour diriger les travaux de l'observatoire de Pékin; ce ne sont que de simples missionnaires, franchissant en contrebande les frontières interdites à leur foi, et cherchant à découvrir dans un immense empire les régions fidèles où ils pourront ressaisir la trace, déjà bien effacée, des anciennes prédications. C'est dans la province de Kiang-nan que les jésuites modernes ont entrepris d'inaugurer la nouvelle propagande. L'un d'eux, le père Broullion, a rendu compte du résultat de leurs premiers efforts. En même temps la compagnie de Jésus a fait réimprimer, sur une édition qui date de 1653, la narration des voyages accomplis *en la Chine et autres royaumes de l'Orient* par le P. Alexandre de Rhodes, de 1619 à 1649. La publication simultanée de ces deux ouvrages fournit la matière de comparaisons intéressantes et de curieux rapprochements. On se le figure aisément rien que d'après les dates, que deux siècles séparent! Les voyages en Chine, que le moindre touriste peut se permettre aujourd'hui, ne ressemblent guère aux voyages *en la Chine* exécutés au dix-septième siècle. La Chine elle-même, quelque immuable qu'on la suppose, n'est pas demeurée absolument telle qu'elle était il y a deux cents ans. Et les jésuites! On s'attend bien à ne pas trouver dans le P. Broullion, notre contemporain, l'exacte copie du P. de Rhodes : le même habit ne saurait, à deux siècles de distance, faire le même moine. Le P. de Rhodes nous reporte au temps de la première campagne des jésuites dans le céleste empire ; le P. Broullion nous raconte les débuts de la seconde croisade entreprise par les soldats de saint Ignace : ce sont deux périodes également remarquables dans l'histoire du catholicisme et dans la vie de cette compagnie fameuse dont le nom seul, aujourd'hui encore, passionne les âmes et remue les empires ! — Que l'on se rassure pourtant : les deux jésuites dont nous allons suivre les pérégrinations n'ont, en vérité, rien de terrible ; ils n'emportent dans leur mince bagage ni manuels de politique ni instruments d'inquisition. Commençons par le P. Alexandre de Rhodes.

En ce temps-là on ne songeait pas encore à percer l'isthme de Suez, et pour se rendre de Rome dans l'Inde il fallait non-seulement faire le tour de l'Afrique et affronter le cap des Tempêtes, mais encore se rendre par terre jusqu'à Lisbonne. Or ce voyage par terre offrait de grandes difficultés. Parti de de Rome au mois d'octobre 1618, avec la bénédiction du pape

Paul V et un très-grand nombre d'indulgences, l'âme fortifiée par un pèlerinage à Notre-Dame de Lorette, le jeune missionnaire traversa en plein hiver les neiges des Alpes, échappa près de Lyon à un groupe de calvinistes qui voulaient le jeter dans le Rhône, coupa « allégrement » par le Languedoc, fit son entrée à Saragosse le 1er janvier 1619, et fuyant Madrid, où peut-être on l'eût empêché, en sa qualité de Français, de passer aux Indes, se dirigea en toute hâte sur Lisbonne. Il n'avait pas mis moins de quatre mois et demi pour accomplir cette première partie du voyage. A Lisbonne il se reposa de ses fatigues. Le P. de Rhodes nous fait connaître qu'à cette époque les jésuites possédaient dans la capitale du Portugal quatre maisons « où, dit-il, nos pères travaillent fort utilement en toutes les choses qui sont propres à notre compagnie, laquelle embrasse tout ce qui peut servir au salut des âmes. » L'université de Coïmbre brillait également du plus vif éclat; elle renfermait, lors de la visite du missionnaire, trois cents jésuites, riche pépinière de savants et d'apôtres, d'où la société expédiait par delà les mers ses inépuisables rejetons.

Le Portugal était alors dans toute sa splendeur. La mer lui appartenait, et avec la mer le commerce du nouveau monde et la propagande catholique. De Lisbonne partaient plusieurs fois l'an les paquebots de la foi chrétienne, avec leurs chargements de moines pour les églises naissantes de l'Asie. On voyait dans son port non plus les caravelles du temps de Colomb, ni ces frêles barques sur lesquelles avaient pâli les équipages de Gama, mais de grands et solides vaisseaux, que les progrès de l'art nautique avaient faits dignes de porter le pavillon du Portugal et de commander aux deux Océans. Ce fut sur le navire *la Sainte-Thérèse* que le P. de Rhodes s'embarqua le 4 avril 1619. Il y avait à bord quatre cents personnes, parmi lesquelles on comptait six jésuites, trois prêtres et « trois autres qui étudiaient la philosophie. » Le capitaine du navire, François de Lirea, était un personnage de grande condition, car il n'y avait pas pour la noblesse portugaise de profession plus enviée que celle d'officier de marine. Le P. de Rhodes se loue beaucoup de son capitaine, qui était fort pieux, assistait au catéchisme après dîner, faisait dire la messe tous les jours, pourvu qu'il n'y eût point de tempête, et présidait aux communions générales, de telle sorte que, suivant l'expression du missionnaire, *la Sainte-Thérèse* semblait être un monastère flottant. — Le 20 juillet, le cap de Bonne-Espérance, ce passage tant redouté, fut doublé sans péril, et l'on célébra une messe solennelle pour remercier la Providence de cette visible marque de protection ; mais le 25 survint une tempête qui ne dura pas moins de dix-huit jours, tempête si violente, que les passagers, désespérant de revoir jamais la terre, « ne pensaient plus qu'au paradis. » Les nuages ne furent dissipés que le jour de Sainte-Claire, et sans doute par une grâce particulière de cette douce patronne. A peine échappé à ce danger, le navire faillit se perdre dans le détroit de Madagascar, puis le scorbut se mit dans l'équipage. Il était temps d'arriver à Goa, où *la Sainte-Thérèse* aborda le 9 octobre 1619, après six mois de traversée.

Le voyageur qui visite aujourd'hui Goa ne peut se défendre d'un profond sentiment de tristesse, lorsque, après avoir remonté la rivière et passé devant la ville neuve, il aperçoit sur sa droite la place où fut le vieux Goa. Ce ne sont que ruines d'églises et de couvents. Trois églises seulement sont encore entretenues. L'une d'elles conserve pieusement le tombeau de saint François Xavier. Un petit nombre de fidèles, quelques moines, viennent prier sous leurs dômes, où l'on voit encore étinceler par intervalles l'or des vieux lambris. Dans un arsenal qui avoisine ces édifices, autrefois splendides, gisent à terre plusieurs canons de bronze du temps d'Albuquerque. J'ai parcouru il y a peu d'années ces espaces désolés où l'on foule à chaque pas de grands souvenirs et où revivent en quelque sorte, à travers la brume de deux siècles, la gloire militaire et les religieuses traditions du Portugal. En lisant dans le récit du P. de Rhodes la description de Goa tel qu'il était en 1619, et en me reportant à mes souvenirs de voyage, il me semble que je découvre une ville nouvelle; les églises s'animent et retentissent de chants sonores; de blanches files de moines remplissent les vastes corridors des couvents; l'arsenal se repeuple de soldats, les canons brillent sur leurs affûts; le long du fleuve se presse une population nombreuse qui charge et décharge les navires aux sons cadencés des chants indiens. Ici est le palais du vice-roi, là celui de l'archevêque, — deux puissants personnages, dont l'un envoie ses flottes et l'autre ses missionnaires jusqu'aux rives les plus reculées de l'Asie. Tel était Goa aux yeux du P. de Rhodes, ville « pleine de toutes les plus grandes délices de l'Europe et de plusieurs autres qui lui sont propres. » La compagnie des jésuites y possédait trois maisons, érigées sous les auspices de saint François Xavier, qui prêcha la foi dans trois cents royaumes, accomplit tant de miracles et baptisa plus de trois cent mille chrétiens. Dans son zèle à marcher sur les traces de ce grand saint, le P. de Rhodes, tout en se livrant avec ardeur à l'étude de la langue canarine, commença l'exercice actif de son apostolat par « la chasse des enfants païens. » Les rois de Portugal s'étaient réservé le droit de prendre les petits enfants orphelins et de les faire baptiser, puis de les recueillir dans un établissement où on leur enseignait la religion chrétienne. Le P. de Rhodes en vit ainsi baptiser six cents, ce qui était, dit-il, une assez heureuse chasse. Beaucoup de conversions à cette époque ne s'opéraient pas autrement ; on n'était pas difficile sur le choix des moyens, et les missionnaires catholiques procédaient avec une facilité singulière à la multiplication des chrétiens. Cela expliquerait, indépendamment des miracles de la grâce, les énormes chiffres de conversions dont s'enorgueillissaient les jésuites. — Le P. de Rhodes allait donc à la chasse avec la plus sincère dévotion : c'est le plus bel exercice qu'il ait eu à Goa. Peut-être ne verra-t-on dans ce procédé, qui après tout sauve souvent les corps en même temps que les âmes, rien qui ne soit conforme aux sentiments d'humanité comme aux inspirations de la foi la plus vraie ; toutefois il est aisé de conclure des récits du P. de Rhodes que parfois l'amour du gibier menait trop loin les pieux chasseurs, et qu'on se laissait aller à prendre violemment et jusque dans les bras de leurs mères des enfants qui eussent vécu heureux et aimés au foyer de la famille. Ce n'est pas tout : le P. de Rhodes nous confessera que « l'on fait ordinairement grand honneur et beaucoup de caresses à ceux qui sont encore païens, et puis quand ils sont baptisés on ne daigne pas les regarder, et de plus, quand ils se convertissent, on les oblige à quitter l'habit du pays, et l'on ne saurait croire combien cela est rude. » En racontant ces détails, le missionnaire ne dissimule pas qu'ils lui ont causé un déplaisir bien sensible; aussi ne faut-il pas abuser d'un secret si honnêtement révélé, ni demander un compte trop sévère à ce prosélytisme militant qui, au dix-septième siècle, s'était donné la tâche de conquérir par tous les moyens l'Asie à la foi romaine. N'oublions pas non plus que sur ces terres lointaines, où l'audacieux génie de quelques aventuriers avait enlevé à la pointe de l'épée de si vastes royaumes, il semblait naturel que la croix fût plantée avec une égale audace, et ne nous étonnons pas de voir les premiers missionnaires catholiques, jésuites en tête, apporter dans l'œuvre de la conversion ces allures expéditives et violentes qui trop souvent firent de leur croix une épée.

Le P. de Rhodes demeura deux ans et demi à Goa ou à Salset, et le 12 avril 1622 il s'embarqua pour le Japon. Le capitaine du navire étant mort à Cochin, il prit un autre bâtiment sur lequel il eut à essuyer aux abords du cap Comorin une horrible tempête : heureux incident, car tout l'équipage, face à face avec la mort, demanda le baptême. Le cap fut enfin doublé, et le capitaine longea la côte dite de la Pêcherie, ainsi nommée à cause de la pêche des perles. « Ses habitants, dit le P. de Rhodes, savent le temps de l'année propre à trouver ces belles larmes du ciel qui sont recueillies et endurcies dans les huîtres. C'est pour lors que les pêcheurs s'avancent en mer sur des barques; l'un d'eux se plonge dedans, attaché sous les aisselles avec une corde, ayant la bouche pleine d'huile et un sac au cou; il va jusqu'au fond et ramasse les huîtres qu'il trouve, il les met dans le sac, et quand il ne peut plus tenir son souffle, il fait signe, tirant la corde avec laquelle il est attaché. Ceux qui sont au bateau le tirent incontinent en haut; on ouvre les huîtres qui sont dans le sac, où l'on trouve ordinairement plusieurs perles. » C'était à Tutucurin que du temps du P. de Rhodes on pêchait les plus belles perles de l'Orient; les Portugais y avaient une citadelle et les jésuites un collége fondé par saint François, Xavier. Un jour les jésuites furent chassés de leur collége, et avec eux, par un juste châtiment du ciel, les huîtres se retirèrent; plus de perles. Plus tard, les jésuites ayant été réintégrés dans leur collége, les perles revinrent. Du reste, toute cette région était pleine du nom et de la puissance des jésuites; ils avaient des missions dans l'île de Manar, à Ceylan, sur la côte de Coromandel comme sur celle de Malabar, missions que le P. de Rhodes, dans son cabotage apostolique, visite successivement avant de s'embarquer pour Malacca, où il n'arrive que le 28 juillet 1621, à la faveur d'un miracle. Le navire étant échoué en vue du cap Bachado et presque perdu, il eut la pieuse idée de prendre dans un scapulaire un des cheveux de la sainte Vierge et de le plonger dans la mer en le liant avec une longue corde; le bâtiment sortit immédiatement du sable où il était enfoncé, et le lendemain il entrait au port.

La ville de Malacca a subi de nombreuses vicissitudes. Fondée par les Portugais, attaquée et prise par les Hollandais, elle est aujourd'hui au pouvoir de la Grande-Bretagne. Comme Goa, c'est une grandeur déchue; on n'y voit point de ruines cependant : les églises et les couvents sont encore debout, plusieurs édifices remontent au temps de la domination portugaise et rappellent de nobles souvenirs; mais la croix ne surmonte plus les anciens temples, une génération hollandaise et une génération britannique, c'est-à-dire deux générations protestantes, ont peu à peu fait disparaître le catholicisme, jadis si florissant sur cette côte. Puis sont venus les Chinois, qui se sont établis en maîtres dans la ville, et qui forment le gros de la population. Du Portugal et des Portugais il ne reste qu'un petit nombre de familles, dont quelques-unes ont mêlé leur sang avec celui de la race indigène.

Lorsque je suis débarqué à Malacca, porté sur le dos d'un Malais (car à la mer basse les canots ne peuvent accoster la plage), j'avais peine à croire que ce port sans vaisseaux, que cette rive presque déserte eussent acquis au dix-septième siècle un si grand renom. Quelques barques de pêcheurs étaient couchées dans la vase, un cipaye ennuyé montait la garde pour l'Angleterre auprès d'une batterie de vieux canons : tout était silencieux et triste. Après avoir franchi un petit pont de pierre, j'entrai dans la principale rue, bordée d'habitations chinoises, qui se reconnaissent à leurs boiseries vernissées, à leurs lanternes rondes et au cercueil en bois de teck qui attend, près de la porte, que le chef de la famille y soit étendu pour le dernier sommeil. Un Portugais qui me servait de guide m'indiqua l'établissement des missions catholiques, et pendant que cherchais à saisir dans les détails de cet édifice quelques vestiges du passé, je fus distrait par des marchands de joncs, de bambous, de singes, de perroquets. Il n'y a plus d'autre commerce à la Malacca. Les Anglais n'ont pas songé à ranimer cette ville. Combien était différente la physionomie de Malacca lorsque le P. de Rhodes y fit son entrée ! Il trouva « une fort belle ville avec une citadelle bien forte et bien garnie, plusieurs églises richement ornées, où la dévotion des peuples était admirable, cinq paroisses seulement, mais de nombreux monastères, enfin le collége des jésuites, rempli de plusieurs grands personnages. »

Notre missionnaire vécut neuf mois à Malacca en attendant que le renversement de la mousson lui permît de continuer sa route vers la Chine ; il employa pieusement son temps à seconder les jésuites dans leurs travaux à la ville comme à la campagne, et baptisa deux mille idolâtres. Heureuse chasse ! comme on aurait dit à Goa. Le P. de Rhodes emporta de son séjour à Malacca les souvenirs les plus agréables : il vante la fécondité du sol, l'abondance et l'excellent goût des fruits, le bel aspect des forêts de cocotiers, et à l'occasion du coco il fait une remarque qui mérite d'être citée. « C'est que pour rendre les cocotiers bien fertiles, il faut que les hommes habitent dessous leurs branches. Je ne sais, ajoute-t-il, si c'est le souffle des hommes qui leur sert ou s'il y a quelque secrète sympathie que la nature nous a cachée. » Le P. de Rhodes avoue que peu de gens avant lui avaient observé cette chose vraiment admirable : bien peu sans doute l'auront observée après lui ; mais pourquoi cette sympathie cachée, cette harmonie mystérieuse n'existerait-elle pas ? N'est-il pas vrai que sous le soleil tropical le cocotier a été donné à l'homme par la Providence comme un compagnon presque inséparable, comme un ami, qui le couvre de son ombrage, qui le désaltère de son lait, qui l'habille de ses filaments, et qui lui livre son bois, ses feuilles, ses fruits, tout ce qu'il a, pour le luxe et la commodité de la vie ? Auprès de la plus pauvre case veille le génie tutélaire à l'ombre duquel se repose le père de famille et s'ébattent les enfants demi-nus. Voulez-vous apprécier les richesses d'un village, comptez le nombre de ses cocotiers. J'ai vu une razzia en pays malais ; les habitants avaient fui ; on ne songeait même pas à brûler leurs misérables cabanes ; ce fut aux cocotiers que l'on fit la guerre, et les pauvres arbres, après une longue résistance, tombaient en gémissant sous les coups répétés de la hache. Oui, le cocotier est le bienfaiteur de l'habitant des tropiques, et, rassuré par l'orthodoxie évidente d'une opinion émise par le P. de Rhodes, je veux supposer avec lui cette sympathie secrète qui me permet la reconnaissance, même envers un arbre !

Le P. de Rhodes partit enfin pour la Chine. Après avoir heureusement échappé à la poursuite des Hollandais, qui étaient alors en guerre avec le Portugal, il arriva à Macao le 29 mai 1623. Il y avait près de cinq ans qu'il était parti de Rome ; il lui avait fallu plusieurs fois changer de navire, attendre presque dans chaque port le caprice du vent, courir mille dangers, affronter les ouragans, les écueils, les infidèles, les Hollandais enfin, « ces grands ennemis de toute piété, » pour aborder aux rives de ce grand royaume après lequel il avait longtemps soupiré. Sans doute cette longue traversée n'avait pas été stérile pour le missionnaire. Il avait, chemin faisant, versé sur des milliers de fronts l'eau du baptême. La vue des tombeaux de saint François Xavier et de saint Thomas avait retrempé son ardeur évangélique. Un miracle authentique avait récompensé sa foi en arrachant aux écueils le navire qui le portait. La Chine lui était bien due, et nous sommes impatients d'y entrer avec lui. Que d'observations intéressantes, que de notions nouvelles ne va-t-il pas nous révéler sur cet empire, qu'il visitait au milieu du dix-septième siècle et où il a vécu plus de dix ans ! Il y a en effet, dans les vieilles descriptions des pays lointains, de ceux-là même que les voyageurs modernes nous ont fait connaître, un charme particulier de nouveauté. Malheureusement notre curiosité sera déçue. Par un étrange excès de modestie, le P. de Rhodes juge superflu de s'étendre sur les « beautés et les grandes raretés du royaume de la Chine après tant de bons auteurs qui les ont écrites au long avant lui. » et il ne consacre à cette partie de son voyage que quelques chapitres d'une brièveté désespérante. Il vante beaucoup d'ailleurs la Chine et les Chinois ; il exalte la richesse du sol, l'intelligence et l'esprit des habitants. La plupart des missionnaires, pendant les deux derniers siècles, notamment les jésuites, se sont montrés très-favorables aux Chinois, et on leur a reproché l'exagération de leur optimisme. Pourquoi blâmer cette impression à la fois si naturelle et si charitable ? Le prêtre indulgent qui dissimule les défauts et met en relief les vertus des peuples qu'il veut convertir n'inspire-t-il pas plus de sympathie et de respect que ce missionnaire morose qui, par dépit sans doute, médit orgueilleusement des âmes dont il n'a pas su trouver le chemin ? Le P. de Rhodes reconnaît que les Chinois sont matérialistes, qu'ils adorent de faux dieux, parmi lesquels il range « un certain Confucius ; » qu'ils croient aux sorciers, secte très-nombreuse ; mais cela ne l'empêche pas d'établir, avant tout, qu'ils sont « pleins d'esprit, » ni d'espérer leur conversion à la vraie foi. En même temps il saisit l'occasion de déclarer qu'on a calomnié les jésuites quand on leur a imputé pour le culte des images chinoises une tolérance coupable, et j'avoue que, dans la bouche d'un tel homme, cette déclaration, faite en termes simples et nets, doit être tenue pour décisive. Est-ce à dire que le P. de Rhodes ne se laisse pas aller parfois à d'innocentes exagérations ? A-t-il bien vu, par exemple, à Canton « une rivière de deux grandes lieues de large, couverte de vingt mille bateaux ? » Peut-être a-t-il seulement voulu parler de l'espace qui, devant Canton, est occupé par la ville flottante, et qui, mesuré dans le sens du cours du fleuve, pourrait avoir à peu près l'étendue qu'il signale. Quoi qu'il en soit, ce ne serait qu'une erreur vénielle qui ne fait de tort à personne, et qu'il faut certainement pardonner à un jésuite qui a tant voyagé!

La population de la Chine est un véritable problème, dont la solution se balance entre les chiffres de cent cinquante à quatre cents millions. Au temps du P. de Rhodes, le chiffre le plus généralement admis était celui de deux cent cinquante millions; on le conjecturait d'après le produit de l'impôt payé pour l'entretien de l'armée. Or l'armée se composait de sept cent mille hommes, et la taxe, dont le taux était évalué à *six sous* par tête, procurait au trésor une somme de soixante-quinze millions de francs environ (soit cent sept francs par soldat). En rapportant ce calcul, le P. de Rhodes ne se préoccupe que du grand nombre d'âmes qui chaque année descendent aux enfers et que les missions doivent conquérir à l'Église; vers 1640 il y avait en Chine cent vingt mille catholiques, et la compagnie des jésuites y comptait trente pères, répartis entre dix-sept résidences.

On sait que, dans la langue nationale, l'empire chinois s'intitule l'*empire du Milieu*. L'origine de cette dénomination a donné lieu à de vives controverses. D'après M. l'abbé Huc, elle remonte au douzième siècle avant notre ère, à une époque où la Chine était divisée en plusieurs principautés: le nom d'empire du Milieu fut alors attribué à celle de ces provinces qui se trouvait placée au centre et où résidait habituellement l'empereur. M. Huc estime que telle est la véritable et seule origine du terme dont les Chinois se servent encore aujourd'hui; il invoque le témoignage de Klaproth, et il traite fort durement la plupart des livres européens qui ont indiqué une étymologie différente. Je demande grâce au moins pour le P. de Rhodes, qui dès 1653 s'est exposé à être d'un avis contraire à celui du P. Huc : « La Chine, écrit-il, est divisée en quinze provinces qui sont chacune un bien grand royaume; aussi la grande étendue de leur pays et l'abondance des biens que l'on y possède ont rendu les Chinois si présomptueux, qu'ils se persuadent que la Chine est tout ce qu'il y a de plus beau dans toute la terre, et ils sont bien étonnés quand ils voient nos mappemondes, où leur pays paraît si petit en comparaison du reste de la terre. Ils en usent bien autrement, car en leurs cartes ils dépeignent le monde carré, mettent la Chine au milieu (aussi l'appellent-ils Chon-Choc, qui veut dire royaume du milieu), peignent la mer au-dessous, en laquelle ils sèment quelques petites îles; l'une est l'Europe, l'autre l'Afrique, l'autre le Japon; en quoi nous leur avons bien fait voir qu'ils étaient bien moins savants que nous. » Voici un autre voyageur qui en 1716 écrivait dans le même sens; c'est Le Gentil, auteur d'un *Nouveau voyage autour du monde* : « L'empereur Kang-hi a tout l'orgueil et le faste des princes asiatiques. Sa vanité ne peut souffrir que dans les cartes géographiques on ne mette pas son empire dans le centre du monde, et quoique, par les conversations fréquentes qu'il a eues avec nos missionnaires les plus habiles, il soit bien convaincu que ses États ne sont non-seulement pas situés dans le centre du monde, comme tous ses prédécesseurs l'ont prétendu, mais encore qu'ils ne font qu'une très-petite partie de ce monde, il s'obstine, par un trait de politique où l'orgueil a beaucoup de part, à vouloir que, dans les cartes qu'on dresse par son ordre, on mette la Chine et les États qui en dépendent au centre du monde. Il fallut même autrefois que le P. Mathieu Ricci, dans la carte chinoise du monde, qu'il dressa à Pékin, renversât l'ordre pour plaire à l'empereur et pour se conformer à ses idées. » Il serait facile de citer d'autres autorités; mais pourquoi cette opinion serait-elle si ridicule ? L'ignorance des Chinois, en fait de géographie, éclate de la façon la plus grotesque sur les cartes les plus modernes. Il n'est personne qui ne connaisse ces charmants dessins qui représentent la mappemonde en usage à Canton. Les géographes du céleste empire sont de véritables fantaisistes; leurs produits méritent de figurer, et figurent en effet, parmi les curiosités que les touristes rapportent d'un voyage en Chine. Les jésuites mêmes, comme on l'a vu dans le passage extrait de la narration de Le Gentil, auraient quelque peu sacrifié aux manies orgueilleuses de l'empereur Kang-hi, pensant qu'après tout la concession était assez innocente. Le P. de Rhodes affirme, de son côté, que les jésuites ont rectifié les idées erronées qui avaient cours à Pékin sur la situation de l'empire du Milieu; mais peu importent ces contradictions, qui n'incriminent la bonne foi de personne. Ce que j'ai tenu surtout à établir, c'est que l'opinion vulgaire, au sujet du titre que prend la Chine, peut être maintenue.

A l'époque où le P. de Rhodes visitait la Chine, le thé était à peine connu en Europe; on le vendait à Paris trente francs la livre, et il ne coûtait aux Hollandais, qui faisaient le commerce, que huit ou dix sous. « C'est ainsi, dit le jésuite missionnaire, que nos braves Français laissent enrichir les étrangers dans le négoce des Indes orientales, d'où ils pourraient tirer toutes les plus belles richesses du monde, s'ils avaient le courage de l'entreprendre aussi bien que leurs voisins, qui ont moins de moyens d'y réussir qu'eux. » Cette réflexion n'a pas cessé d'être vraie, et j'aime à la retrouver dans le récit de ce missionnaire qui, parti à la conquête des âmes, ne dédaigne pas de signaler sur sa route les éléments de commerce et d'échange avec autant de soin que pourrait le faire un consul. Le thé est d'ailleurs pour le P. de Rhodes l'objet d'une prédilection particulière; il lui consacre tout un chapitre, et il décrit avec une sorte d'enthousiasme les vertus de ce précieux remède, auquel il doit, entre autres bienfaits, d'avoir pu ajourner le sommeil lorsqu'il était obligé de passer la nuit à confesser ses bons chrétiens. Le thé alors, ainsi que l'opium, n'était qu'un remède, et c'est seulement à ce titre que le P. de Rhodes en recommande l'usage.

Le missionnaire demeura près d'un d'un an à Macao, dans le collége que la compagnie des jésuites y avait établi dès l'origine de l'occupation portugaise, et qui fournissait des apôtres et des martyrs à toutes les missions de l'Orient. Il rappelle l'origine de cette petite colonie, et le nom de l'un de ses fondateurs, Pierre Veillo, « qui mérita par sa charité que saint François Xavier lui promît qu'il saurait le jour de de sa mort. » Les Portugais payaient à l'empereur de la Chine un tribut annuel de vingt-deux mille écus. Dans les premiers temps il leur était interdit d'ériger des fortifications, mais il surent profiter d'une attaque des Hollandais pour obtenir la permission de construire des forts, où ils placèrent deux cents pièces de canon. Macao fut longtemps le centre d'un grand commerce; il entretenait de fréquentes relations avec le Japon et avec les îles Philippines. Protégées par le pavillon du Portugal, les missions catholiques y étaient florissantes : de nombreuses et vastes églises attestaient la ferveur des fidèles. Ces souvenirs ne sont pas effacés par le temps : les forts bâtis au douzième siècle dominent les hauteurs de Macao, les édifices catholiques sont debout, et le P. de Rhodes reconnaîtrait encore la charmante petite ville où il s'était préparé à entreprendre la périlleuse mission du Japon.

C'était en effet pour évangéliser le Japon que le P. de Rhodes avait fait ce long voyage; mais les persécutions en décidèrent autrement. Les martyres s'étaient tellement multipliés au Japon, qu'il n'y restait pour ainsi dire plus de chrétiens. Les supérieurs des missions jugèrent que la Providence leur commandait de céder devant l'orage, et qu'il convenait de laisser quelque temps en friche cette terre ingrate où les confesseurs de la foi catholique ne trouvaient plus que des tombeaux. Le P. de Rhodes fut donc envoyé dans les contrées qui s'étendent au sud de la Chine; il visita ainsi à plusieurs reprises la Cochinchine et le Tonkin, et ce fut là que s'accomplirent les œuvres les plus brillantes et les plus méritoires de son apostolat.

Au temps du P. de Rhodes, les géographes européens ne se souciaient guère de ces deux royaumes : doit-on les en blâmer? Nos géographes d'aujourd'hui ne sont guère plus avancés sur la configuration du Tonkin, et bien que la Cochinchine soit un peu moins inconnue, on trouverait difficilement encore dans les ouvrages modernes une description approximative de ce curieux pays. Les missionnaires catholiques furent probablement les premiers voyageurs qui pénétrèrent en Cochinchine. Le P. de Rhodes signale un Napolitain, le P. François Busomi, et un Portugais, le P. Diégo Carvalho, qui arrivèrent dans le pays en 1615. Il s'y rendit lui-même en 1624, et l'année suivante la jeune Église de Cochinchine ne comptait pas moins de dix missionnaires, dont les prédications obtinrent d'abord un grand succès. Il en fut de même au Tonkin, où le P. de Rhodes arriva en 1627, et fut immédiatement accueilli à la cour. Il faut voir comment l'habile missionnaire s'insinue dans les bonnes grâces du roi. Dès sa première audience, il lui présente un beau livre de mathématiques « fort bien doré, » ce qui amène naturellement la conversation sur le ciel et sur les astres, puis, par une pente insensible, sur le Seigneur du ciel. Le roi l'écoute deux heures durant et, charmé de ses discours, il l'invite souvent à dîner. Un jour il le mande auprès de lui pour se faire expliquer le mécanisme d'une horloge à roues et d'un poudrier qui lui avaient été donnés en cadeau. Le P. de Rhodes monte l'horloge, installe le poudrier, et annonce que l'heure sonnera lorsque toute la poussière sera descendue dans le compartiment inférieur. Je laisse le P. de Rhodes raconter lui-même la scène. « Le roi trouva cela beau et voulut voir si je disais vrai. Je me retirai loin de l'horloge, crainte que l'on ne crût que je la touchais. Je commençai à faire un discours des éclipses en attendant l'heure. Le roi avait toujours l'œil au poudrier, et quand il le vit quasi tout passé, il le prit en main. « Le voilà, dit-il, « coulé, et votre horloge ne sonne point. » Comme il dit cela, l'heure sonne. Le roi en fut ravi, et me dit que si je voulais demeurer avec lui une couple d'ans, il serait bien aise de me voir souvent. » Ce fut ainsi que sonna au Tonkin la première heure du catholicisme. Quel effet ne produiraient pas aujourd'hui à la cour de tant de souverains si prompts à s'étonner les merveilles de la science moderne? J'ai vu l'ébahissement d'un mandarin chinois soumis à l'action d'une petite pile voltaïque. Récemment, lors de la conclusion de leur traité de commerce avec le Japon, les Américains ont donné aux ambassadeurs de la cour de Yédo le spectacle d'une locomotive glissant sur des rails, et ils ont fait merveille. Pour frapper ces imaginations asiatiques, il faut leur paraître quelque peu sorcier, et le P. de Rhodes attribue très-volontiers à la scène de l'horloge la bienveillance particulière dont le roi du Tonkin honora ses premiers sermons. En trois ans il fit plus de sept mille chrétiens; mais ce triomphe fut malheureusement de courte durée. Le catholicisme avait dans le pays deux ennemis irréconciliables : les femmes et les eunuques. Malgré tout leur désir de respecter autant que possible les mœurs et les coutumes, et de se plier à d'innocentes concessions qu'on leur a parfois reprochées comme étant des accommodements coupables, les jésuites ne devaient point évidemment se prêter à la polygamie; or le roi avait cent femmes, et les seigneurs suivaient l'exemple du roi. Les femmes répudiées par les nouveaux chrétiens se plaignirent hautement, et les économistes de la cour plaidèrent leur cause en faisant observer que la foi chrétienne allait arrêter les progrès de la population et diminuer le nombre des sujets de Sa Majesté. De leur côté, les eunuques, craignant de se trouver sans emploi, se prononcèrent contre les jésuites. La lutte entre les deux influences dura quelque temps, mais elle se termina par un édit de proscription contre les missionnaires, qui furent obligés de prendre le large sur un navire portugais.

D'après le récit du P. de Rhodes, le Tonkin était alors un puissant royaume, presque aussi grand que la France, arrosé par cinquante rivières, riche en produits naturels de toute espèce; il avait deux rois, luxe que se permettent encore plusieurs empires de l'Asie, notamment le Japon et Siam; mais, selon l'usage, l'un de ces rois (Bua) n'avait qu'une autorité nominale, l'autre (Choua) était le souverain réel. Celui-ci avait une garde de cinquante mille soldats vêtus d'un uniforme violet, armés du mousquet, de la lance ou du cimeterre, et d'une bravoure éprouvée; de plus, il entretenait cinq cents galères bien équipées, montées par des soldats et non point par des forçats, comme c'était alors l'usage en Europe. Quand le roi sortait, il était accompagné de dix à douze mille hommes et de trois cents éléphants. Il s'occupait assidûment des affaires de l'État, donnait chaque jour audience à ses sujets et veillait avec le plus grand soin à la bonne administration de la justice. Bref, s'il faut en croire le P. de Rhodes, le royaume du Tonkin n'avait rien à envier aux principaux États de l'Europe. La Cochinchine n'était peut-être point aussi florissante; cependant elle mettait en ligne une belle armée, une flotte de cent cinquante galères; son sol, arrosé par vingt-quatre rivières, était des plus fertiles et recélait même des mines d'or. Le roi, entouré d'une cour brillante, résidait à Kehué [1]. La ville était bâtie en bois, mais la population avait des goûts de luxe, et les seigneurs portaient des habits superbes. Si, après avoir lu dans le livre

(1) La capitale actuelle se nomme Hué-fou; c'est sans doute la même ville que Kehué.

du P. de Rhodes ces descriptions presque pompeuses, on envisage dans leur état actuel la Cochinchine et le Tonkin, on voit que ces deux royaumes ont depuis le dix-septième siècle singulièrement dégénéré. Sans contester la véracité du pieux missionnaire, il est permis de penser que peut-être sa narration se ressent à un certain degré des impressions trop bienveillantes que laisse souvent au voyageur le souvenir d'un pays lointain; mais alors même qu'il y aurait un peu d'exagération dans les détails, on doit admettre que le fond du tableau est vrai, et que ces régions à peine connues aujourd'hui ont eu leur temps de prospérité et de grandeur. N'est-ce point d'ailleurs un fait général que la décadence des empires de l'extrême Orient? Ce fait ne s'est-il pas également manifesté en Chine, où l'on sait que pendant des siècles, qui sont déjà bien loin de nous, le génie humain a brillé du plus vif éclat? Les missionnaires du dix-septième siècle ont vu les dernières lueurs de la civilisation qui a éclairé ces contrées de l'Asie : ce n'est pas leur faute si leurs peintures ont cessé d'être exactes.

Le P. de Rhodes fit cinq voyages en Cochinchine. Là, comme au Tonkin, il eut à subir les fortunes les plus diverses. Tantôt il jouissait de la faveur des princes, auquel il enseignait en retour « quelques secrets de la mathématique; » il baptisait et prêchait librement; il obtenait même des prosélytes parmi les dames de la cour, conquêtes précieuses pour la foi : c'étaient les beaux jours de la mission. Tantôt le vent de la persécution s'élevait contre l'Église naissante et dispersait les fidèles : il fallait que le missionnaire rentrât dans l'ombre; alors recommençaient pour lui les prédications secrètes, les confessions et les messes nocturnes, les fuites précipitées à l'approche des satellites, et les sereines anxiétés d'une âme partagée entre l'ardeur du martyre et la crainte d'être enlevée avant l'heure à ses pieux travaux. Touchantes épreuves que le P. de Rhodes raconte non comme un homme qui a souffert, mais comme un apôtre qui aurait voulu souffrir plus encore! Mais enfin combien il est récompensé par les conversions qu'il accomplit, par les actes de courage dont il est témoin et que la foi inspire, par les miracles visibles qui viennent aux moments de crise appuyer sa parole et attester le Dieu qu'il prêche! Les miracles abondent dans le livre du P. de Rhodes; des malades à l'agonie guérissent par la vertu du baptême, des morts ressuscitent, des âmes possédées du démon sont délivrées par la grâce, des apparitions surnaturelles soutiennent la piété chancelante ou déconcertent les rébellions orgueilleuses. On croirait lire les récits de la première Église, on retrouve presque les scènes mystérieuses des catacombes, l'appareil émouvant des persécutions romaines, le gracieux dévouement des femmes, la foi des riches et des puissants attiédie par le respect humain et par l'intérêt, la foi vigoureuse qui prend jusque dans les rangs les plus humbles de la foule les âmes d'élite, et les exalte à d'héroïques martyres. Tout cela s'est reproduit au dix-septième siècle, en Cochinchine, au Tonkin, en Chine, au Japon, et ce n'est pas un médiocre sujet d'orgueil pour le christianisme que cette similitude de faits, de sentiments, de miracles dans tous les temps et en tous pays. Je me figure que certains lecteurs ne pourront s'empêcher de sourire aux prodiges que le P. de Rhodes se plaît à enregistrer dans son édifiante relation. Le temps n'est plus aux miracles, et à cet égard je n'ai point mission pour convertir les incrédules ; mais ce qui, même aux yeux de ces derniers, défendrait le P. de Rhodes s'il avait besoin d'être défendu, ce qui le place au-dessus de toutes les moqueries des esprits forts et des sceptiques, c'est l'entière bonne foi, l'ardente conviction, la simplicité pénétrante de son récit. On peut croire, si l'on veut, qu'il s'est parfois exagéré les effets de la grâce, que ses regards sans cesse tournés vers un seul et même objet ont eu à certaines heures de pieux éblouissements, et que son imagination, ce sixième sens ou plutôt cet unique sens des enthousiastes, l'a trop légèrement emporté dans les régions du surnaturel et dans la patrie des miracles. On reconnaîtra du moins qu'il n'y a là rien qui ne soit fort respectable. En tout cas, il n'est point nécessaire que le P. de Rhodes ait recours au merveilleux pour animer sa narration. Laissons là ses miracles et retournons avec lui à la cour de Cochinchine, où il se passait en 1645 de curieuses choses. Un navire espagnol, poussé par la tempête dans le port de Cham, avait à bord quatre religieuses dont la venue mettait en émoi tout le pays. Bien que le christianisme ne fût pas alors en faveur, le roi et la reine voulurent absolument voir ces saintes filles, et l'on me saura gré, j'en suis sûr, d'emprunter au P. de Rhodes le récit de cette singulière audience.

« Ce fut environ vers les deux heures après midi que les religieuses allèrent au palais, toujours bien voilées, en compagnie de deux pères religieux, du capitaine espagnol et d'environ cinquante soldats de sa garde, qui étaient tous fort bien couverts, et ne manquaient pas d'avoir cette belle gravité ordinaire à la nation. Le roi les attendait, appuyé sur une fenêtre qui regardait sur la grande basse-cour du palais ;

la reine était sur une autre proche du roi. L'on avait préparé dans cette belle salle un réduit, environné de tapisseries et fort bien orné, où les religieuses pouvaient demeurer à couvert, sans être exposées aux yeux de toute cette grande cour. Le roi et la reine étaient magnifiquement vêtus; les principaux du royaume s'y trouvèrent pour faire leur cour. La garde était alors de quatre mille hommes, divisés en quatre compagnies de mille hommes chacune, si bien rangés en divers quartiers, qu'ils ne couvraient aucunement les places du roi, de la reine, et l'endroit où les religieuses avaient leurs places. Les deux compagnies qui étaient plus proches du roi étaient vêtues de grandes robes de damas violet, avec des lames d'or sur l'estomac; les deux autres portaient de longues casaques tirant sur le noir, et chaque soldat avait un grand cimeterre tout garni d'argent; ils étaient tous en leur rang, et pas un d'eux ne bougeait et ne disait mot. — Quand les religieuses entrèrent en la salle, on les conduisit en ce lieu couvert, à la main gauche du roi; le capitaine espagnol, les deux principaux seigneurs de sa suite et les deux religieux s'approchèrent du roi et lui firent toutes les révérences à l'espagnole, la tête découverte, et n'oubliant rien de leurs graves cérémonies. Le roi ne manqua pas de leur rendre libéralement pour le moins autant, avec plusieurs belles paroles d'estime et de courtoisie; puis les fit tous asseoir en des siéges élevés, qu'on avait préparés pour eux, et commanda à tous les soldats de s'asseoir à terre, les pieds croisés, ce qu'ils firent en un instant et sans bruit. La cérémonie commença par une belle collation, que l'on apporta sur plusieurs tables rondes, vernissées et dorées; chacun avait la sienne; elles étaient pleines de fort bonnes viandes, avec une magnificence royale; le roi les invitait à manger, et priait de loin les dames religieuses de faire bonne chère; pendant la collation, les demoiselles de la cour dansèrent un beau ballet, et messieurs les Espagnols avouaient qu'en leur pays on ne faisait pas mieux, ni même peut-être si bien. — La collation finie, le roi voulut que les religieuses sortissent hors de leur enclos et passassent vers la fenêtre où était la reine; elles sortirent, toujours bien voilées, passèrent devant le roi et le saluèrent; puis elles allèrent auprès de la reine, où elles s'assirent. La première chose que cette princesse leur demanda fut qu'elles posassent leur voile, parce qu'elle voulut voir s'il était bien vrai qu'elles rasassent leurs cheveux, ce que personne ne voulait croire en cette cour. Les religieuses dirent qu'elles ne pouvaient pas mettre bas leur voile, particulièrement à la vue de tant d'hommes; mais elles le levèrent devant la reine, et lui firent voir leur visage. Le roi en fut un peu offensé, et dit que, puisqu'il leur montrait son visage, il ne savait pas pourquoi elles refusaient de se découvrir. — La reine, qui aime fort les idoles, leur demanda quelle était leur loi et quelles sortes de prières elles chantaient; ces bonnes religieuses répondirent constamment ce qu'elles devaient, mais la femme qui leur servait d'interprète ne rapporta pas fidèlement leurs réponses. Lors la reine commanda à l'une de ses dames de mettre la main sur la tête des religieuses, et de voir si elles étaient rasées comme l'on disait; cette dame toucha la tête de la plus âgée, et n'y ayant point trouvé de cheveux, s'écria tout haut qu'il était bien vrai : cela fut tenu comme une très-grande merveille.—Cet entretien dura plusieurs heures, pendant lesquelles on fit plusieurs jeux à la mode du pays, avec une magnificence véritablement royale. Quand la nuit commença le roi fit allumer par tout le palais grande quantité de flambeaux, et après que tout fut achevé il donna bonne escorte de ses gens aux religieuses et aux Espagnols, qui, après avoir remercié le roi de ses faveurs, allèrent passer la nuit dans leurs galères, où ils croyaient d'être plus en repos. » — Voilà certes un charmant tableau de genre. Je n'ai pu résister au plaisir de le détacher de son cadre, et de donner en quelque sorte une seconde représentation de cette audience cochinchinoise au dix-septième siècle. Le roi et la reine avec leur garde silencieusement rangée, le capitaine espagnol et ses soldats pleins de leur belle gravité, les deux pères religieux vêtus de leurs longues robes, puis les héroïnes de la cérémonie, les quatre religieuses toujours « bien voilées, » — tous ces personnages sont groupés avec un art infini; on croirait voir de vieux portraits dont les couleurs solides ressortent à travers la poussière du temps. La cour de Cochinchine ne donne plus aujourd'hui de pareilles fêtes ni de si beaux ballets; on n'y accueillerait plus avec tant d'égards et de respect la visite de pauvres religieuses. Le christianisme est frappé de proscription, l'entrée du pays est interdite aux missionnaires; enfin, quand le capitaine d'un navire de guerre obtient une audience des mandarins, ce sont des troupes déguenillées qui portent les armes (une lance rouillée ou un vieux mousquet), et non plus, comme en 1645, ces magnifiques soldats au cimeterre garni d'argent! La Cochinchine telle que l'a vue le P. de Rhodes est donc bien loin de nous.

Il faut avoir un corps de fer pour résister aux perpétuelles fatigues d'une mission apostolique; on use ses forces et on perd vite sa santé à guérir tant d'âmes. Le P. de Rhodes tomba malade, et cet incident, très-fâcheux sans doute, nous procure quelques détails assez curieux sur la médecine et sur les médecins du pays. En général, les missionnaires se sont montrés fort indulgents pour les médecins chinois. M. Huc, on s'en souvient, a déclaré qu'ils n'étaient pas plus mauvais que les autres; il leur a même décerné des brevets pour la guérison de plusieurs maladies qui en Europe sont réputées incurables. Le P. de Rhodes rend également hommage aux médecins cochinchinois de son temps; il leur reconnaît une habileté particulière à connaître le pouls et à deviner les maladies (car dans ce singulier pays c'est le médecin qui doit dire au malade ce que celui-ci éprouve, et s'il se trompe, il passe pour un âne); les drogues ne sont pas désagréables au goût et elles ne coûtent pas cher; bien mieux, on ne paye le médecin qu'après guérison, et on obtient un rabais quand le malade est vieux. Voilà de grands avantages; aussi le P. de Rhodes penche-t-il décidément en faveur des médecins de Cochinchine, qui, avec leurs médicaments simples et économiques, « chassent la fièvre pour le moins aussi souvent que l'on fait en Europe avec tant de purgations, de lavements et de saignées. » En comparant les renseignements fournis par les deux missionnaires à deux siècles de distance, je remarque que la médecine chinoise, telle que l'a expérimentée M. Huc, ne diffère point de la médecine cochinchinoise qui excitait à un si haut degré l'admiration du P. de Rhodes. Il y a même une autre similitude à signaler: c'est l'égale résistance opposée par les médecins des deux pays à toute idée de conversion. Enfin, si le P. Huc indique les traitements employés avec succès en Chine contre la rage et la surdité, le P. de Rhodes nous donne de son côté une recette cochinchinoise contre le mal de mer : « Il faut prendre un de ces poissons qui ont été dévorés et qui sont dans le ventre des autres poissons, le bien rôtir, y mettre un peu de poivre et le prendre en entrant dans le navire ; cela donne tant de viguéur à l'estomac qu'il va sur la mer sans être ébranlé. » Le missionnaire ajoute que ce remède fit merveille sur lui et le délivra à tout jamais du mal de mer. On peut en essayer.

Le P. de Rhodes était d'ailleurs, on doit le reconnaître, fort intéressé dans la question. Outre son voyage en Chine et ses cinq voyages en Cochinchine, il visita les îles Philippines et opéra son retour en Europe par Malacca, Jacatra (aujourd'hui Batavia), Macassar, Surate et Ormuz, où il prit terre pour traverser la Perse, l'Arménie et l'Anatolie ; il s'embarqua à Smyrne pour Rome. Pour un homme qui s'était condamné à voyager sur tant d'océans, l'exemption du mal de mer avait certes un grand prix. Je voudrais pouvoir suivre cet intrépide missionnaire dans ses pérégrinations du retour, raconter sa captivité à Jacatra, « les discours qu'il eut avec le gouverneur du royaume de Macassar, » son séjour à Aspaan (Ispahan), « une des plus grandes et des plus belles villes du monde, » son passage à travers les Turcs, qui tremblaient au seul nom de Venise, enfin sa rentrée dans Rome le 27 juin 1647 (nous l'avons vu partir en 1619), après avoir affronté, comme il le dit lui-même, « tant de dangers par terre et par mer, tant de tempêtes, tant de naufrages, tant de prisons, tant de lieux déserts, tant de barbares, tant de païens, tant d'hérétiques et tant de Turcs. » De cette dernière partie de son voyage il résulte avec la dernière évidence qu'au dix-septième siècle les peuples de l'Asie étaient plus puissants, plus riches, plus civilisés qu'ils ne le sont aujourd'hui; que la foi catholique comptait dans les îles de l'Inde et dans l'Asie centrale des établissements nombreux et florissants; enfin que le nom français, porté là-bas par les missionnaires et par quelques aventuriers, y était grandement honoré. A ces divers points de vue, la relation du P. de Rhodes présente un intérêt réel; mais on me permettra de ne point m'y arrêter pour le moment, et de demeurer en Chine avec le P. Broullion.

II

Réapparition des jésuites en Chine (1842). — Fondation de la mission du Kiang-nan. — Organisation de la mission; les *Kum-sou*, les églises et paroisses chinoises, les écoles chrétiennes, le collége de Zi-ka-wei, le séminaire de Tsam-ka-leu, les prêtres indigènes, moyens de conversion. — Opinion des jésuites modernes sur la nation chinoise. — Rapports entre les missionnaires catholiques et les missionnaires protestants. — La secte des *mangeurs d'herbe*. — Avenir du catholicisme en Chine. — Rôle des jésuites.

Il y a vingt ans à peine que les jésuites sont rentrés en Chine. En 1840 un décret de la propagande leur confia le soin d'évangéliser la province du Kiang-nan, où leurs missions avaient été autrefois très-florissantes, et en 1842 trois prêtres de la compagnie de Jésus débarquèrent à Shang-haï. Les années suivantes d'autres missionnaires vinrent partager leurs travaux. Ainsi fut fondée la mission du Kiang-nan, dont le P. Broullion a retracé l'origine et les développements dans un mémoire qui mérite de fixer l'attention.

Le rappel des jésuites en Chine comblait les vœux de l'illustre compagnie. C'était un acte de légitime réparation. Les jésuites avaient, au seizième et au dix-septième siècle, pris une trop large part à la propagation du catholicisme dans le céleste empire pour ne pas être désireux de s'associer aux travaux des lazaristes et de la congrégration des missions étrangères, qui leur avaient succédé. La Chine était pour eux pleine de souvenirs dont ils avaient droit de se montrer fiers, et de traditions que l'esprit même de leur institution leur commandait de renouer. Le pape Grégoire XVI rouvrit donc à leur propagande le territoire de la Chine. Là du moins la présence des jésuites ne paraissait pas devoir être redoutable pour l'équilibre européen ni pour la paix intérieure des États.

On ne trouve pas dans le mémoire du P. Broullion les récits émouvants, les élans enthousiastes qui donnent tant d'intérêt à la relation du P. de Rhodes. Le missionnaire du dix-neuvième siècle n'a point à nous raconter les mille incidents d'un long voyage. C'est sur un navire de l'État et dans des conditions presque confortables qu'il est transporté en Chine; il n'a à craindre ni la rencontre des pirates ni l'apparition d'une voile ennemie. Peut-être son rôle à bord est-il réduit à des proportions plus modestes qu'autrefois : il ne dit plus la messe tous les jours, comme on avait coutume sur la *Sainte-Thérèse*; il ne confesse guère les matelots, et les miracles sont devenus plus rares; aussi le P. Broullion ne parle-t-il même pas de sa traversée; il pénètre tout de suite dans la province de Kiang-nan.

La situation d'un missionnaire à l'intérieur de la Chine a été si souvent décrite, qu'il est superflu de rappeler les prodiges d'adresse et de courage à l'aide desquels cet obscur soldat de la foi parvient à s'introduire et à résider mystérieusement au milieu d'une immense population qui lui est le plus souvent hostile. Ce qui est moins connu, c'est l'organisation hiérarchique d'une mission, c'est le système adopté par les congrégations pour administrer les églises chinoises et pour propager, en dépit de tant d'obstacles, la religion chrétienne. A en juger par le mémoire du P. Broullion, les jésuites ont dès l'origine solidement établi les fondements de leur mission. On est tout surpris de voir, en si peu de temps, des séminaires, des colléges, des écoles créés par eux dans le Kiang-nan, et formant pour l'avenir des prêtres indigènes, des catéchistes et des élèves qui, disséminés dans les rangs épais de la vieille société chinoise, y creuseront un jour à la civilisation comme aux croyances occidentales de larges sillons. Sans doute les jésuites des derniers siècles avaient laissé des traditions précieuses dont le souvenir n'était pas complétement effacé. Ils avaient fondé, sous les noms de *confréries*, de *conférences*, de *congrégations*, plusieurs associations indigènes où leur influence avait résisté aux persécutions, et les nouveaux missionnaires pouvaient espérer de se voir accueillis dès leur arrivée par quelques pieuses familles de cathéchistes, qui conservaient fidèlement le dépôt des idées chrétiennes; mais ces familles, isolées, éloignées les unes des autres, condamnées à dissimuler leur croyance à tous les yeux, ne devaient être que d'un bien faible secours pour la reprise des prédications. Les difficultés étaient immenses pour arriver jusqu'à elles, et l'instinct même de la foi devinait à peine ces rares foyers sous la cendre qui les couvrait. Il s'agissait donc d'entreprendre réellement une œuvre nouvelle. La province du Kiang-nan est presque aussi grande que la France; elle compte cinquante millions d'habitants. La compagnie de Jésus n'a point calculé le nombre de ces infidèles, et elle s'est mise résolûment en campagne.

Ce fut dans le village de Zi-ka-wei, voisin de Shang-haï, qu'elle établit son quartier général. De ce point, ses missionnaires rayonnèrent dans le diocèse, partagé en circonscriptions ou districts apostoliques. Chaque prêtre visite au moins une fois par an les chrétientés de son district, et c'est alors jour de fête pour les modestes bâtiments (*kum-sou*) qui sont consacrés aux prières de la communauté. « Les *kum-sou*, dit le P. Broullion, sont de larges granges bâties au fond d'un carré de maisons chrétiennes, dont un espace vide les sépare; masquée par cette enceinte d'habitations, la chapelle échappe aux regards malveillants, qui n'y découvrent rien qu'on ne voie également dans les autres fermes du pays. En certains lieux, quand les aumônes recueillies parmi les pauvres membres de la communauté permettent d'accorder un peu de luxe à la piété, un vestibule vous introduit dans la cour, et des galeries couvertes, à droite et à gauche, vous mènent jusqu'aux longues portes qui forment toute la façade mobile de l'église. Les colonnes sont d'une seule pièce, les ornements en bois sculpté ou verni, les poutres et chevrons peints, les tuiles badigeonnées, les murs blanchis, et toutes les briques de la bâtisse soutenues par de longs poteaux chevillés à des traverses horizontales. S'il y a un pavé, il n'est que de briques. Presque nulle part on ne voit forme de sanctuaire, car il importe qu'on puisse, en une demi-heure, convertir l'église en salle de réception, quand l'orage gronde et que les satellites font irruption. Naguère un prêtre ayant célébré la messe de Pâques dans le faubourg d'une grande ville, n'eut que le temps d'ôter son aube et d'enlever les vases sacrés : le *kum-sou*, envahi par les païens, fut pillé tout entier. L'architecture chrétienne nous est donc interdite par la prudence non moins que par la pauvreté. » — Aussitôt que l'arrivée du missionnaire est annoncée, les chrétiens accourent des points les plus éloignés du district et se réunissent dans le *kum-sou*. On célèbre la messe : sauf le *tsi-kin*, coiffure chinoise qui était réservée aux docteurs impériaux sous la dynastie des Mings, et que les missionnaires catholiques ont obtenu du saint-siége l'autorisation de porter, le costume du prêtre est le même qu'en Europe. Les chrétiens se cotisent pour subvenir aux frais de la mission. Dès qu'il a visité un *kum-sou*, le missionnaire passe à un autre, et il ne se repose que pendant les mois de juillet et août, saison des grandes chaleurs. Sur cinq points seulement un prêtre réside à poste fixe : partout ailleurs le missionnaire est nomade, et consacre dix mois de l'année à parcourir les églises du district fort étendu qui lui est confié. De 1851 à 1852 le père Broullion visita ainsi trois cent soixante-neuf chrétientés.

J'ai vu en 1845, près de Shang-haï, trois paroisses chinoises fondées par les jésuites. Monseigneur de Besi était heureux de montrer à l'ambassade française les premiers résultats de la nouvelle mission. Les états-majors des navires de guerre qui depuis cette époque se sont arrêtés à Shanghaï, ont été également accueillis dans ces jeunes chrétientés. Ce qui me frappa surtout en 1845, ce fut la liberté absolue dont semblaient jouir ces villages catholiques pour la pratique de leur religion. On nous introduisit dans deux églises décorées de tous les ornements du culte. Ces églises étaient desservies par des prêtres chinois, assistés de plusieurs catéchistes. Évidemment elles n'avaient point échappé à la surveillance des mandarins, peut-être même y avait-il de la part des jésuites un peu de bravade et beaucoup de politique dans cette occupation, très-pacifique au reste, d'un territoire dont les lois du pays leur interdisaient l'accès. Ils se sentaient forts du voisinage de Shang-haï, où résidaient plusieurs consuls; ils comptaient sur la protection de l'escadre française, et je ne crois pas me tromper en ajoutant qu'ils abusaient à dessein des concessions que l'ambassade de M. de Lagrené venait d'obtenir du gouvernement chinois en faveur du catholicisme. Au risque de compromettre le succès des négociations encore pendantes et de créer des embarras à notre pavillon, ils semblaient prendre à tâche de révéler avec ostentation leur présence illicite, de défier les mandarins par la solennité de leurs cérémonies, et d'amener ainsi entre le gouvernement chinois et l'ambassade de nouveaux débats dans lesquels ils savaient bien que le représentant de la France n'abandonnerait point les concessions acquises. Ils n'avaient donc rien à perdre, et ils pouvaient gagner beaucoup en multipliant autour de Shang-haï leurs œuvres de propagande. La création d'un consulat français dans cette ville vint bientôt augmenter leur confiance et favoriser, grâce à l'énergique attitude du consul, M. de Montigny, les audacieuses entreprises de leur apostolat. Depuis lors le catholicisme est professé et pratiqué plus ouvertement que jamais dans les villages où il a été introduit par monseigneur de Besi, et les mandarins ne disent mot. La même tolérance, on le pense bien, n'existe pas dans les autres districts de la mission du Kiang-nan. Dès qu'ils s'éloignent de Shang-haï, les jésuites ne peuvent visiter leurs paroisses qu'en évitant avec les plus grandes précautions d'éveiller les soupçons des mandarins.

Depuis 1851 les jésuites ont construit deux églises, l'une à Zi-ka-wei, dédiée à saint Ignace; l'autre, à Shang-haï, sous l'invocation de saint François Xavier. Le P. Hélot fut l'architecte, et le P. Ferrer le sculpteur de ces édifices, dont les coupoles, surmontées de la croix, s'aperçoivent au loin et dénoncent en quelque sorte l'ambition et les espérances du catholicisme. Le P. Broullion décrit avec soin la cathédrale de Shang-haï et l'église plus modeste de Zi-ka-wei. Il rappelle que le prêtre chargé de diriger les travaux « fit de curieuses observations sur les procédés employés par les Chinois pour la cuite et la trempe de la brique, sur leur chaux qu'il dit hydraulique, sur la manière de se passer de pilotis... Plus d'une fois le P. Hélot put constater que l'art de bâtir est, en Chine, plus avancé qu'on ne se le figure communément. Ainsi, lorsqu'il entreprit la coupole (de Zi-ka-wei), travail très-délicat, il remarqua que plusieurs coupes de charpente, accueillies en Europe comme des découvertes ou d'admirables traditions romaines, sont tout aussi bien des routines chinoises. » Curieuse remarque en effet, qu'il faut joindre aux témoignages déjà si nombreux qui attestent l'habileté des Chinois en toutes choses, et l'antiquité de leurs procédés. Je ne suis point surpris d'ailleurs de l'observation du P. Hélot : je me souviens d'avoir vu une ogive percée sur la façade d'une pauvre maison chinoise; l'architecte, à coup sûr, ne savait pas le premier mot du genre gothique.

En même temps qu'ils construisaient des églises sur le sol chinois et qu'ils élevaient en face des pagodes bouddhiques et des temples dédiés à Confucius, les cathédrales du catholicisme dans le Kiang-nan, les jésuites préparaient habilement leurs armes de propagande. Les missionnaires qui, dans le nouveau monde, se sont voués à la conversion de tribus à demi sauvages, ont pu souvent faire de nombreux prosélytes en s'adressant à l'imagination; les croyances mystérieuses, la solennité du culte, l'accent d'autorité que donne la foi et les élans du dévouement qu'elle inspire doivent nécessairement agir avec une grande puissance sur des âmes simples qui s'ouvrent sans résistance aux enseignements d'une religion nouvelle; mais en présence d'une société déjà vieillie, très-civilisée, imbue de principes philosophiques, il ne suffit point de parler à l'imagination populaire : il faut recourir au raisonnement et s'emparer des esprits. Les jésuites comprirent que la société chinoise méritait cette attaque en règle; ils virent que ce peuple de *lettrés* ne cèderait, si jamais il doit céder, qu'à une science supérieure, et qu'il résisterait à toute propagande qui ne s'appuierait point sur un bon système d'éducation et d'instruction. De là les efforts qu'ils tentèrent, surtout à partir de 1850, pour multiplier les écoles à côté des *kum-sou*. En 1853 ils comptaient dans le Kiang-nan cent quarante-quatre écoles de garçons et trente de filles. De plus, un collége fut établi à Zi-ka-wei et reçut en peu de temps quarante élèves. Dans ce collége, les catholiques ne sont pas seuls admis; les fils de « quelques honnêtes infidèles » figurent sur les bancs, où l'on enseigne non-seulement les matières qui conviennent au parfait chrétien, mais encore celles qui conviennnent à tout bon Chinois. Il y a même parmi les professeurs des « bacheliers infidèles. » En cela les jésuites ont fait preuve d'un grand tact. S'ils n'avaient voulu donner aux élèves qu'une instruction européenne et chrétienne, les familles chinoises ne leur auraient point confié leurs enfants. Au collége de Zi-ka-wei, comme dans les écoles païennes, on apprend les quatre livres canoniques des Chinois, on commente Confucius et Mencius, on s'exerce aux amplifications et dissertations exigées dans les concours, et on peut se présenter aux examens du district ou de la province pour obtenir les grades littéraires : « car, dit le P. Broullion, il faut être bachelier, licencié et docteur, ou du moins porter à la cime de son chapeau un bouton de cristal ou de cuivre doré, pour être quelque chose dans le pays, pour s'assurer des droits nobiliaires, lesquels ne sont autres que les priviléges des lettrés pour s'élever aux emplois, et quand même on n'y parviendrait pas, avoir au moins, grâce aux diplômes, ses entrées chez le mandarin, lui parler assis, troubler son repos en cas d'urgence, bref accuser et se défendre sans s'exposer autant que les plébéiens aux brutalités vénales de ce magistrat... » Que les élèves des jésuites obtiennent des succès dans les concours, qu'ils sachent expliquer Confucius aussi bien que les évangiles chinois du P. Emmanuel Diaz, et qu'ils parviennent ainsi aux honneurs du mandarinat, ce sera pour le collége et pour les écoles de la mission le meilleur prospectus, et en même temps on aura trouvé le plus sûr moyen de convertir les Chinois. Les prosélytes ne se recruteront plus alors dans les couches inférieures de la société : on verra des conversions dans les classes moyennes et même dans les familles opulentes. Les catholiques deviendront plus influents, ils auront la main dans l'administration du pays. Ce ne sera certainement pas l'œuvre d'un jour; bien des années s'écouleront avant que les jésuites récoltent les fruits qu'ils ont semés ainsi en pleine terre chinoise; mais le système, tel qu'il est exposé dans le mémoire du P. Broullion, est sans contredit le mieux approprié aux habitudes de la nation et de toute manière le plus honorable. Les divers établissements d'éducation fondés par les jésuites dans le Kiang-nan comptaient en 1853 près de treize cents élèves.

A ces institutions il faut ajouter un séminaire établi à Tsam-ka-leu. C'est la pépinière des prêtres indigènes. Là encore l'instruction est d'abord chinoise : l'étude de la langue de Confucius ne prend pas moins de sept à huit ans au séminariste qui, avant d'entrer dans les ordres, doit être apte à passer l'examen du baccalauréat; puis viennent l'enseignement du latin, le cours de philosophie et le cours de théologie, de telle sorte que l'on ne peut guère arriver à la prêtrise avant l'âge de trente ans. Les prêtres indigènes sont encore peu nombreux en Chine. Ils doivent rendre plus tard de grands services, et ils remplaceront peu à peu les missionnaires européens, qui ne seront plus que leurs auxiliaires. Toutefois les congrégations se montrent très-difficiles pour les ordinations, et le P. Broullion annonce que les jésuites ne procèderont à ces actes solennels qu'avec une extrême prudence. Je rapporte ces détails, parce qu'ils permettent d'apprécier sous un nouveau jour la politique religieuse adoptée en Chine par la compagnie. On sait que les jésuites ont été souvent accusés de se préoccuper plutôt du nombre que de la qualité de leurs convertis, et de ne point regarder de trop près à la parfaite orthodoxie des chrétiens inscrits sur leurs registres. N'avons-nous pas vu le P. de Rhodes baptiser les infidèles par milliers et « aller à la chasse aux païens? » L'accusation pouvait avoir à une autre époque quelque fondement : elle tombe aujourd'hui devant les faits. Après plus de dix ans de propagande active et intelligente, le P. Broullion ne déclare que soixante-douze mille chrétiens environ dans toute la mission du Kiang-nan, peuplée de cinquante millions d'habitants.

Le chiffre de l'effectif catholique est donc encore bien modeste ; mais si on considère que la mission est à peine entrée dans la période militante, les premières années ayant été nécessairement consacrées au travail d'organisation, si l'on se rend compte des obstacles de toute espèce que les jésuites ont rencontrés à leur début sur un terrain nouveau pour eux, si enfin il est avéré que les soixante-douze mille chrétiens sont solidement acquis à l'Église, on demeurera convaincu que la mission n'a pas été stérile. Ces résultats sont dus non-seulement à une administration intelligente et libérale, mais encore à l'infatigable charité dont les prêtres européens ont fait preuve pendant les famines de 1849 et 1850. Ces famines furent terribles. Les débordements du fleuve Yang-tse-kiang et des nombreux canaux qui sillonnent l'intérieur de la province inondèrent une vaste étendue de pays ; les récoltes de riz furent perdues ; dans certains districts la population se vit obligée d'émigrer sur des barques. La faim et la peste enlevèrent sur tous les points des milliers de victimes. Nous ne pouvons plus, grâce à Dieu, dans nos contrées d'Europe, nous faire une idée des ravages causés par une famine. Les nations asiatiques, l'Inde, la Chine, connaissent encore ce genre de fléau, qui décime presque périodiquement, comme si c'était par une loi de la Providence, les rangs trop pressés de leurs populations. Le P. Broullion retrace l'affreux spectacle que présentèrent, à la suite des inondations de 1849, les villes et les campagnes du Kiang-nan. En présence de cette calamité les missionnaires ne faillirent pas à leur devoir; par leurs soins des secours furent organisés dans les districts voisins du siége de la mission. On distribua à Zi-ka-wei quatre mille rations de riz par jour. Païens et chrétiens étaient assistés sans distinction; les jésuites se gardèrent bien de dénaturer cet acte de pure charité par une propagande intempestive, et de vendre leur obole contre une conversion arrachée à la misère. On faisait, il y a deux siècles, beaucoup de chrétiens de cette espèce; ceux-ci étaient appelés « chrétiens de riz. » Mieux avisés, les jésuites n'exploitèrent ni la famine ni le typhus; ils épuisèrent leurs modestes ressources; plusieurs moururent au chevet des malades, et, le péril passé, la reconnaissance publique s'attacha au souvenir de leur dévouement. Si donc la mission ne compte pas un plus grand nombre de chrétiens, ce n'est pas que l'occasion de multiplier les baptêmes ait fait défaut : on doit y voir au contraire une preuve de la réserve apportée par les missionnaires dans le choix de leurs prosélytes, et cette réserve mérite d'autant plus d'être signalée qu'elle forme un contraste plus frappant avec les pratiques usitées en d'autres époques.

Le P. Broullion ne dissimule pas les difficultés qui s'opposent en Chine, et notamment dans le Kiang-nan, à la propagation du catholicisme. Il consacre tout un chapitre à représenter sous les couleurs les plus sombres la situation morale du céleste empire. Suivant lui, la nation entière est vouée au matérialisme le plus abject. Quelles ressources peuvent offrir pour la foi une population avide de riz et de sapèques, des mandarins fumeurs d'opium et rapaces, « qui s'engraissent des sueurs du peuple, » des lettrés pour lesquels l'exercice des charges publiques n'est qu'un brigandage? La Chine, telle que la peint le P. Broullion, serait la plus méprisable nation de la terre, et le vernis de littérature et de politesse dont elle est encore parée aux yeux des gens superficiels ne serait qu'un masque vainement appliqué sur les rides de sa misérable décrépitude! Nous connaissons déjà ce portrait : nous l'avons vu, tracé de main de maître, dans le livre de M. Huc, et malgré l'accord parfait qui existe entre les impressions des deux missionnaires, nous ne pouvons nous empêcher de solliciter en faveur de ces pauvres Chinois un peu d'indulgence et de charité. Le P. Broullion prévoit bien que ses jugements paraîtront peut-être trop rigoureux, et il s'efforce d'expliquer comment un peuple dont les anciens jésuites ont vanté l'heureux naturel et les qualités estimables inspire aux jésuites modernes tant de mépris. Il rappelle qu'autrefois les hauts emplois n'étaient donnés qu'au mérite, que les lettrés obtenaient légitimement leurs grades, que les magistrats savaient rendre la justice, que l'autorité était respectable et respectée. Il n'en est plus de même aujourd'hui : les grades littéraires se vendent au plus offrant; il n'y a plus de justice, plus d'administration, plus de gouvernement. Tout s'est métamorphosé depuis deux siècles, l'âge d'airain a succédé à l'âge d'or, et la révolution qui s'est déchaînée sur la Chine et qui en si peu de temps y a fait de si rapides progrès, atteste le désordre et la confusion qui règnent dans ce malheureux pays. — Telle est la thèse que soutiennent les missionnaires. Il nous semble qu'elle est trop absolue. Que l'administration en Chine soit déplorable, et que le pays se trouve dans une période marquée de décadence, on ne pourrait en douter ; mais que les Chinois depuis les plus élevés jusqu'aux plus humbles, que la société chinoise tout entière soit dégradée, avilie au point de mériter les flétrissures qu'on lui inflige dans les récents écrits apostoliques, c'est ce qu'on admettra difficilement. Les Européens qui ont longtemps résidé en Chine se louent en général de leurs relations avec les habitants. Les négociants anglais et américains rendent hommage à la probité et à la délicatesse des principaux marchands de Canton et de Shang-haï. Dans les boutiques de détail l'étranger n'est certainement pas plus rançonné que ne le serait dans les magasins de Paris ou de Londres un mandarin du céleste empire. Les vertus qui charment le foyer domestique ne sont pas inconnues des Chinois. La grande majorité de la nation respecte « la famille et la propriété. » Si l'on descend dans les basses classes, on voit des agriculteurs et des artisans, non pas seulement pleins d'intelligence et d'adresse, mais encore patients, laborieux, infatigables. On les attire, on les transporte à grands frais dans les colonies européennes. Quel est le gouvernement qui voudrait de cette nouvelle population, si elle n'introduisait à sa suite que des habitudes vicieuses et des instincts corrompus ? Partout où les Chinois sont établis, ils se sont placés peu à peu au premier rang, grâce à leur esprit d'ordre, à leur économie, à leur honnêteté dans les transactions. Ce n'est cependant pas l'élite de la nation qui émigre. Enfin je cherche vainement dans mes propres souvenirs des faits, des incidents qui justifient l'anathème prononcé par le P. Broullion. Sans avoir la ridicule prétention de connaître la Chine et les Chinois autant que doit les connaître un missionnaire qui a passé plusieurs années dans le Kiang-nan, je demande la permission d'exprimer, sur le compte d'anciens hôtes avec lesquels nous lie un traité de paix et d'amitié au moins pour dix mille ans, l'opinion plus indulgente d'un laïque. Notre pauvre humanité n'est certainement pas plus vertueuse en Chine qu'ailleurs ; mais je déclare n'avoir rencontré, ni à Canton, ni à Ning-po, ni à Shang-haï, en un mot nulle part, les types monstrueux qui ont excité à un si haut degré la verve railleuse ou indignée du P. Broullion du P. Huc, et je ne sache pas que les personnes avec lesquelles j'ai voyagé les aient davantage aperçus [1].

On se demande sans doute dans quelle pensée les missionnaires prendraient plaisir à attaquer ainsi la réputation

1. Voici comment le P. Broullion apprécie (chap. v) la *vie sociale* des Chinois : « ..... C'est un art sans perspective, une doctrine sans base et sans méthode. Chez les hommes, la passion sans amour ; chez les femmes, la soumission aux lois du mariage sans affection véritable, et le respect des enfants pour leurs parents dénué de toute tendresse. Des transactions commerciales où la confiance n'est pour rien ; des magistrats qui jugent contrairement aux règles de la justice et du droit ; un gouvernement qui fonctionne dans le faux, non moins lâche que cruel ; des lettrés, véritables machines mnémotechniques, vous récitant sans broncher les sentences décousues de Kam-fou-tsé ou les périodes sonores de Men-tsé ; mais des pensées, de la logique, il ne faut pas en attendre d'eux. Enfin une culture polie, qui n'est ni la science ni la bonne éducation ; une finesse d'esprit qui n'a rien à démêler avec la conscience ; une perspicacité étroite, des intelligences mortes, des cœurs abâtardis. Et, si vous passez à l'extérieur, des corps sans nerfs qui, à l'instant d'accomplir un rit, s'empèsent comme une étoffe ou s'enroidissent comme une momie, et dont, le cérémonial une fois terminé, vous voyez les muscles se détendre et tous les membres se disloquer : véritable chair sans os, articulations sans jeu libre, vie d'ordonnance d'où est absente toute spontanéité. Telle est la nation que nous avons entrepris de réformer..... » Le *Mémoire* du P. Broullion contient d'autres portraits du même genre. Quels Chinois !

de tout un peuple, car leur bonne foi est incontestable : ils disent et écrivent ce qu'ils pensent; mais d'autre part ils ne sont pas exempts des faiblesses ni des passions humaines. Pourquoi ne seraient-ils point, comme tant d'autres, enclins à exagérer les obstacles qu'ils ont à vaincre, les périls qu'ils doivent braver ? Ce n'est là qu'une tentation fort naturelle, à laquelle les missionnaires, à l'instar des plus grands guerriers anciens et modernes, peuvent fort bien avoir cédé. En outre, habitués à juger tout, hommes et choses, au point de vue religieux, est-il étonnant qu'ils s'exaltent et se passionnent contre un peuple qui, rebelle à leur propagande, persiste à adorer Confucius, à s'agenouiller devant de hideuses divinités, et à commettre ainsi, aux yeux de tout bon catholique, les plus coupables profanations ! S'il s'agissait de sauvages, les missionnaires n'exprimeraient sans doute que des sentiments de commisération et de pitié; mais il s'agit des Chinois, c'est-à-dire d'une nation très-civilisée, qui raisonne et discute à la façon des philosophes, et qui pèche à la fois par pensée, par parole et par action : dès lors plus d'indulgence; la charité est lasse; la notion du juste s'altère; c'est le mépris, et le mépris le plus énergique, qui domine l'âme de ces hommes ardents, dont la volonté, irritée par les obstacles, s'acharne vainement à la conversion des infidèles. L'excommunication religieuse devient en même temps une excommunication morale. La Chine tout entière est mise à l'index, et son peuple dénoncé sans miséricorde à l'animadversion du monde chrétien. — Je ne puis m'expliquer autrement le pessimisme outré du P. Broullion et l'impitoyable rigueur de ses jugements sur les Chinois. Les missionnaires modernes ont parfois reproché aux jésuites du dix-huitième siècle une indulgence excessive pour les sujets de l'empereur Kang-hi : je ne pense donc pas commettre une irrévérence en constatant dans les écrits des jésuites modernes l'exagération du sentiment contraire.

Je comprendrais mieux, tout en les regrettant, les expressions peu charitables dont le P. Broullion se sert à l'égard des missions protestantes. Ce sont les protestants qui ont ouvert le premier feu : dès l'origine de l'insurrection actuelle, ils ont imprimé dans leurs journaux que les prêtres catholiques étaient les instigateurs du mouvement; que, pour le triomphe de leur foi, ils prêchaient partout la révolte et soudoyaient une armée de bandits. Ces accusations notoirement calomnieuses pouvaient avoir pour effet de déconsidérer nos missionnaires aux yeux des gens paisibles, d'exciter contre le catholicisme la haine soupçonneuse des mandarins et de donner le signal de nouvelles persécutions. Par leurs correspondances avec l'Europe, par leur conduite en Chine, les jésuites, de même que les autres congrégations, ont protesté contre les perfides insinuations de leurs adversaires. J'aurais préféré que le P. Broullion s'en tînt là. Si les jésuites étaient condamnés à se défendre toutes les fois qu'on les attaque, ils auraient vraiment trop à faire, et leur personnel, si nombreux et si habile qu'il soit, n'y suffirait pas. Il est douteux d'ailleurs que les querelles entre catholiques et protestants servent beaucoup en Chine la cause du christianisme. J'aime mieux le P. de Rhodes louant avec effusion les façons courtoises d'un capitaine anglais qui l'avait reçu à son bord, et dans ce temps-là les catholiques ne frayaient guère avec les huguenots. — Les représailles contre les pasteurs protestants, outre qu'elles sont parfaitement inutiles, pourraient indisposer contre les missionnaires catholiques en Chine le gouvernement anglais, ses fonctionnaires, ses officiers de marine, qui ont, en diverses circonstances, prêté l'appui de leur influence à nos missions. Ainsi un autre jésuite, le P. Clavelin, attestait, en 1843, les bons offices dont l'Église naissante de Shang-haï était redevable au consul anglais, M. Balfour; il citait avec plaisir les marques d'égards que les autorités britanniques prodiguaient à monseigneur de Besi, au point qu'un jour les officiers d'un navire de guerre offrirent à l'évêque un dîner servi tout en maigre, bien que ce fût un mardi. Le bon vouloir des Anglais s'est manifesté par des preuves solides. Il vaut mieux, je crois, et il est plus habile d'entretenir ces relations amicales que de les compromettre par une polémique inopportune avec quelques méthodistes.

Le dîner maigre par lequel les Anglais pensaient honorer leur hôte me fournit une transition toute naturelle pour arriver aux *mangeurs d'herbe*, secte chinoise qui se rencontre dans la presqu'île d'Haï-men et dont le P. Broullion décrit les singulières pratiques. Bien que les Chinois soient en général très-indifférents en matière de religion, il y a parmi eux de nombreuses sectes dont le fanatisme crée de puissants obstacles aux prédications des missionnaires. Les mangeurs d'herbe croient que les animaux sont doués d'une âme : ils s'abstiennent donc de viande, de poisson, de laitage, et ne se nourrissent que de végétaux, ainsi que l'indique leur nom. Ils sont divisés en compagnies dont les directeurs se réunissent chaque année pour délibérer sur les affaires qui intéressent la communauté. Chaque année aussi les directeurs visitent leur compagnie; « ils soumettent à la correction du bâton tous ceux dont la conduite n'est pas exemplaire, et, faute d'amendement, après trois corrections, ils les bannissent de la société; ensuite ils donnent trois avis aux associés : 1° d'avoir le cœur droit, d'en chasser toute mauvaise volonté, tout désir coupable; 2° de régler leur conduite par la raison et par la justice; 3° de composer leur extérieur, évitant de tourner la tête sans motif. » Après cet exposé, le P. Broullion reproduit quelques prières qui sont récitées par les adeptes et qui sont extraites des cinq mille quarante-huit volumes dont se compose la bibliothèque religieuse de la secte. — Il existe en Angleterre une société de *légumistes*, qui se réunit de même une fois l'an dans un festin dont les journaux ne manquent jamais de publier le menu, assaisonné de mille commentaires sur l'originalité de ces vertueux convives. Les légumistes de Londres n'ont rien inventé : ce ne sont que de serviles imitateurs des mangeurs d'herbe. — Après tout, la secte est assez innocente. Les jésuites opèrent dans son sein de fréquentes conversions, dont le premier acte se passe nécessairement à table. Le P. Broullion cite un néophyte qui pendant vingt-sept ans avait fidèlement suivi le régime de la secte, et qui après ce long jeûne a embrassé la foi chrétienne.

Les autres sectes, qui pullulent dans le céleste empire, sont plus rebelles à l'action du catholicisme et plus dangereuses pour le gouvernement. Elles se confondent avec les sociétés secrètes, qui, là comme ailleurs, appellent volontiers à leur aide la superstition et le fanatisme religieux pour mieux couvrir leurs projets de révolution politique ou de rénovation sociale. Il est probable que les sectaires de toute espèce ont fourni un fort contingent à l'insurrection actuelle, et que, sans se préoccuper d'abord de la diversité et de la contradiction de leurs croyances respectives, ils se sont coalisés contre le gouvernement tartare, sauf à se retourner ensuite les uns contre les autres après la chute de l'ennemi commun. L'opinion des missionnaires catholiques sur le caractère de ce mouvement est intéressante à connaître; le P. Broullion exprime à cet égard un avis conforme à celui du P. Huc. Les deux prêtres, l'un de la compagnie de Jésus, l'autre de la congrégation de Saint-Lazare, celui-ci ayant parcouru le nord-est de la Chine, celui-là les provinces de l'ouest et du sud, sont d'accord pour attribuer à la corruption et à l'incurie du gouvernement tartare l'origine de l'insurrection, et pour déclarer que les doctrines religieuses prêchées dans les proclamations des chefs ne procèdent directement ni du catholicisme, ni du protestantisme, comme on l'avait pensé au début de la lutte. Ce n'est point que les idées chrétiennes, introduites depuis trois siècles à l'intérieur de l'empire, aient été absolument sans influence sur les événements ; on en retrouve l'empreinte plus ou moins vague dans les brochures qui ont été distribuées aux soldats de Tae-ping, et il est certain que les rédacteurs de ces livres bizarres ont eu sous les yeux de nombreux fragments de la Bible ; mais le travestissement des dogmes est si grossier, qu'il n'y aurait ni honneur ni profit pour le christianisme à s'attribuer une part considérable d'initiative ou d'impulsion dans le mouvement révolutionnaire. La question paraît aujourd'hui décidée. La prétendue religion des rebelles n'est qu'un mélange confus de croyances empruntées aux différentes religions qui ont été prêchées en Chine, —

au judaïsme et au mahométisme comme au christianisme. Il y a de tout, mais ce n'est rien. Seulement le P. Broullion n'hésite pas à dire qu'il fonde sur la crise actuelle l'espoir d'une époque glorieuse pour les missions : il pense que le renversement du vieil ordre de choses aplanira les voies au catholicisme, et que sur les ruines du paganisme oriental, ébranlé par cette dernière secousse, la croix s'élèvera triomphante. Il se peut qu'il en soit ainsi. La Chine s'agite, et, suivant le langage de la foi, Dieu la mène. Malheureusement il faut songer qu'après de nombreuses crises, insurrections, révolutions, changements de dynasties, etc., et malgré les efforts d'une énergique propagande, l'immense population du céleste empire ne compte pas encore un million de chrétiens.

Si le catholicisme doit un jour régner sur la Chine, la mission du Kiang-nan aura sans doute à revendiquer une grande part dans l'honneur de la conquête. On a vu comment les jésuites se sont établis et organisés dans le diocèse que le saint-siége leur a rendu. Arrivés d'hier, ils sont déjà prêts à la lutte. Sans méconnaître l'habileté ni le dévouement des autres congrégations, on peut dire que nul ordre religieux ne possède au même degré que celui de Saint-Ignace la science apostolique. C'est par la domination des esprits que les jésuites arrivent à la conversion des âmes. Il ne leur suffit pas de prêcher l'Évangile, de baptiser, de prier; ils savent que les intérêts matériels tiennent une large place dans l'économie de toute société, et ils se mêlent hardiment aux affaires du monde pour mieux servir la cause du ciel. En Chine, où le culte des lettres est pour ainsi dire une institution, ils ouvrent des écoles, des colléges dans lesquels la génération qu'ils veulent convertir trouvera parmi les livres classiques les écrits de Confucius. Ce n'est pas tout : ils observent attentivement la marche de la politique européenne, que peut-être ils aspireraient à diriger dans ses rapports avec le céleste empire, et ils n'ont garde de négliger, comme choses secondaires, les investigations commerciales. Ce qu'ils ne peuvent faire par eux-mêmes, ils le conseillent aux autorités temporelles ; quand l'action directe leur est interdite, ils ont recours à l'influence. Nous lisons par exemple dans les mémoires du P. Broullion des réflexions très-intéressantes sur la politique française en Chine, sur le rôle de notre navigation et de notre commerce, sur les fautes commises dans le passé, sur la conduite à tenir désormais. Le P. Broullion rappelle avec raison que la France doit aux missions catholiques le haut renom dont elle jouit encore dans les pays de l'extrême Orient ; il demande qu'elle s'y montre plus hardie dans sa politique, plus entreprenante dans son commerce. Les missions profiteraient à leur tour des progrès accomplis par la France dans des pays où la prépondérance commerciale et maritime appartient aujourd'hui presque exclusivement aux nations protestantes. En donnant des conseils sur de pareils sujets, le P. Broullion ne s'écarte point de ses devoirs de missionnaire, tels que les jésuites les comprennent et les pratiquent. Il provoque les intérêts matériels à seconder les efforts du catholicisme, et il spécule très-légitimement sur le concours que prêteraient aux missions l'apparition plus fréquente du pavillon français et l'échange de nos produits contre ceux de la Chine. On peut être assuré que les jésuites du Kiang-nan useront largement de ce moyen d'influence, et je ne serais pas étonné d'apprendre que les renseignements recueillis par eux et leur intervention active auprès des négociants ou des consuls eussent pour résultat, dans un avenir prochain, de développer les relations de nos ports avec Shang-haï. Dira-t-on qu'en prenant un tel souci des affaires temporelles et même mercantiles, la compagnie demeure fidèle à ses traditions ambitieuses, et qu'elle veut réaliser jusqu'en Chine ses plans de domination universelle? Les plus défiants n'auraient pas à s'effrayer de cette tentative : on peut, sans le moindre inconvénient, livrer la Chine aux jésuites. La science, comme la foi, est intéressée au succès de la mission du Kiang-nan.

PÉRÉGRINATIONS D'UN BOTANISTE

M. ROBERT FORTUNE

I

Voyages et récits de M. Fortune. — Excursions dans la province de Ché-kiang. — Pèlerinage au temple d'Ayuka; cérémonies religieuses, prêtres chinois. — Aspect de la campagne; plantations de thé. — Le district de Tse-ki, près de Ning-po. — Un cabinet d'antiquités; les marchands de bric-à-brac. — La médecine de Tien-tung-ka et la médecine chinoise.

Parmi les voyageurs qui, de notre temps, ont visité et décrit la Chine, M. Robert Fortune tient une place à part. M. Fortune est un botaniste; il a été chargé, d'abord par la société d'horticulture de Londres, puis par la compagnie des Indes, de rechercher en Chine les plantes qui pourraient être utilement transportées en Angleterre ou dans les pépinières que le gouvernement de l'Inde a établies sur les versants de l'Himalaya. Ce qu'une société déjà puissante et digne de toutes les sympathies, la société d'acclimatation, entreprend aujourd'hui en France pour le règne animal, M. Fortune l'a tenté pour le règne végétal. De 1843 à 1856 il a fait trois séjours assez prolongés dans les provinces occidentales de la Chine; il a rapporté en Angleterre de nombreux échantillons de fleurs dont les rejetons ornent les jardins de Cheswick; les pépinières de l'Himalaya lui doivent la prospérité récente de leurs plantations de thé. C'est beaucoup sans doute, et M. Fortune a rendu un grand service à son pays; mais il y a plus; ce voyageur, qui sait le nom latin de tout ce qui pousse sur notre planète, et qui baptise sans hésitation, sous l'invocation de la science, les plantes les plus chinoises, est encore un narrateur très-original et très-gai : cette gaieté et l'agréable mélange d'*humour* et de science facile qu'il a su répandre dans ses récits ont failli lui porter malheur. M. Fortune était si amusant qu'on hésitait à le prendre au sérieux! La rélation de ses premiers voyages fut accueillie, de l'autre côté du détroit, avec une certaine incrédulité. Les Anglais eurent quelque peine à s'imaginer qu'un simple botaniste, flânant dans un pays à la recherche de quelques plants de thé, pût rencontrer, chemin faisant, tant d'aventures, et des aventures aussi étranges. On lui passait volontiers ses caisses de fleurs, ses boutures et ses graines : comment ne pas admirer les spécimens de la Flore asiatique étalant pour la première fois ses vives couleurs sous le ciel gris d'Albion? Mais en revanche les austères critiques de Londres et d'Édimbourg traitaient assez légèrement ses impressions de voyage. On ne lui pardonnait pas ses descriptions, ses tableaux de mœurs dessinés d'après nature et sur des modèles jusqu'alors peu connus, ses révélations sur la vie intime des Chinois. Et comme on riait de ses victoires sur les pirates! Voyez-vous ce délégué d'une société d'horticulture, ce savant armé d'une boîte en fer-blanc pour ses herbes, d'un filet à papillons et d'une bouteille pour les insectes, le voyez-vous soutenant presque à lui seul un combat naval contre une division de pirates? Hâblerie de voyageur, disait-on; le public anglais n'est pas d'humeur à se laisser prendre à de pareils romans. — Voilà comment furent reçus les premiers écrits de M. Fortune. Le succès qu'ils obtinrent vint plutôt de la curiosité que de l'estime, et si l'on apprécia le spirituel talent du conteur, on contesta plus ou moins crûment la véracité du touriste. Cependant, quelque suspectes que soient en général, et pour cause, les relations portant le timbre des pays lointains, l'heure de la justice doit sonner tôt ou tard pour les voyageurs sincères qui ont su, en bridant leur imagination, échapper à la contagion de l'exemple. Aujourd'hui M. Fortune est complétement réhabilité, et à la suite de son troisième voyage (1853-1856) il a publié un nouveau récit de ses promenades d'herboriste dans les campagnes du céleste empire. C'est une agréable lecture, instructive et le plus souvent tout à fait neuve. M. Fortune se laisse aller au courant de son humeur vagabonde; il nous entraîne à travers champs, et c'est ainsi que, sans prétention didactique, sans préméditation savante, il se trouve à chaque pas face à face avec la vie réelle des Chinois, non pas de ces Chinois de paravent ou de porcelaine dont les portraits grotesques, caricatures de couleur locale, circulent si abondamment en Europe, mais des Chinois pur sang, à l'état naturel et simple, dont les types nous sont encore si peu familiers.

Mettons-nous donc sans retard en route, et suivons M. Fortune dans sa première excursion. Nous sommes à Ning-po, l'un des ports ouverts aux Européens, et il s'agit de gagner les districts de la province du Ché-kiang, où se trouvent les principales plantations de thé. — On sait qu'en Chine les voyages se font par eau. Les fleuves, les canaux, les lacs, coupent le pays dans tous les sens, et servent de routes impériales. Les voitures, c'est-à-dire les bateaux, sont toujours à portée, et si ce mode de locomotion n'est point des plus rapides sur les eaux calmes d'un canal, il est du moins peu fatigant. Le centre de l'embarcation est occupé par une chambre couverte dans laquelle se tient le voyageur, assez confortablement installé sur un plancher de nattes; à l'avant est disposée une autre chambre à l'usage des domestiques; à l'arrière, le propriétaire du bateau, assisté d'un jeune *boy*, manœuvre un long aviron, gouvernail et propulseur du navire auquel vous confiez vos destinées. On marche ainsi nuit et jour. Sur les fleuves, lorsque le vent et le courant sont contraires, on jette l'ancre pour quelques heures; mais sur les canaux, où le courant est à peu près insensible, l'aviron ne chôme jamais : le batelier et son mousse se relayent sans interruption à la godille, et il faut vraiment qu'ils aient acquis une grande habitude de ce perpétuel mouvement de bras et de jambes pour supporter ce rude travail, auquel succomberaient nos plus robustes matelots. — En moins d'une nuit, nous arrivons au terme de la première étape. Le soleil n'a pas encore paru, et il serait temps de dormir pour se préparer aux fatigues d'une chaude journée qui doit être consacrée à la botanique. Malheureusement il n'est point toujours aisé de fermer l'œil en pays chinois. Voici un effroyable vacarme, un grand mouvement de bateaux, des voix d'hommes et de femmes qui se croisent et s'entre-choquent de tous côtés. Serait-ce une invasion de l'armée de Tae-ping? Les rebelles ne sont pas loin, et à chaque instant il peut leur prendre fantaisie de troubler le repos de cet innocent district. Fausse alerte : cette bruyante affluence de bateaux et de peuple qui couvre le canal est simplement occasionnée par un pèlerinage au temple d'Ayuka. Au lever du jour, les bateaux se pressent vers le rivage; la foule débarque pêle-mêle; on entend les voix aiguës des femmes qui craignent de s'aventurer sur leurs petits pieds, et appellent au secours. A mesure qu'un bateau est déchargé, de vigoureux gaillards s'emparent, bon gré mal gré, des enfants et des femmes, les établissent dans de légers palanquins de bambou, et les enlèvent au pas de course. La procession populaire, divisée en petits groupes, se dirige vers une hauteur au sommet de laquelle s'élève le temple, dominant une charmante vallée que sillonnent plusieurs canaux et qui est couverte de villages et de fermes. Ici une fraîche senteur s'exhale des gerbes de riz récemment coupées; là s'étendent des champs de thé ou de patates; plus loin, des touffes de fleurs mollement agitées aux premières brises du jour, et se préparant à briller de leur naturel éclat aux feux de leur soleil; enfin çà et là, comme pour faire contraste avec ce vivant tableau, des blocs de granit ruinés par le temps, tombeaux vénérables sous lesquels reposent, assure-t-on, plusieurs souverains de l'ancienne dynastie des Mings. M. Fortune se plaît à décrire ce paysage chinois, qu'il rencontre par hasard sur la route au bout de laquelle il ne cherchait que quelques plants de thé. A demain donc les affaires sérieuses et la botanique! L'occasion est trop belle pour observer le caractère populaire pendant ce pèlerinage, et pour prendre la mesure de sa piété.

M. Fortune se mêle à la procession, suit les groupes, dépasse sans peine les femmes aux petits pieds, qui se rangent timidement, se couvrent à moitié le visage de leur éventail, et ne se révèlent que par de légers éclats de voix, lorsque l'étranger est déjà loin. Quant aux hommes, ils causent et rient volontiers; ils ne s'offusquent nullement de voir un Européen, un *diable*, qui n'est point de leur paroisse, prendre part à la fête et se faire un spectacle de leur solennité religieuse. La foule est nombreuse cependant; à l'approche du temple elle se grossit des députations qui arrivent, par plusieurs chemins de traverse, de tous les bourgs de la vallée. Il suffirait d'un dévot trop scrupuleux, d'un fanatique ou seulement d'une mauvaise tête pour chercher querelle à cet importun qui s'expose sans permission aux regards des dames chinoises, à ce profane qui va souiller de sa présence les temples sacrés d'Ayuka! Mais M.. Fortune connaît son monde. Quelques bonnes paroles et au besoin quelques quolibets échangés avec les hommes, des compliments pour les enfants, (les petites Chinois, avec leur tête rase et leur figure pleine, ont si bonne mine!) des égards pour les femmes, qu'il faut bien se garder d'effaroucher par une curiosité trop directe, voilà les moyens très-simples de naviguer à travers ces océans populaires, où pourtant plus d'un voyageur a eu la maladresse de faire naufrage. M. Fortune arrive donc sans encombre sur l'esplanade du temple, qui est couverte de boutiques, où l'on vend des cierges, des bâtons d'encens, des papiers à brûler devant les idoles, des comestibles, des tasses de thé, etc., tout ce qui peut tenter des pèlerins pieux, affamés par une longue course et disposés à faire bonne chère en l'honneur de Bouddha. Après avoir traversé ce champ de foire, on entre dans l'intérieur du temple. C'est là que s'exécutent les dévotions. Les fidèles des deux sexes se pressent devant les autels ; mais M. Fortune remarque que les femmes sont en plus grand nombre, et que leur attitude est généralement plus édifiante. Chaque pèlerin s'approche à son tour, s'agenouille sur une espèce de coussin et fait ainsi coup sur coup plusieurs prostrations : il se relève, allume son cierge et son bâton d'encens, qu'il place devant l'idole, et revient encore se prosterner sur le coussin ; puis il se retire, et un autre lui succède. La majorité des fidèles se contente de cette cérémonie ; mais il en est qui entendent se mettre en relation plus intime avec leurs divinités. Le colloque s'établit au moyen de deux morceaux de bois taillés de manière à présenter un côté plat et l'autre côté convexe. On les jette en l'air, et s'ils tombent tous deux sur le côté plat, c'est bon signe ; l'idole exauce la prière du pèlerin, qui se voit déjà comblé de toutes les félicités. Si au contraire le morceau de bois tombe sur le côté convexe (et il paraît que d'après les lois de la gravitation cette chute est la plus fréquente), tout ira mal : la prière est rejetée. Dieux cruels ! on en est quitte pour recommencer l'exercice jusqu'à ce qu'enfin le côté plat l'emporte. Cette épreuve ne semble pas bien difficile ; mais quelle émotion pour une dévote chinoise qui suit d'un œil attentif et ardent les évolutions de son destin ! Il y a un autre mode d'interroger les dieux : on prend un vase de bambou rempli de bâtonnets sur lesquels sont inscrites différentes devises ; on l'agite avec précaution jusqu'à ce que l'un des bâtonnets tombe à terre : on porte alors la devise à un prêtre, qui consulte un gros livre où se trouve l'interprétation désirée. On ne dit pas autrement, dans nos pays civilisés, la bonne aventure.

Durant toutes ces cérémonies l'intérieur du temple présentait un singulier aspect. Les cierges brûlaient par centaines devant les autels, des nuages d'encens remplissaient l'édifice; de temps en temps, un prêtre allait frapper un coup vigoureux sur un large gong dont le son métallique se répercutait dans la vallée; le bruit des cloches et du tam-tam complétait le concert. Quant à la foule, après avoir accompli très-pieusement, au témoignage de M. Fortune, toutes ses dévotions, elle se répandait par groupes dans l'enceinte du temple : chaque famille s'asseyait en cercle; on causait, on riait, on mangeait, on buvait le thé ou le *sam-chou*, et plus d'un pèlerin allumait tranquillement sa pipe au feu des cierges. Un Chinois n'y met pas plus de façons, même avec ses dieux, et il apporte à tout ce qu'il fait une simplicité et un sans gêne vraiment adorables. On le surprendrait bien si on lui disait que les convenances ne permettent guère de transformer une église en estaminet, qu'il est peu respectueux de fumer sa pipe en présence des saintes idoles. Ses prostrations terminées et son cierge allumé, n'est-il pas complétement en règle? On voit de même, lors des enterrements, près du cercueil à peine descendu en terre, les parents et les amis du défunt s'installer confortablement autour d'un bon déjeuner et se livrer sans aucun souci à leur gaieté naturelle. — La fête d'Ayuka se prolongea jusqu'à la nuit, et les pèlerins regagnèrent successivement la vallée ou les rives du canal. Tout s'était passé dans le plus grand ordre : pas une querelle au milieu de cette foule où toutes les classes étaient confondues, le paysan à côté du citadin, le pauvre diable de *coolie* à côté du brave bourgeois qui, paré de ses habits de satin et rasé de frais, comme il convient en un jour de fête, marchait à l'autel au milieu de sa nombreuse famille et d'une forêt de cierges de première qualité. Pas un homme ivre, bien que tout le monde eût longuement dîné, et que dans ces repas, bruyants de gaieté, le *sam-chou* eût été servi à la ronde. Quand M. Fortune s'approchait d'un groupe, il était le bienvenu; on l'invitait à prendre place à table, et cette offre était toujours faite très-poliment, avec les formes cérémonieuses que les Chinois, de mœurs en général si débonnaires et si simples, prodiguent jusque dans la familiarité des relations personnelles. Il n'accepta point ces propositions courtoises, ne voulant pas sans doute altérer par sa présence le caractère intime de ces festins de famille; aussi devons-nous croire à la parfaite indépendance de son témoignage lorsqu'il atteste la bonne tenue, la sobriété, l'urbanité prévenante de la population qu'il a rencontrée au pèlerinage d'Ayuka.

M. Fortune ne pouvait se dispenser de faire visite au grand prêtre, qu'il trouva fort modestement logé dans un petit appartement dépendant du temple; c'était un vieillard très-aimable, qui le fit asseoir à la place d'honneur dans le salon de réception, lui offrit la tasse de thé, et se montra fort disposé à converser avec son visiteur. Il lui fournit des renseignements sur la situation matérielle d'Ayuka. Le temple possède des terrains assez étendus dans la vallée; il faut ajouter au revenu de ses propriétés les dons des fidèles bouddhistes et les sommes assez rondes que les dignitaires de l'Église sont obligés de verser dans la caisse de la fabrique avant d'entrer en fonctions. Ainsi le grand prêtre avait payé plus de quinze mille francs lors de son élection; il était nommé pour un délai de trois ans, après lequel un autre candidat devait le remplacer, sans doute au même prix. Il paraît qu'à la fin de son temps d'exercice, qui se passe de la façon la plus douce, le grand prêtre peut prétendre à de hautes dignités qui lui procurent la compensation de ses sacrifices pécuniaires. Les prélats du bouddhisme ne vivraient donc pas de l'autel; mais ce n'est point manquer d'égards envers M. Fortune que de ne pas s'en tenir absolument à ces informations, recueillies rapidement et au hasard, sur l'organisation de l'épiscopat chinois : je ne sache pas qu'on ait mentionné nulle part ailleurs ce détail assez curieux qui se rattache à la nomination des évêques bouddhistes. Peut-être, dans ces derniers temps, la vénalité a-t-elle, dans les offices religieux comme dans les emplois civils, remplacé l'ancien système d'après lequel les honneurs étaient conférés aux plus dignes.

La science et l'étude ne perdent jamais leurs droits. N'oublions pas que notre voyageur ne s'est mis en route que pour visiter un district renommé pour la culture du thé. Du temple d'Ayuka, où lui avait été offerte une hospitalité simple et cordiale, M. Fortune rayonnait dans les villages et dans la campagne, où il pouvait examiner à l'aise la cueille des feuilles de thé, et, ce qui nous intéressera davantage, la condition matérielle et sociale du paysan chinois. La plus grande activité règne dans la plaine, car on est au moment de la principale récolte; les moissonneurs sont partagés par groupes de huit à douze personnes, hommes, femmes et enfants, sous la direction d'un vieillard. Chaque famille travaille sur son petit carré de terre. Les ouvriers dont on loue les services sont payés à la tâche, et les plus habiles peuvent gagner de soixante à quatre-vingt-dix centimes par jour. Les salaires des laboureurs dans cette région de la Chine varient de vingt à trente centimes par journée, non compris la nourriture, qui est fournie par le maître, et qui ne coûte guère plus de trente à quarante centimes. La main-d'œuvre est donc bien peu élevée, surtout si l'on considère que le Chinois est très-laborieux et qu'il abat, comme on dit vulgairement, beaucoup de besogne. On doit même s'étonner qu'avec une nourriture qui nous paraîtrait fort peu substantielle — du riz, des légumes, du poisson et du porc — il puisse supporter si vaillamment les fatigues d'une longue et chaude journée. En parcourant les plantations de thé et en visitant ces petits ateliers en plein air, M. Fortune fut frappé de l'apparence heureuse et saine de la population. Chacun avait le cœur au travail et semblait satisfait de sa condition; partout éclataient les signes de l'aisance heureuse, du contentement et de l'harmonie la plus complète. Quel contraste avec l'aspect sale et dégradé que présentent les serfs de la glèbe dans la plupart des pays de l'Orient! Il n'y avait là ni misère ni oppression, ni haine de castes, ni sentiments aigris par l'inégalité de la fortune. La familiarité joyeuse et confiante circulait au milieu de tous ces groupes, où maître et serviteurs, animés du même esprit et buvant le même thé, ne formaient réellement qu'une même famille. Croit-on qu'en décrivant ces gracieuses scènes, M. Fortune ait voulu composer un roman ou une idylle? Une preuve bien manifeste vient confirmer l'exactitude de ses observations, recueillies de bonne foi. La Chine a subi de nombreuses révolutions; elle a été éprouvée à l'intérieur par de violentes crises; aujourd'hui même, elle est en proie à une insurrection formidable : aperçoit-on dans les causes qui ont amené ces convulsions aux différentes époques, ou dans les faits qui se sont produits, le moindre symptôme de soulèvement social, selon le sens que, dans le langage politique de notre vieille Europe, on attribue à ce mot? Voit-on les classes pauvres se révolter contre les classes riches, les salariés accuser l'avarice ou la cupidité des maîtres, le paysan maudire le bourgeois, le prolétariat s'armer contre l'aristocratie? En aucune façon. La paix et l'ordre ont constamment régné dans les campagnes. La simplicité des mœurs, l'amour du travail, le respect de la famille, le sentiment inné de la politesse, les éléments de l'instruction première (tous les garçons vont à l'école), en voilà plus qu'il n'en faut pour attester la véracité du voyageur et pour justifier l'impression bienveillante qu'il a ressentie.

De retour à Ning-po, M. Fortune ne tarda pas à repartir pour une nouvelle excursion. Il se dirigea vers le district de Tse-ki, où il comptait faire une ample moisson d'insectes pour les galeries du muséum. Tse-ki est une vieille ville, moins peuplée et plus calme que ne le sont d'ordinaire les villes chinoises; un grand nombre de bourgeois opulents et de marchands retirés des affaires habitent ce district. M. Fortune, qui avait eu soin de prendre un bon bateau, pourvu d'aménagements très-confortables, jugea plus commode d'y conserver son domicile que de courir les auberges. Il débarquait donc tous les matins, allait visiter la ville ou la campagne des environs, et rentrait le soir à son quartier général avec une bonne provision d'insectes et d'études de mœurs. Là, comme au temple d'Ayuka, il reçut de la population le meilleur accueil. On le suivait dans les rues étroites de la ville. Quand il parcourait les champs, un nombreux état-major, dans lequel figuraient surtout les enfants du voisinage, l'accompagnait gaiement. Il entrait sans difficulté dans les fermes, il s'y reposait, prenait le thé, causait avec les fermiers; on le traitait comme l'hôte du pays, et les femmes mêmes, qui pendant les premiers jours s'enfuyaient précipitamment à son approche, avaient fini par s'habituer à ce nouvel ami, et le laissaient sans défiance s'asseoir auprès d'elles. M. Fortune était ainsi l'objet de la sympathie générale. Faut-il le dire? on le croyait fou. Les Chinois, qui ont le cœur bon, éprouvaient pour ce cerveau fêlé une compassion bienveillante. La science de l'entomologie n'est point connue, à ce qu'il paraît, dans les académies du céleste empire, et les habitants du district de Tse-ki n'admettaient guère qu'un homme en possession de son bon sens pût s'amuser à courir la plaine en tous sens, à pourchasser les papillons, à mettre des insectes en bouteille. D'autres fois ils le voyaient cueillir des herbes ou des fleurs, s'arrêter longtemps autour d'un arbre, qu'il examinait avec la plus sérieuse attention, méditer sur le dessin des feuilles. Si M. Fortune eût déclaré qu'il exerçait la profession de pharmacien et qu'il venait chercher de quoi composer des pilules, ils auraient compris jusqu'à un certain point ses marches infatigables; car, dans le système de la médecine chinoise, les insectes réduits en poudre et mélangés sous forme de pilules auraient de grandes vertus curatives. Mais non, cet étranger errant avouait qu'il n'avait pas l'honneur d'être pharmacien. Pauvre insensé, dont il fallait respecter les innocentes manies ! Et puis, M. Fortune avait les poches pleines de *sapèques* (liards chinois), et il était généreux. Lorsqu'un gamin lui apportait quelque insecte curieux, il le rémunérait largement, si bien que toutes les femmes et tous les enfants du pays, tentés par l'espoir d'une récompense honnête, se mirent à faire de l'entomologie, et un soir, en revenant à son bateau, M. Fortune se trouva au milieu d'un rassemblement, presque d'une émeute produite par la foule de ces chasseurs improvisés. Ils l'attendaient tumultueusement à sa rentrée au gîte, les uns avec des paniers, les autres avec des baquets, ceux-ci avec des sacs, le tout plein d'insectes qu'ils voulaient lui vendre. Une industrie nouvelle était ainsi introduite dans le pays, et, à en juger par ce début, tous les insectes du district devaient y passer. Malheureusement la marchandise, tassée pêle-mêle et bonne peut-être à faire des médicaments selon la formule, n'était d'aucune valeur pour le savant. M. Fortune s'exécuta cependant; il s'en tira par une abondante distribution de sapèques qui le releva très-haut dans l'estime de son public, et il modéra le zèle des chasseurs en recommandant qu'on ne lui apportât plus désormais que des coléoptères complets. A la fin ses gens étaient si bien dressés que, lors de son départ de Tse-ki, il leur laissa avec confiance des bouteilles d'esprit-de-vin, destinées à conserver le produit de la chasse aux insectes, et plus tard, à un second voyage, il put obtenir ainsi de nombreux sujets pour ses collections. Ses courses botaniques furent également heureuses : il vit pour la première fois, dans le district de Tse-ki, le châtaignier de Chine, qu'il avait en vain cherché dans le cours de ses précédentes explorations, et aujourd'hui, grâce à ses soins, cet arbre précieux est naturalisé dans les régions montagneuses de l'Inde.

Nous ne quitterons pas la vieille cité sans visiter un cabinet très-curieux où sont réunis de beaux spécimens de l'industrie et de l'art chinois aux temps les plus anciens. Le propriétaire de ce cabinet est un aimable *gentleman* que M. Fortune a rencontré à Ning-po dans la boutique d'un marchand de curiosités. Le goût des choses antiques et rares, ainsi que la manie des vieilleries et des excentricités artistiques n'est pas moins répandu en Chine qu'en Europe, et l'étranger qui débarque dans les ports du céleste empire peut en juger dès les premiers pas, d'après le nombre relativement considérable, des magasins où sont exposés, autour de quelques pièces réellement belles, mille objets de toute nature, rouillés, poudreux, plus ou moins cassés, parfois très-laids, que l'on décore, pour la vente, du nom d'antiquités. Dans les villes ouvertes au commerce européen, les boutiques contiennent une grande quantité de vieux ustensiles, pacotille d'antiquités pour l'exportation, à l'adresse du voyageur étranger qui veut absolument rapporter dans sa patrie, avec les potiches de rigueur, quelque souvenir méconnaissable du temps des Mings. Je confesse que j'ai passé par là. C'est dans la Chine de l'intérieur, dans la vraie Chine, que siége le grand commerce de curiosités, et le cabinet de l'amateur de Tse-ki donnerait, d'après la description qu'en a faite M. Fortune, une haute idée de l'importance de ce trafic et de l'intérêt qu'il présente. La porcelaine, en particulier le genre craquelé, la laque rouge, les bronzes, les émaux, les agates, les jades, voilà le fond d'une collection respectable. Quant aux produits de l'art moderne, ils y figurent à peine, et ils sont en effet très-inférieurs pour la forme, pour la matière, et surtout pour la couleur, aux produits anciens. Les craquelés que l'on fabrique aujourd'hui n'ont pour ainsi dire point de valeur; l'art de fixer les couleurs sur la porcelaine serait, assure-t-on, perdu; les émaux qui remontent à six ou huit cents ans sont seuls appréciés par les connaisseurs. Enfin les Chinois n'admettent dans leur collection aucun objet d'art étranger, soit ancien, soit moderne. Si vous leur faites cadeau d'un bon tableau ou d'un beau bronze d'Europe, ils se résigneront à l'accepter; mais s'il fallait l'acheter, ils s'abstiendraient. Toutes leurs prédilections, toutes leurs convoitises se portent vers les antiques de leur pays. Comme le peuple chinois est essentiellement pratique et disposé à se préoccuper avant tout de l'intérêt matériel dans le train ordinaire de la vie, on peut être étonné de le voir si fortement épris des choses du passé et se passionner pour l'art national; mais, d'une part, cette recherche et cette délicatesse de goût se rencontrent principalement dans les classes élevées, et il n'est pas surprenant qu'un lettré riche se laisse aller à un penchant qui, de tout temps et en tout pays, a entraîné les intelligences d'élite. En outre, il faut tenir compte d'un trait particulier du caractère chinois. Les Chinois vénèrent la vieillesse; ils expriment constamment, jusque par leur formule habituelle de salutation, les sentiments de respect que leur inspirent ceux qui les précèdent dans la vie. A leurs yeux l'âge ne représente pas seulement une date, c'est un acheminement vers la perfection. Cette impression passe dès lors naturellement des personnes aux choses. On aime les antiquités par tradition; on les estime très-haut, parce qu'elles portent en elles un attribut de beauté, l'âge, que l'esprit est habitué à honorer par-dessus toutes choses. Il y a, en un mot, de l'instinct dans ce goût des Chinois pour les vieilleries, et, comme on l'a vu, ce goût se justifie encore par la supériorité évidente qui éclate dans les produits des anciens temps, et par la décadence si regrettable de l'art moderne. — M. Fortune, qui tient à être classé parmi les antiquaires, et qui se sent animé de la haine vigoureuse que les amateurs chinois portent à la jeune porcelaine, examina avec beaucoup d'intérêt la collection de Tse-ki. Plus d'une fois il reconnut des vases ou de vieux bronzes qu'il avait marchandés dans les boutiques de Ning-po, et que son rival plus adroît avait enlevés au moment suprême. On se fait de ces tours-là entre antiquaires, et le prix de la victoîre est d'autant plus précieux que la lutte a été plus vive. Heureux le marchand qui voit s'allumer autour d'un respectable débrìs des temps passés, enfoui depuis des années peut-être au fond de sa boutique, les convoitises ardentes de deux collectionneurs! Comme il sait les animer, les surexciter l'un par l'autre, stimuler leur amour-propre et les amener peu à peu dans les régions de l'extravagance par la menace d'accepter la dernière offre du concurrent plus généreux! Ce sont les grandes journées du boutiquier chinois. Aussi ne sera-t-il pas assez honteux quand le lendemain il devra, faute de combattants, laisser pour une somme minime une merveille qu'il jurait bien de ne livrer que contre des monceaux d'or. C'est alors que l'amateur triomphe. M. Fortune éprouva à Tse-ki même une de ces douces jouissances à l'occasion d'un beau vase bleu d'une antiquité incontestable : le boutiquier en voulait soixante piastres, et après une lutte de plusieurs mois il rendit les armes à neuf piastres. Avis aux voyageurs qui vont en Chine! qu'ils se défient des marchands de curiosités et de leurs prix. Je crois au surplus que pour ce genre de commerce l'avis serait bon partout.

Le climat de la Chine n'est pas précisément malsain, mais l'Européen s'y épuise vite, et pendant les mois d'été il doit tout à fait rompre avec le soleil et mener la vie la plus sédentaire. Autrement les fièvres et les dyssenteries viennent, et elles peuvent être mortelles. Notre voyageur avait acquis, par une pratique de plusieurs années passées sur le sol du céleste empire, une expérience trop sûre des dangers qui menacent les imprudents pour continuer, durant les fortes chaleurs, ses promenades botaniques. Aussi le voyons-nous prendre ses quartiers d'été dans le monastère de Tien-tung, près de Ning-po, sous le toit d'un bonze qui lui avait plus d'une fois déjà donné l'hospitalité. Il avait soin de ne sortir que le matin et le soir, les heures de la journée demeurant consacrées à l'étude, au classement des collections de plantes ou d'insectes et aux visites qu'on lui faisait de tous les environs; car là, comme à Tse-ki, il avait enrôlé un corps d'auxiliaires qui, moyennant une légère rétribution, couraient la campagne sous les drapeaux de la science. Malheureusement, en dépit de ses précautions hygiéniques, M. Fortune fut, en plein mois d'août, pris d'un violent accès de fièvre, et il fallut appeler le médecin de Tien-tung-ka, la ville la plus voisine du temple. C'était assez inquiétant. Le docteur arriva, interrogea le malade, lui tâta le pouls avec attention; puis, pendant qu'il envoyait un domestique chercher certains médicaments, il se fit apporter un bol de thé très-chaud, dans lequel il plongea les doigts, et avec ses ongles ainsi humectés il pinça fortement le patient à divers endroits du corps. Quand il eut ses médicaments, il prit un paquet d'une centaine de pilules dont il prescrivit l'absorption à l'aide d'une tasse de thé bouillant. M. Fortune hésita d'abord (il songeait sans doute à l'emploi que les pharmaciens font des insectes) ; il voulut au moins essayer de l'une de ces pilules, et après avoir reconnu qu'elle avait un goût de poivre, il avala bravement toute la dose. Le docteur ordonna enfin une infusion de diverses herbes, et il se retira, annonçant qu'il se représenterait au bout de trois jours, et que le second accès de fièvre, s'il survenait, serait certainement très-léger. Au jour dit, le médecin de Tien-tung-ka était au temple; il fit coucher son malade, le pinça de nouveau et lui prescrivit une seconde centaine de pilules, suivie de tisane. L'effet produit fut une abondante transpiration, qui entraîna sans doute la fièvre, car celle-ci ne reparut plus, et M. Fortune déclare qu'il fut radicalement guéri. — Il ne faut donc pas trop médire de la médecine chinoise; elle a guéri M. Fortune, elle a guéri le père Huc, et, quelque étranges que puissent paraître les méthodes et les remèdes qu'elle emploie, les deux voyageurs ne craignent pas d'en parler avec un certain respect. « Il est probable, dit M. Fortune, que nos médecins d'Europe se mettront à rire à la lecture de ces détails, mais il n'y a pas à contester les résultats obtenus. En vérité, d'après mes rapports fréquents avec les Chinois, je suis disposé à apprécier leur habileté plus favorablement qu'on ne le fait d'ordinaire. En 1843, lors de mon premier voyage, un médecin distingué de Hong-kong m'assura gravement que les docteurs chinois recueillaient indistinctement toute sorte d'herbes, et qu'ils les employaient en masse, selon ce principe que si l'une n'est pas efficace, il y a chance qu'une autre le sera. Or rien n'est plus faux. Que les docteurs chinois ne soient point habiles en chirurgie, je le reconnais; qu'ils ignorent un grand nombre de nos meilleurs remèdes, empruntés aux végétaux et aux minéraux, je l'admets encore; mais d'un autre côté, au sein de cette vieille nation, civilisée depuis des siècles, les générations se sont transmis d'âge en âge une série de découvertes qui ne sont pas à dédaigner, et dont on n'a pas le droit de se moquer légèrement. Le docteur Kirk, de Shang-haï, m'a dit qu'il avait trouvé en usage commun chez les Chinois un excellent tonique (probablement une espèce de gentiane), égal, sinon supérieur, à tous les toniques de nos pharmacies, et je ne doute pas qu'il n'y ait en Chine un grand nombre d'autres remèdes qui nous sont inconnus et qui mériteraient d'être étudiés. » Le même raisonnement pourrait s'appliquer à beaucoup d'usages et de coutumes que nous sommes trop portés à tourner en ridicule, faute de les bien comprendre, et il serait temps de rendre aux Chinois, d'après le témoignage des voyageurs qui les ont vus de plus près, la justice qui leur est due. Puisqu'on les accuse, non sans raison, de ne pas savoir apprécier ce qui vient de l'étranger, et de se croire supérieurs au reste du monde, il ne faut pas tomber dans le même travers en se moquant d'eux à tout propos, uniquement parce qu'ils paraissent étranges. La civilisation de l'Occident les a certainement dépassés; elle marche à pas de géant, du moins on l'affirme, tandis que l'Orient s'est arrêté et recule; mais les réflexions fort justes qu'inspire à M. Fortune la médecine chinoise sont de nature à rabattre beaucoup de notre dédain pour un peuple qui renferme sur toutes choses des trésors d'expérience accumulée, et qui s'est jusqu'à ce jour très-aisément passé de notre science. Il vaut mieux rechercher ce que les Chinois ont de bon et d'utile que de s'égayer aux dépens de leurs excentricités.

II

M. Fortune à Canton. — Jardins d'How-qua. — La ville de Fou-chou. Les mandarins et les pirates. — Excursion à Formose. — Chinhae ; encore les pirates. — Shang-haï ; une révolution chinoise.

Il faut renoncer à suivre pas à pas un voyageur qui court incessamment d'une province à l'autre et, selon les saisons, se retrouve tantôt dans le Ché-kiang, au milieu des plantations de thé, tantôt dans le Kiang-sou, pays de la soie, tantôt à Canton, où il surveille l'embarquement pour l'Inde et pour l'Angleterre de ses précieux échantillons, sans compter les nombreux détours que lui imposent les accidents, la difficulté des transports et souvent aussi l'imprévu de sa fantaisie. Ce serait trop exiger d'un touriste qu'il s'attache à mettre beaucoup d'ordre dans le récit de ses aventures ; un journal de voyage est nécessairement une œuvre décousue, où le fil des idées se brise à tout instant, où le style varie avec les impressions, de même que les incidents et les observations à chaque étape de la route. Il semble cependant que, sans s'exposer à la monotonie de la forme didactique, M. Fortune aurait pu nous épargner en partie la fatigue d'esprit que font éprouver ces allées et venues continuelles à travers plusieurs provinces dont la situation géographique et les noms ne nous sont point familiers. Le lecteur, que guide trop rarement l'indication d'une date, se voit tout d'un coup transporté du nord au midi et du sud au nord, alors qu'il eût été très-facile à l'écrivain de consacrer successivement aux principaux endroits qu'il veut décrire un chapitre particulier. Entre l'ordre parfait, qui est impossible dans ce genre de relation, et le va-et-vient désordonné du récit, il y a une juste mesure que M. Fortune, trop pressé sans doute, n'a pas voulu prendre la peine de chercher. Je me permets cette critique, parce qu'elle me venge de l'embarras où je me trouve pour suivre les terribles enjambées de mon voyageur. Faut-il aller à Canton ou à Shang-haï, à Hou-cheou ou à Formose? Visiterons-nous, dans cette province du Ché-kiang déjà nommée, la charmante vallée de Neige ou la vallée des Neuf-Pierres ? Puisque nous sommes libres de choisir notre point de vue, reposons-nous un instant dans le jardin de How-qua, riche marchand de Canton: c'est un jardin modèle, que les Européens sont aisément admis à visiter.

Dès qu'on a franchi la porte, on se trouve en face d'une longue et étroite allée, pavée avec des dalles, bordée des deux côtés par des pots de fleurs et d'arbustes. Les fleurs les plus communes sont le rosier, le camellia, le magnolia, l'oranger; on remarque aussi un grand nombre de ces arbres nains que les voyageurs ont souvent décrits et qui jouent un rôle trop considérable dans l'horticulture chinoise. Derrière chaque rangée de fleurs on a établi des balustrades en briques à jour, d'un gracieux travail, à travers lesquelles le promeneur aperçoit de petits lacs dont les eaux sont verdies par les larges feuilles de nénuphar nageant à la surface. Vers le milieu de l'allée s'élève une arche de forme octogone, — et à la suite une sorte de berceau où sont disposés des siéges en porcelaine. On aperçoit çà et là d'élégants pavillons en briques et en bambou, des rocailles, des ponts en zigzag jetés sur les lacs, des portes rondes ou ovales qui encadrent les principaux points de vue. Les allées sont parfaitement entretenues, ainsi que les plates-bandes. Des inscriptions placées sur les murs des pavillons recommandent aux promeneurs les plus grands soins. Voici quelques-unes de ces inscriptions : « Vous êtes instamment priés de jeter votre bétel et les cendres de vos pipes en dehors des bordures. » — « Les plantes de ce jardin sont disposées pour le plaisir des yeux ; on n'a point épargné la dépense. Que les promeneurs veuillent bien ne pas arracher les fleurs ni les fruits, afin de ne point dégrader le jardin. Nous prions les personnes qui liront cet avis de nous excuser ! » Sur un arbre fruitier d'espèce rare, dont les branches répandent l'ombre sur l'allée, on lit cette recommandation : « Les maraudeurs sont priés de ne pas prendre les fruits de cet arbre. » La naïveté n'est point le fait des Chinois ; par conséquent il ne faut voir dans ces inscriptions qu'une marque assez singulière de leur excessive politesse et une confiance non moins singulière dans la discrétion d'autrui. Cette méthode est-elle préférable aux menaces d'amende, aux verres de bouteilles et aux sauts-de-loup, et prévient-elle les complots des voleurs? C'est ce que M. Fortune ne nous dit pas. Quant à l'ensemble du jardin, il convient, pour s'en former une idée exacte, de rompre complétement avec nos idées européennes : pas de larges allées, pas de perspective, rien qui rappelle le style français ou anglais, mais une infinité de petits accidents, de petits détails entassés les uns sur les autres, pavillons, berceaux, rochers artificiels, ponts, portes, etc., le tout resserré dans un espace très-limité, en un mot la matière d'un immense parc réduite à l'expression la plus simple. Voilà le jardin chinois, bien inférieur aux jardins d'Europe quant à l'harmonie du dessin et à l'agrément de la promenade. L'horticulture est cependant en grand honneur dans le céleste empire; louée par les sages, chantée par les poëtes, elle compte de nombreux adeptes non-seulement parmi les classes riches, mais encore dans les classes populaires, où le goût des fleurs a toujours eté très-répandu.

La ville de Canton est trop connue pour qu'il y ait intérêt à y faire un long séjour. Comme entrepôt de thé, elle a conservé une grande importance; mais ce n'est point là que l'on peut recueillir les meilleurs renseignements sur la production. M. Fortune, qui désirait engager pour l'Inde un certain nombre d'ouvriers habiles dans la fabrication du thé noir, se rendit à Fou-chou, capitale de la province du Fokien. Cette ville, située à peu de distance de la mer, sur les rives du fleuve Min, est comprise au nombre des ports ouverts aux Européens par les traités. Pendant près de dix ans son commerce demeura à peu près nul, et le consul anglais qui y fut établi dès l'origine eut plus d'une fois à déployer beaucoup de fermeté pour se maintenir dignement au milieu d'une population peu bienveillante; car en Chine, comme dans nos pays, il y a une grande différence entre le peuple des grandes villes, ramassis de tous les mauvais sujets des districts voisins, et les paisibles habitants des campagnes. Vers 1853, lorsque l'insurrection gagna vers le sud et intercepta en partie les transports entre Canton et les provinces du centre, une maisan américaine eut la pensée d'établir un comptoir à Fou-chou, d'y faire venir les thés noirs de l'intérieur, et de les exporter directement pour les

États-Unis ou pour l'Europe. Malgré les difficultés de la navigation sur le fleuve Min, ce plan réussit. L'exemple de la maison Russell fut suivi par ses concurrents, et aujourd'hui le marché de Fou-chou entretient avec l'étranger des relations très-actives. M. Fortune put terminer ses affaires en peu de jours, et comme la capitale du Fokien offre peu d'attraits pour le touriste, il songea au départ. Le port était rempli de jonques et de bateaux de passage en chargement pour le nord, et à une époque ordinaire rien n'eût été plus facile que de se mettre en route; mais, à la faveur des troubles intérieurs de l'empire, la piraterie avait déjà pris sur les côtes un tel développement, qu'il eût été plus qu'imprudent pour un Européen de s'aventurer sous la protection du pavillon chinois. Un heureux hasard amena à Fou-chou un bateau à vapeur appartenant à la maison Russell, et M. Fortune put s'embarquer en toute sûreté à bord du *Confucius*. Notre voyageur ne fut pas le seul à se féliciter de cette bonne aubaine. Les mandarins de Fou-chou avaient de l'argent à envoyer à l'île de Formose, où venait d'éclater une insurrection, et ils étaient fort embarrassés de trouver des moyens de transport. Confier de l'argent aux bateaux chinois, même aux bâtiments de la marine impériale, c'eût été vouloir enrichir l'escadre des pirates qui croisait dans le canal de Formose. Les mandarins s'empressèrent de fréter le *Confucius*, qui reçut à son bord les précieuses caisses et une escorte d'officiers et de soldats. Voilà où en est réduit le gouvernement du céleste empire : avec son armée et avec sa flotte, il n'est pas seulement capable de faire la police, et pour le moindre convoi de numéraire il faut qu'il ait recours au pavillon d'un marchand étranger! Le soir de son départ le *Confucius* dut mouiller à l'embouchure de la rivière Min, à cause des bas-fonds, au milieu desquels il était impossible de s'engager pendant la nuit. Sur tous les points de l'horizon étaient postées des jonques suspectes, qui peut-être attendaient leur proie, car les pirates avaient probablement connaissance de la riche cargaison qui devait traverser le canal. La vue d'un *steamer* américain était de nature à les intimider; mais encore! Ils étaient nombreux, l'espoir d'une bonne prise pouvait leur donner de l'audace, et quoiqu'ils eussent très-rarement osé s'attaquer à des navires europeens, ils étaient bien capables de tenter les hasards d'un coup de main. Le capitaine du *Confucius* jugea donc nécessaire de se tenir très-strictement sur ses gardes. Il n'y avait pas à compter sur les soldats chinois : leurs acs et leurs flèches, leurs doubles sabres, leurs mousquets rouillés, leurs lances de bambou n'auraient point arrêté l'ennemi, et puis, soit frayeur, soit effet de la houle, les malheureux avaient déjà le mal de mer. Les neuf Européens qui se trouvaient à bord furent donc obligés de faire successivement le quart pendant la nuit, qui se passa sans incident. Le matin on ralluma les feux, et le *Confucius*, coupant à toute vapeur la ligne ennemie, qui s'écarta respectueusement devant sa fumée, mit le cap sur la pointe nord-ouest de Formose, dont l'on reconnut, à l'approche de la nuit, les hautes montagnes. Le lendemain, le *steamer* mouillait dans le port de la petite ville de Tam-shuy, où l'escorte chinoise fut débarquée avec son trésor, dont la garde ne lui avait pas causé beaucoup de souci.

L'île de Formose appartient à la Chine; elle dépend de la province du Fokien, mais elle n'a jamais été entièrement soumise. La côte orientale est peuplée de tribus que les mandarins déclarent vivre à l'état sauvage, sans doute parce qu'elles n'acceptent pas leur autorité, et qui, selon les mêmes historiens, logeraient sur les arbres, à la façon des singes. Ce qui est exact, c'est que les bâtiments européens qui ont fait naufrage sur cette partie des côtes ont toujours été pillés, et leurs équipages le plus souvent massacrés. M. Fortune s'étonne que l'Angleterre n'ait pas songé à tirer parti des ressources que présente cette grande île, dont la fertilité, autant du moins que l'on peut en juger par les produits qu'elle exporte, mérite de fixer l'attention de l'Europe. Formose contient en outre des mines de charbon qui pourront un jour approvisionner la navigation à vapeur. Enfin l'établissement de comptoirs sur les côtes faciliterait la répression de la piraterie et procurerait un refuge aux naufragés. Pendant la relâche très-courte du *Confucius* au port de Tam-shuy, M. Fortune fit une promenade dans la campagne, où, sans rencontrer aucun obstacle de la part de la population, il se livra à ses études botaniques. Il découvrit la plante avec laquelle se fabrique le papier de riz, et qui, avec le camphre, forme le principal article d'exportation de Formose. Ce n'était point perdre sa journée; cette plante est aussi belle qu'utile, et si l'on réussit à la naturaliser en Europe, elle prendra place parmi les fleurs qui ornent le mieux nos jardins. En revenant à bord M. Fortune visita un fort chinois dont les embrasures, armées de quelques vieux canons hors de service, tombaient en ruines, et qui était gardé ou plutôt occupé par un petit détachement de soldats attendant leur solde depuis plusieurs mois. Les subsides de Fou-chou arrivaient donc fort à propos pour calmer le mécontentement des fonctionnaires et des soldats, et pour arrêter les progrès de la révolte. Les mandarins qui les apportaient furent accueillis avec de vives démonstrations de joie : on leur tira le mieux qu'on put les trois coups de canon, maximum du salut chinois; des ouvriers furent mis sans retard à l'œuvre pour construire un théâtre où devait être donné un spectacle en leur honneur. Les autorité de Tamshuy vinrent visiter le bateau à vapeur et remercier le capitaine, qui, après avoir reçu le prix du fret, ordonna de lever l'ancre. Avant de se diriger vers le nord, le *Confucius* retourna à l'embouchure de la rivière Min, où il déposa dans un bateau de passage un mandarin de l'escorte, qui était chargé d'annoncer au gouverneur de Fou-chou l'heureuse arrivée des caisses d'argent à leur destination. Il paraît que cette bonne nouvelle fut reçue d'abord avec beaucoup d'étonnement. On ne s'attendait pas à voir le messager reparaître si vite, et les Chinois eurent toutes les peines du monde à s'imaginer qu'on pût en si peu de temps traverser deux fois le canal. Le spectacle militaire que nous leur procurons en ce moment, la vue des cent navires de guerre que la France et la Grande-Bretagne entretiennent dans leurs eaux, les manœuvres des canonnières et des *steamers* qui vont remonter leurs fleuves, doivent les surprendre bien davantage. L'étonnement, chez les Chinois comme chez tous les peuples de l'Orient est un aveu d'infériorité et un signe de défaite.

Nous venons de voir les mandarins de Fou-chou préférer un bateau américain à toutes leurs jonques de guerre pour un transport d'argent. Les armateurs chinois ne se fient pas davantage à la protection de la marine impériale. Voici le curieux épisode que nous raconte à ce sujet M. Fortune. Il se rendait de Ning-po à Shang-haï, et il avait pris passage sur un petit navire, l'*Érin*, appartenant à la maison anglaise Jardine Matheson. Ce navire, qui portait fréquemment de riches cargaisons d'opium, était toujours bien armé, et les pirates n'ignoraient pas qu'ils auraient affaire à très-forte partie s'il leur prenait fantaisie de l'attaquer : c'était pour l'*Érin* le meilleur des saufs-conduits. Dans le port de Chinhae, à l'embouchure de la rivière de Ning-po, se trouvait mouillée une flotte de jonques de commerce qui attendait pour mettre à la voile, non pas le vent, qui était favorable, mais la permission des pirates, qui bloquaient l'entrée. En pareil cas, les malheureuses jonques se résignent à rester à l'ancre jusqu'à ce que l'ennemi s'éloigne pour chercher fortune ailleurs, ou bien, quand elles sont en nombre suffisant, elles osent sortir du port et s'avancent en bon ordre, prêtes à se soutenir mutuellement si le convoi est attaqué. Lorsqu'elles peuvent aviser l'un de ces navires, moitié européens, moitié chinois, qui sont connus sous le nom de *lorchas*, et qui depuis quelques années, se sont multipliés sur les côtes de l'empire (c'est à l'occasion d'un bâtiment de ce genre, de la lorcha *Arrow*, qu'ont éclaté en 1857 les hostilités entre l'Angleterre et la Chine), elles se cotisent pour lui payer des frais d'escorte. L'apparition de l'*Érin* eut pour effet de mettre en mouvement les jonques mouillées à Chinhae : c'était la Providence qui leur envoyait ce secours inespéré! Elles comptaient passer par la trouée que ferait au blocus le sillage d'un bâtiment anglais. L'*Érin* ne demandait pas mieux que de favoriser cette manœuvre, et il s'avança, poussé par une forte brise, à la tête du convoi; mais les pirates ne se laissèrent point intimider par ce grand déploiement de forces : leur ligne demeura immobile, et au second plan on apercevait plusieurs de leurs bateaux très-activement occupés à piller une grosse jonque venue du large. La position était critique, même pour l'*Érin*, qui marchait toujours cependant, prêt à riposter au premier feu. Tout à coup, au moment où l'on s'attendait à recevoir la bordée, une casaque de Chinois fut hissée, en guise de signal, au mât de l'une des jonques. Cela voulait dire, à ce qu'il paraît : « Laissez-nous à nos affaires, et nous vous laisserons passer votre chemin. » L'*Érin* répondit au signal et passa sans encombre. Quant aux pauvres jonques du convoi, elle durent tristement virer de bord pour retourner au mouillage de Chinhae. Est-il besoin d'ajouter que dans le voisinage, et en vue peut-être de cette scène, des navires de la marine impériale chinoise se tenaient tranquillement sur leurs ancres, soit qu'ils fussent incapables de livrer le combat, soit qu'ils eussent échangé avec les pirates le pacifique signal de la casaque ?

Tandis que ces désordres régnaient sur mer, plusieurs provinces était en proie à l'insurrection et à l'anarchie. M. Fortune se trouvait à Shang-haï le 7 septembre 1853, lorsque cette ville fut prise par une bande de rebelles qui l'occupèrent pendant plus d'un an. Nous lui devons une description de cette révolution chinoise, un simple croquis d'amateur ou de curieux qui n'a certes pas la prétention de composer une page d'histoire, mais qui, par cela même, est plus franc dans ses impressions et plus exact peut-être dans le récit des faits. Il se promenait par la ville, de bon matin (un botaniste, de même que la nature, s'éveille toujours dès l'aurore), quand il reconnut les premiers symptômes d'une agitation inaccoutumée. Il s'informa, et il apprit que la société de la Petite-Épée, l'une des sociétés secrètes les plus redoutables, avait mis ses bandes sur pied et s'était emparée déjà des principaux postes. Sur plusieurs points la garde impériale, après une résistance assez molle, avait été massacrée; le gouverneur, abandonné de ses soldats, était prisonnier dans son palais, non sans avoir fait preuve de fermeté et de courage. Voyant que toute résistance était inutile, il avait revêtu ses insignes officiels et s'était présenté seul devant les insurgés, leur offrant bravement sa vie. On ne lui demanda que les sceaux, et on lui permit de se retirer dans ses appartements après cette noble abdication, qui avait désarmé la fureur de la populace. Des patrouilles circulaient dans la ville, tolérant le pillage des édifices publics, mais interdisant, sous peine de mort, toute atteinte aux propriétés privées. Des placards recommandaient aux bons citoyens d'avoir confiance et de vaquer à leurs occupations habituelles, aux marchands d'ouvrir leurs boutiques, au peuple d'honorer par sa modération la victoire remportée sur les misérables suppôts de la tyrannie tartare. « Il est bien difficile, s'écrie M. Fortune, de donner aux nations civilisées de l'Occident une idée exacte de ce peuple extraordinaire. Croirait-on qu'une ville de deux cent mille hommes, suffisamment fortifiée pour soutenir une attaque, se soit laissée surprendre par une bande de cinq cents vagabonds, mal armés, indisciplinés et bons seulement au pillage? Voilà pourtant ce que j'ai vu! » En vérité, il n'était pas nécessaire d'aller si loin pour assister à un pareil spectacle; ce n'est là qu'un de ces tours de main dont les nations les plus civilisées de l'Occident peuvent très-exactement se faire idée. Une grande capitale enlevée en plein jour par une poignée d'hommes, les placards patriotiques, la confiance emphatiquement conseillée aux poltrons, l'ordre prêché dans le désordre, la police faite par les sergents des sociétés secrètes, il n'y a dans tout cela rien de bien nouveau, et nous sommes en droit de contester aux insurgés de Shang-haï le brevet d'invention que semble leur décerner M. Fortune. Les *carbonari* chinois ne s'y prennent pas autrement que leurs confrères des autres pays; ils manquent d'originalité, et les révolutionnaires du céleste empire copient d'instinct les procédés et les manœuvres dont les révolutionnaires de nos villes d'Europe ont plus d'une fois fait usage. — Franchissons l'espace de quelques mois, et nous allons assister à une restauration. Après de nombreux assauts, les troupes impériales sont enfin rentrées dans la place. Les rebelles s'enfuient par la porte du sud, pendant que les mandarins arrivent par la porte du nord. Il semble que tout va rentrer dans l'ordre et que l'autorité régulière s'empressera de réparer les ruines amoncelées sous une année d'anarchie. Nullement : les nouveaux vainqueurs mettent le feu aux quatre coins de la ville, dont les frêles maisons petillent comme un feu de joie; les soldats pillent les boutiques et, sous prétexte de poursuivre les rebelles, assassinent les bourgeois. On apprend que quelques fuyards attardés se sont cachés dans les cercueils que les Chinois se font fabriquer à l'avance et gardent soigneusement sous leurs yeux. Vite, les impériaux d'ouvrir tous les cercueils indistinctement pour tuer les vivants et dépouiller les morts. Ce monstrueux désordre se prolongea pendant plusieurs jours. Les gens paisibles regrettaient les insurgés et trouvaient, non sans raison, que le remède était pire que le mal. Voilà une restauration dans le style chinois, et pour le coup l'originalité est incontestable. Il est vrai que chez ce peuple prompt et intelligent les décombres sont bientôt déblayés, les maisons se relèvent en un clin d'œil et les magasins, approvisionnés par l'immense commerce qui déborde des fleuves et des canaux, s'encombrent de marchandises; mais la nature ne procède pas aussi vite dans ses résurrections. Que sont devenues les belles pépinières que M. Fortune avait visitées lors de son premier séjour à Shang-haï, et où il se promettait de faire d'amples moissons? La *Sophora japonica pendula* a été fauchée par l'émeute; la *Salisburia adiantifolia* a été victime de la restauration! Tels sont pour un botaniste les irréparables effets du désordre. Laissons M. Fortune à sa douleur professionnelle, et remarquons seulement que, si les révolutions chinoises ne se distinguent guère des nôtres par l'imprévu ni par les procédés, elles sont beaucoup plus sanglantes. C'est que, dans ce pays si peuplé, la vie des hommes a moins de prix qu'ailleurs; la mort peut y travailler dans un si large champ que ses trouées sont presque insensibles : ce n'est point précisément de la cruauté, c'est une prodigalité excessive de la vie humaine.

III

Visite dans les districts de Nan-tsin et de Hou-cheou. — Culture du mûrier; commerce de la soie. — La ville de Mei-chi. — Travaux hydrauliques. — Les fleuves et les inondations. — Superstitions chinoises. — Aventure de voleurs à Nanziang. — Résultats des voyages de M. Fortune.

Il ne faut pas rester sous le coup de ces pénibles impressions et nous pouvons, dans une dernière excursion, retrouver l'air pur et les mœurs paisibles de la campagne en visitant avec M. Fortune les districts de Nan-tsin et de Hou-cheou, célèbres par le commerce de la soie. Dans le district de Nantsin, les parties basses du sol sont occupées par des rizières, les hauteurs par les plantations de mûriers. Le district d'Hou-cheou présente un aspect plus pittoresque avec ses collines onduleuses et ses champs de mûriers, qui ressemblent de loin à d'immenses forêts. Nous avons vu que la culture du thé est répartie entre un grand nombre de petites fermes; il en est de même de la production du mûrier ainsi que de l'éducation des vers à soie, et il y a lieu de supposer que dans un pays aussi peuplé, où les habitudes de la vie de famille sont enracinées si profondément, le sol presque tout entier est exploité d'après le système de la petite culture. Chaque chef de famille possède son champ de mûriers, file la soie de ses cocons, et quand le travail est terminé, se rend au principal marché du district, où il vend à des négociants en gros le produit de sa récolte. Ces négociants ont alors à trier les diverses qualités de fils qui leur viennent de toutes les mains, et à les assortir pour en former les balles de soie qui sont envoyées dans les villes manufacturières ou dans les ports. M. Fortune observa, dans cette région de la Chine, l'apparence de bien-être, la simplicité de mœurs et la bienveillance naturelle qui l'avaient frappé déjà dans la province de Ché-kiang. Quant aux villes de Nan-tsin et d'Hou-cheou, qui toutes deux, la dernière surtout, contiennent une population très-considérable, il put s'y promener en toute liberté au milieu des démonstrations parfois ennuyeuses, mais toujours polies, de la curiosité publique, très-légitimement excitée par l'apparition d'un étranger. Ses promenades le conduisaient au hasard dans les champs de mûriers, dans les fermes, dans les pagodes qui couvrent le sommet des montagnes, et ses impressions rappellent exactement celles qu'il a éprouvées pendant son séjour dans le district de Tse-ki. Les bonzes l'accueillaient partout avec un égal empressement; ils se montraient disposés à lui fournir les indications dont il avait besoin, et les moines reclus n'hésitaient pas à lui ouvrir la fenêtre de leur cellule. — Il y a dans un grand nombre de temples une certaine catégorie de bonzes qui se séparent pour un temps plus ou moins long de la vie commune et s'enferment dans une cellule étroite, où ils passent le temps à réciter les prières de Bouddha. La durée la plus ordinaire de ces retraites est de trois ans. Est-ce une pénitence ou l'accomplissement d'un vœu, ou bien encore un moyen d'obtenir par ce sacrifice volontaire un grade plus élevé dans la hiérarchie cléricale? C'est ce que nous ignorons. Il n'en est pas moins curieux de découvrir en Chine ce mode de mortification dont la ferveur religieuse des premiers temps de l'Église chrétienne et du moyen âge nous montre de fréquents exemples, et, pour le répéter en passant, ce n'est point la seule analogie que l'on pourrait signaler, dans les formes extérieures du rite, entre le culte de Bouddha et le catholicisme. — La principale ressource des monastères que l'on rencontre aux environs de Nan-tsin et d'Hou-cheou consiste dans la production de la soie. A l'époque où M. Fortune visita le temple de Ho-shan, il trouva la grande salle couverte d'un lit de feuilles de mûrier sur lequel s'agitaient des milliers de vers. Les divinités chinoises, dont les statues de bois contemplaient ce spectacle, n'étaient nullement émues de voir leur sainte demeure transformée en magnanerie.

La région de la soie s'étend jusqu'à Mei-chi, ville située à quarante milles environ à l'ouest d'Hou-cheou. Vers ce point les champs de mûriers deviennent plus rares; on aperçoit un plus grand nombre de rizières et des cultures de céréales. Les plantations de thé reparaissent sur le flanc des collines, et au-dessus d'elles, sur les sommets, s'agitent des forêts de bambous, dont les coupes vont approvisionner les grandes fabriques de papier. La plaine qui s'étend des bords de la rivière au pied des montagnes est parsemée de petits lacs, de mares ou d'étangs séparés les uns des autres par des remparts de terre qui paraissent avoir été élevés de la main des hommes, et, contrairement à ce que l'on voit d'ordinaire en Chine, il y a là d'assez vastes espaces qui sont enlevés à la culture. M. Fortune ne saisit point d'abord les motifs ni le but de ces terrassements, qui donnaient à cette partie de la grande vallée du Yang-tse-kiang un aspect singulier. Il dut, pour en obtenir l'explication, s'adresser à un savant du pays, qui lui fit connaître que la construction de ces nombreuses digues de terre remontait à plusieurs centaines d'années, et qu'elle avait pour objet de préserver le pays des inondations. Le flot de la marée remontant jusqu'à Mei-chi, il était indispensable de fournir un écoulement et d'opposer des obstacles aux eaux de la rivière, afin de prévenir les inondations à l'époque des grandes crues; de là ces lacs artificiels et ces montagnes de terre qui couvraient la plaine. Les Chinois, on le sait, ont été de tout temps très-experts dans les travaux hydrauliques; leurs canaux et l'endiguement de leurs fleuves forment un ensemble d'œuvres vraiment gigantesques, qui, au point de vue de la conception et de l'exécution, ont excité l'admiration des voyageurs. Cette science leur a été d'ailleurs en quelque sorte imposée par la configuration du territoire : avec d'immenses fleuves qui roulent à travers un pays plat un abondant volume d'eau, momentanément arrêté dans son cours aux points où le flux de la mer se fait sentir, les inondations sont souvent à craindre; les annales du céleste empire ont conservé le souvenir des désastres causés, à différentes périodes, par les débordements du fleuve Yang-tse-kiang, qui traverse les plus fertiles provinces. On a signalé, pendant ces dernières années, de grandes inondations qui ont englouti des villages entiers et produit, par la famine et les épidémies, une effrayante mortalité. Il est probable que la plupart des travaux d'art ou plutôt de salut élevés sous le règne des anciennes dynasties sont aujourd'hui mal entretenus ou délaissés par une administration qui n'a même plus les ressources nécessaires pour assurer l'ordre intérieur. C'est un grave sujet de mécontement pour les populations, et surtout pour les fermiers, qui, mal protégés par leurs digues séculaires, se voient fréquemment à la merci des fleuves et à deux doigts de la ruine. Peut-être est-il réservé à la science européenne, pénétrant enfin dans ces régions, de leur rendre la sécurité des anciens temps; mais elle devra étudier avec respect et s'approprier sur beaucoup de points les procédés ingénieux de l'expérience chinoise. Il en sera ainsi toutes les fois que les deux civilisations se rencontreront avec leur génie si divers; la science nouvelle, dont l'Occident se montre si fière, n'aura point à mépriser les enseignements pratiques que lui prodiguera l'antique expérience de l'Orient.

Il serait injuste cependant de médire des fleuves de la Chine; s'ils causent parfois d'affreux ravages, ce sont eux qui procurent la richesse, le mouvement, la beauté, la vie à cet immense empire; ils arrosent les campagnes, ils élèvent ou abaissent tour à tour leurs eaux dans les rizières; ils alimentent les étangs et les lacs, réservoirs poissonneux à la surface desquels flottent de pittoresques archipels ou des villes de bateaux; ils se laissent creuser sur leurs deux rives et, pour ainsi dire, saigner aux deux bras, pour se partager entre mille canaux qui vont porter jusque sur les lieux hauts leur féconde rosée. Enfin, après avoir nourri le sol par l'engrais de leur limon, ils prennent les produits, les distribuent dans toutes le directions, et font circuler du centre aux extrémités de l'empire les richesses qu'ils ont créées. Nous sommes arrêtés devant Mei-chi, petite ville ignorée au milieu d'un cercle de montagnes, cachée derrière un rideau de mûriers, presque noyée dans un bain de rizières. Il suffirait d'une frêle barque pour remonter jusqu'à Pékin au nord, pour descendre au sud jusque dans le voisinage de

Canton, pour gagner à l'est les ports de l'Océan. Nous allons, sans toucher terre, retourner à Shang-haï, en traversant les campagnes et les villes, et rien n'entraverait notre marche, n'était l'encombrement de jonques qui annonce l'approche de quelque grande cité. Nous vivrons dans notre bateau comme si nous étions dans une bonne chambre d'hôtel. M. Fortune y prend ses repas, fait ses affaires, donne ses audiences. Attention pourtant, quand nous passerons sous un pont ! Le batelier s'empresse d'avertir pour que l'on se taise. On ne parle pas sous les ponts. — Et pourquoi ? — Cela porte malheur, superstition chinoise ! — Qu'arrive-t-il encore ? Voici le batelier qui se précipite pour placer son large chapeau de paille sur l'un des yeux peints qui ornent l'avant du bateau. La même manœuvre s'éxécute à bord des barques qui naviguent près de nous. C'est que l'on vient d'apercevoir un cadavre flottant sur l'eau, et il ne faut pas, sous peine de grands malheurs, que les yeux de la jonque soient attristés par ce pénible spectacle. — Dans quelques districts on aperçoit les traces du passage des rebelles, c'est-à-dire les champs dévastés, les maisons détruites, les barques défoncées et ensablées, et presque immédiatement on retrouve l'image d'une paix séculaire et de la sécurité la plus complète. Nous arriverions ainsi le plus commodément du monde, si, avant de quitter le bateau qui porte M. Fortune, nous n'avions à raconter un petit incident survenu devant le village de Nan-tsin, à quelques milles de Shang-haï. C'est une histoire de voleurs, épisode nécessaire dans tout récit de voyage.

M. Fortune était donc une nuit à l'ancre devant Nanziang, et il dormait, lorsque soudain il fut réveillé par les cris de son domestique, qui lui annonça, tout effaré, que des voleurs étaient venus à bord et avaient fait main basse sur les bagages. Il se leva aussitôt et voulut s'habiller : ses vêtements avaient disparu. Il chercha sa malle, une grosse malle de voyageur, de botaniste, de collectionneur et d'Anglais : la malle n'y était plus. Et cependant on n'était pas entré dans sa cabine ; il n'avait rien vu, rien entendu. Comment avait-on pu s'y prendre ? On découvrit plus tard que les voleurs avaient tout simplement scié du dehors les bordages autour de la petite fenêtre de la cabine, de manière à pratiquer une ouverture assez large pour y faire glisser la malle. M. Fortune était désespéré : il perdait d'un seul coup ses hardes, son argent, ses collections, ses manuscrits ; c'était un naufrage complet, et si près du port ! Il ordonna à ses bateliers de se poster à terre, dans un buisson de hautes herbes, et d'arrêter tout individu qui viendrait rôder de ce côté ; peut-être ainsi saisirait-on l'un des voleurs ; puis il se recoucha. Au bout d'une heure, deux individus se présentèrent sur la rive, et l'un d'eux se mit à héler le bateau. « Venez prendre, s'écria-t-il, la malle et les habits du diable blanc ; vous les trouverez ici. » Et les deux hommes s'en allèrent tranquillement. M. Fortune se hâta de débarquer, et il trouva en effet à la place indiquée sa malle encore pleine, moins une centaine de dollars qui avaient été très-adroitement retirés du sac. Honnêtes voleurs ! On s'explique qu'ils se soient abstenus de conserver les vêtements et les collections, qui les auraient trop aisément trahis ; mais alors ils pouvaient, après avoir pris l'argent, jeter la malle à l'eau. On ne saurait donc méconnaître la délicatesse, bien rare en pareil cas, de leurs procédés. — Au point du jour, M. Fortune put s'habiller décemment, grâce à la générosité de ses voleurs, et il se rendit chez le mandarin de Nanziang, auquel il conta l'aventure et porta plainte, en réclamant la restitution de son argent. Le mandarin s'indigna très-fort, prescrivit d'urgence une enquête et mit toute sa police en campagne. Le soir même un des voleurs était arrêté et recevait une correction de coups de bambou. Le lendemain, arrestation d'un second voleur, et le bruit courait dans le public que les dollars étaient retrouvés; mais, le mandarin ne disant mot à ce sujet, M. Fortune partit pour Shang-haï en annonçant qu'il allait faire son rapport au consul. Au bout de plusieurs semaines seulement il reçut, par l'entremise de ce fonctionnaire, une somme de trente-cinq dollars. M. Fortune paraît convaincu que les mandarins ont gardé le reste, ce qui tendrait à prouver qu'en Chine les mandarins seraient moins honnêtes que les voleurs.

Nous laisserons ici M. Fortune emballer ses collections et ses plantes, et faire ses préparatifs de départ pour l'Europe. A en juger par les témoignages officiels qu'il a recueillis, son troisième voyage en Chine n'a pas été moins utile au progrès des sciences naturelles que ne l'ont été ses précédentes missions. Il a rapporté de curieux insectes pour le muséum, des plants de thé pour l'Himalaya, de nouvelles et gracieuses fleurs pour nos jardins; il a concouru par ses infatigables recherches à la découverte de substances destinées à prendre place dans les travaux de l'industrie. Citons par exemple l'indigo vert, qui a déjà occupé les manufacturiers ainsi que les savants, et auquel M. Natalis Rondot, ancien membre de la mission française en Chine, a consacré un remarquable mémoire, qui a été imprimé par les soins de la chambre de commerce de Lyon [1]. M. Fortune figurera avec honneur parmi les missionnaires de la science qui se sont voués à l'étude si neuve et si intéressante des régions de l'extrême Orient; mais il est un autre point par lequel ses récits le recommandent à notre estime et à notre sympathie. Cet ingénieux botaniste sait étudier les hommes aussi bien que les plantes, et, ayant vécu pendant plusieurs années au milieu des Chinois, dans leurs cités et dans leurs campagnes, ayant été accueilli, fêté, guéri et même volé par eux, il peut les juger et les analyser jusque dans les traits les plus intimes et les plus familiers de leur caractère et de leurs mœurs.

On a vu, par les épisodes qui viennent d'être détachés de sa relation, que son opinion sur la nation chinoise ne s'accorde guère avec celle qui a été exprimée par la plupart des voyageurs. Il le reconnaît lui-même, et il insiste sur cette dissidence. Les Chinois ne sont pas ce que pense une certaine variété de touristes plus soucieux du pittoresque que du vrai, et plus désireux d'égayer leurs lecteurs que de les éclairer. Ils composent une grande et honnête famille qui a été longtemps un grand peuple. L'heure de la décadence est venue pour eux, soit qu'à la fin le poids de leur antiquité les écrase, soit que, par suite d'un malaise intérieur dont il nous est difficile de nous rendre compte, leur gouvernement et leur administration soient tombés dans le mépris et dans l'impuissance. On a signalé des mandarins concussionnaires et ineptes, on a décrit la vile populace de Canton et de quelques grandes villes où les Européens ont accès d'après les

1. *Notice sur le vert de Chine et sur la teinture en vert chez les Chinois.*

traités : ces tableaux sont exacts ; mais on se tromperait fort et on commettrait une grave injustice en y encadrant en quelque sorte toute la Chine. Que l'on se reporte aux peintures bien différentes de M. Fortune : ce ne sont pas seulement des paysages où l'aspect d'une riante et gracieuse nature communiquerait peut-être aux personnages comme un reflet de beauté et d'honnêteté ; ce sont aussi des dessins de grandes villes, de centres populeux, où l'image du travail paraît toujours au premier plan ; ce sont des intérieurs de famille où abondent les détails de distinction, d'intelligence et même de finesse dans les goûts. Le plus souvent, en un mot, c'est la représentation, trop minutieuse pour n'être pas fidèle, d'une société civilisée et polie, qui renferme de bons comme de mauvais éléments, qui a certainement ses côtés faibles et ridicules, mais qu'il est bien temps, après les relations pittoresques et les grotesques impressions dont on nous a rassasiés, de prendre au sérieux. La Chine ne doit-elle pas, aujourd'hui plus que jamais, exciter notre intérêt ? Nous lui faisons la guerre, nous devons donc chercher à la bien connaître, non plus seulement pour satisfaire notre curiosité, mais aussi pour savoir ce qu'il faut surtout combattre, ce qu'il faut vaincre en elle. Or, d'après ce que nous enseigne M. Fortune, ce n'est point le peuple chinois, c'est le gouvernement, c'est une cour orgueilleuse, ce sont des mandarins, et même seulement quelques mandarins ambitieux ou entêtés, que nous avons contre nous. La nation est neutre, et tout porte à croire qu'elle demeurera très-volontiers neutre en présence de ce conflit soulevé en dehors d'elle. Il y a dans cette opinion l'élément d'indications fort utiles pour la conduite politique des plénipotentiaires et des amiraux qui représentent la France et la Grande-Bretagne dans les mers de la Chine. Là, comme ailleurs, il convient d'appliquer le principe en vertu duquel la guerre doit épargner les populations paisibles et inoffensives, pour ne frapper que sur les gouvernements et sur les armées, principe généreux que notre temps s'honore d'avoir inscrit, par de nobles exemples, dans le code du droit des gens. Ne ménageons pas la cour de Pékin ni ses mandarins; mais montrons-nous bienveillants et indulgents pour la nation chinoise.

LES ÉVÉNEMENTS DE CANTON (1856)

ORIGINE DE LA SECONDE GUERRE

I

Situation générale des Européens en Chine depuis 1844. — Renouvellement prochain des traités. — Incident de la lorcha *Arrow* à Canton. — Discussions et correspondance entre les autorités anglaises et le vice-roi Yeh. — Ouverture des hostilités; prise des forts et premier bombardement de Canton. — Opérations de l'escadre anglaise en novembre et décembre 1856.

De 1842 à 1844, à la suite de la première expédition entreprise par la Grande-Bretagne contre la Chine, le cabinet de Pékin conclut des traités d'amitié et de commerce avec l'Angleterre, avec les États-Unis et avec la France. Il était stipulé que chacun de ces traités pourrait être revisé après un délai de dix ans.

Bien que les relations commerciales des Européens avec la Chine eussent été placées dans des conditions assez régulières, l'attitude des mandarins et des populations à l'égard des résidents étrangers n'était point partout également satisfaisante. Par un contraste singulier, tandis que dans les ports de Shang-haï, d'Amoy et de Ning-po, récemment ouverts au commerce, les Européens se voyaient accueillis avec empressement et protégés dans leurs intérêts, les autorités de Canton avaient conservé envers les consuls et les négociants étrangers leurs procédés de défiance orgueilleuse; cependant on aurait dû penser qu'il eût été plus facile de faire accepter le voisinage des Européens dans une ville où depuis plus de deux siècles ceux-ci entretenaient un commerce considérable. Non-seulement les Anglais avaient à se plaindre de l'attitude qui était prise à leur égard par le vice-roi de Canton, mais encore ils en étaient à réclamer dans cette ville l'exécution complète du traité de 1842; nonobstant les conditions formelles de ce traité, ils n'avaient point été admis à pénétrer dans la cité, et ils ne pouvaient ériger de factoreries ni se livrer au négoce que dans un espace resserré des faubourgs. Vainement les gouverneurs de Hong-kong avaient-ils à plusieurs reprises invoqué le traité et insisté auprès du vice-roi de Canton pour obtenir l'admission des Européens dans la cité. A toutes ces réclamations il avait été répondu que les mandarins ne pouvaient vaincre les répugnances de la population chinoise, et qu'il était préférable de maintenir le *statu quo* plutôt que de provoquer des incidents fâcheux, peut-être même des querelles sanglantes. Du reste, le commerce européen ne souffrait point sérieusement de l'interdiction d'entrée dans la cité; les transactions dans les factoreries, situées sur la rive du fleuve, étaient très-actives, et la diplomatie anglaise avait consenti, dans l'intérêt de la paix, sinon à abandonner le droit que conférait à ses nationaux le traité de 1842, du moins à ajourner ses prétentions et à réserver pour une époque plus favorable l'exercice de ce droit.

Dix années s'étant écoulées depuis la signature des traités, les gouvernements de l'Angleterre, des États-Unis et de la France, jugèrent qu'il y avait lieu de réclamer du cabinet de Pékin le règlement définitif des difficultés pendantes. Délivrées des embarras de la guerre contre la Russie, l'Angleterre et la France étaient disposées à s'unir pour défendre en Chine les intérêts du commerce, de la civilisation et de la foi chrétienne. Le cabinet de Washington, qui préfère en général isoler son action de celle des puissances, manifesta d'abord peu de penchant à entrer dans cette sorte de croisade diplomatique, bien que les intérêts commerciaux des États-Unis en Chine fussent très-considérables. Il céda cependant, et il décida l'envoi d'un plénipotentiaire ou commissaire extraordinaire qui, sans doute, devait être invité à concerter ses démarches avec celles des représentants de la Grande-Bretagne et de la France. Pour appuyer la démonstration collective que les trois gouvernements avaient en vue, les escadres en station dans les mers de Chine furent renforcées, et dès le mois de septembre 1856, un nombre imposant de navires de guerre étaient réunis à Hong-kong, à Macao, à l'embouchure de la rivière de Canton et à Shang-haï.

Un incident tout à fait imprévu vint déranger ces combinaisons et mettre l'Angleterre seule aux prises avec l'empire chinois.

Le 8 octobre 1856 la lorcha[1] *Arrow*, de construction chi-

1. On nomme *lorchas* (terme portugais) des navires d'une forme moitié européenne, moitié chinoise, qui font le cabotage sur les côtes de Chine. Pendant longtemps ces lorchas, appartenant au port de Macao, ne naviguaient que sous le pavillon portugais.

noise, mais portant le pavillon anglais, fut abordée dans la rivière de Canton par un bateau chinois chargé d'agents de police qui, par ordre des mandarins, emmenèrent prisonniers douze hommes de l'équipage, accusés d'avoir participé à des actes de piraterie. A cette nouvelle, le consul anglais, M. Parkes, réclama la mise en liberté immédiate des matelots arrêtés, en faisant connaître que si les autorités chinoises s'adressaient régulièrement à lui, d'après les termes du traité de 1842, il ne s'opposerait nullement à l'ouverture d'une enquête, à la suite de laquelle il livrerait sans difficulté les malfaiteurs qui pourraient avoir cherché un refuge sous le pavillon anglais. La police refusant de se rendre à cette réclamation et invoquant les ordres des mandarins, le consul fit appel directement au vice-roi.

Pour bien saisir la portée des faits qui précèdent, il convient de rappeler : 1° que, pour favoriser les relations commerciales et maritimes entre Hong-kong et les ports chinois, le gouvernement colonial délivre à des bâtiment chinois des *licences* de navigation qui sont valables pendant un an, et qui peuvent être renouvelées : ces licences confèrent aux bâtiments qui en sont pourvus les droits et priviléges attachés au pavillon anglais ; 2° que, d'après le traité de 1842, aucun bâtiment anglais ne peut être saisi, ni aucun sujet anglais ou assimilé être arrêté, sans que le consul ait été au préalable appelé à examiner les faits et à procéder à une instruction. Ces deux principes avaient été violés, suivant M. Parkes, lors de l'arrestation de l'équipage de l'*Arrow*.

Aux réclamations du consul, le vice-roi Yeh répondit, le 10 octobre, que d'une part la police de Canton avait de sérieuses raisons de soupçonner que plusieurs individus appartenant à l'équipage étaient auteurs ou complices d'actes de piraterie, et que d'autre part l'*Arrow*, navire de construction chinoise et appartenant à un Chinois, ne pouvait être considéré comme un bâtiment anglais, ni par conséquent être protégé par les stipulations du traité. En examinant de plus près les faits, on reconnut que la licence de l'*Arrow*, obtenue à Hong-kong le 27 septembre 1856, n'avait pas été renouvelée à l'expiration de l'année, et que par suite, en droit strict, ce navire ne pouvait plus arborer le pavillon anglais : on allégua toutefois que les mandarins n'étaient point au courant de cette irrégularité, et que leur intention de porter atteinte à l'inviolabilité du pavillon britannique n'en était pas moins manifeste. On prétendit même que l'*Arrow*, n'ayant point reparu à Hong-kong depuis l'expiration de sa licence, conservait encore tous ses droits à la protection de l'Angleterre.

Le gouverneur de Hong-kong, sir John Bowring, approuvant la marche suivie par M. Parkes, enjoignit à ce fonctionnaire d'exiger satisfaction dans un délai de quarante-huit heures. Pendant ce temps le vice-roi fit mettre, le 10 octobre, à la disposition du consul, neuf des matelots arrêtés; mais M. Parkes ne voulut point accepter cette concession incomplète et irrégulière. Il déclara que les douze matelots devaient être officiellement ramenés à bord de la lorcha, puis que le gouverneur devait le prier d'instruire contre les individus soupçonnés de crime ou de délit, conformément au traité. Il réclama en outre des excuses par écrit, et la promesse que le pavillon britannique serait à l'avenir mieux respecté.

Sur le refus du vice-roi d'obtempérer à ces conditions,

M. Parkes se concerta avec le capitaine Elliot, commandant la division navale mouillée à Whampoa. Cet officier, qui avait de son côté reçu les instructions du contre-amiral sir Michael Seymour, commandant en chef de l'escadre anglaise dans les mers de Chine, détacha plusieurs embarcations, qui allèrent amariner une jonque de guerre mouillée devant les bâtiments de la douane de Canton. Ce fut le premier acte de recours à la force. Engagés dans cette voie, les Anglais ne pouvaient plus reculer.

Cependant la correspondance entre le vice-roi et le consul, correspondance à laquelle furent amenés également à prendre part sir John Bowring et l'amiral Seymour, devenait fort active et de plus en plus hostile. Le vice-roi persistait à maintenir qu'aucune réparation n'était due aux Anglais, puisque le navire *Arrow* n'était point anglais; il ajoutait que d'ailleurs le consul jouait un singulier rôle en protégeant des individus qui étaient accusés et convaincus de piraterie; il protestait enfin contre la saisie de la jonque de guerre, et rejetait sur le consul la responsabilité des troubles que cet acte inattendu d'agression pouvait provoquer. Il faut reconnaître que ses dépêches étaient généralement écrites avec modération et politesse; il n'en était pas de même des répliques ou plutôt des sommations menaçantes que lui adressaient les fonctionnaires anglais.

Le 21 octobre M. Parkes signifia au vice-roi que, s'il n'obtenait pas satisfaction dans les vingt-quatre heures, les hostilités commenceraient contre Canton. Cette fois le vice-roi renvoya au consul les douze hommes arrêtés sur l'*Arrow*; mais comme précédemment il se refusa à toute excuse.

Le 22 le consul anglais publia une proclamation annonçant aux étrangers résidant à Canton, que l'escadre anglaise allait procéder par la force contre les autorités chinoises. Le même jour la plus importante maison américaine, celle de MM. Russell, adressa au consul des États-Unis une protestation contre les incidents qui seraient de nature à compromettre les intérêts et les propriétés des neutres, alors qu'il n'y avait eu entre la Chine et la Grande-Bretagne aucune déclaration de guerre. Sans s'arrêter à cette protestation, qui lui fut communiquée, l'amiral Seymour attaqua, le 23 octobre, quatre forts chinois situés entre Whampoa et Canton; le 24 il détruisit d'autres forts; le 25 il s'empara d'une position importante nommée Folie hollandaise (*Dutch Folly*); le 27 et le 28 il lança des bombes dans le quartier de Canton où s'élevait le palais du vice-roi, et le 29, à la tête d'une troupe de débarquement, il pénétra dans la ville et alla incendier le palais.

Dans ces divers engagements les Anglais n'éprouvèrent que des pertes insignifiantes; les Chinois se défendirent assez faiblement. On a prétendu plus tard que le bombardement ordonné par l'amiral Seymour devait être réprouvé comme un acte de sauvage barbarie, et que la vie et la fortune d'une population nombreuse avaient été inutilement sacrifiées. Des informations plus exactes ont démontré que l'amiral avait eu le soin de circonscrire autant que possible les effets du bombardement dans la partie de la ville où résidaient le vice-roi et les principales autorités, de manière à ne point rendre l'ensemble du peuple cantonnais victime de l'obstination de ses chefs, et à concilier les dures exigences de la guerre avec le sentiment d'humanité.

Le 30 octobre l'amiral Seymour, comptant sur l'effet que

devaient produire ses premières opérations, écrivit au vice-roi pour l'inviter de nouveau à donner satisfaction au gouvernement anglais. Il lui fit observer que la ville et la population de Canton étaient à sa merci, et qu'il ne tenait qu'à lui de reprendre le bombardement. Il lui demanda, en terminant, une entrevue dans laquelle il leur serait plus facile de régler verbalement les points en litige. Cette dernière proposition réveilla une difficulté nouvelle. Le vice-roi répondit que les étrangers ne pouvaient entrer dans la ville de Canton; que cet empêchement avait été reconnu et accepté en 1849 par M. Bonham, alors gouverneur de Hong-kong.

L'amiral n'avait demandé que l'admission des consuls ou officiers anglais, et cette proposition lui était inspirée par le désir de substituer désormais les conférences verbales aux communications écrites, qui, trop souvent, enveniment les difficultés au lieu de les résoudre; mais dès qu'il vit le gouverneur de Canton se retrancher derrière l'arrangement provisoire de 1849, pour contester absolument aux Anglais, fonctionnaires ou autres, le droit d'entrer dans la cité, droit proclamé par le traité de 1842, il aborda plus vivement la discussion, et il ajouta la reconnaissance formelle de ce droit aux conditions primitivement posées par le consul et par sir John Bowring. Ce fut ainsi que le misérable incident de l'*Arrow* devint insensiblement une grosse affaire, et que les questions les plus graves, se rattachant à l'exécution du traité de 1842, se trouvèrent débattues. Chaque fait nouveau, chaque dépêche nouvelle, compliquait la situation et affaiblissait les chances d'une solution pacifique et prompte.

Le vice-roi persistant dans la politique qu'il avait adoptée dès l'origine du débat, et refusant d'accéder aux demandes et aux sommations qui lui étaient adressées, tant par le consul et sir John Bowring que par l'amiral, les hostilités furent poursuivies avec une nouvelle vigueur. Le 4 et le 5 novembre une batterie anglaise, établie dans le fort de *Dutch Folly*, bombarda des ouvrages qui avaient été élevés en arrière de la ville, à une grande distance du fleuve : on voulait prouver aux Chinois que les canons de l'escadre pouvaient les atteindre à une très-longue portée et que toute résistance serait inutile. Le 6 l'amiral ayant appris qu'une escadre de vingt-trois jonques bien armées, abritée sous le feu d'un fort nommé *French Folly*, devait attaquer sa division, résolut de prendre l'offensive, et il chargea le commodore Elliot de s'emparer des jonques et du fort. L'engagement fut très-vif, et les Chinois se défendirent pendant près d'une heure, avec une ténacité à laquelle on ne s'attendait pas. Les jonques furent prises ou coulées ; les Anglais s'établirent dans le fort, mais ils eurent ensuite à se protéger contre les brûlots que les Chinois essayaient fréquemment de lancer vers les navires à la faveur du courant. Du 8 au 12 novembre quelques pourparlers eurent lieu entre le consul et une députation des négociants de Canton. Ceux-ci parurent reconnaître que le vice-roi devait se prêter à une réconciliation et accorder, pour l'incident relatif à la lorcha, les satisfactions que réclamait le consul ; mais ils ajoutèrent que le vice-roi ne serait probablement pas amené à céder sur la question de l'entrée des Européens dans la cité. Le 12 et le 13 novembre le commodore fit attaquer les forts du Bogue, qui commandent l'embouchure de la rivière de Canton, et il s'en empara sans difficulté, bien qu'ils fussent pourvus d'une artillerie formidable. La fin du mois et le commencement de décembre furent marqués par de nombreux engagements partiels, dans lesquels les Anglais eurent toujours l'avantage; mais ces incidents ne produisaient aucun effet sur l'esprit du vice-roi. Le 14 décembre, les factoreries de Canton furent brûlées pendant la nuit, et les Européens durent se retirer à bord des navires pour se rendre à Macao ou à Hong-kong.

La querelle allait prendre évidemment de très-grandes proportions, et l'amiral n'avait point à sa disposition des forces suffisantes pour s'aventurer plus avant. D'un autre côté, sir John Bowring attendait avec impatience les instructions du cabinet anglais. Tant qu'il ne s'était agi que de quelques coups de canon échangés à propos d'une lorcha, l'affaire était simple, et le représentant du gouvernement britannique en Chine était investi de pleins pouvoirs pour arriver à une solution; mais désormais ce n'était plus un dissentiment local et passager : la situation constituait réellement un état de guerre. Or, en présence des intérêts immenses engagés dans le commerce de l'Angleterre avec la Chine et des questions délicates que soulevait le commerce des neutres, sir John Bowring devait laisser au gouvernement de la métropole le soin de décider s'il convenait à la politique de la Grande-Bretagne de pousser les choses jusqu'au bout et de déclarer la guerre au céleste empire. L'amiral Seymour, après avoir occupé encore pendant quelque temps la rivière de Canton, se replia sur Hong-kong.

II

Attitude des ministres et consuls étrangers. — Correspondance entre le chargé d'affaires de France et le vice-roi Yeh. — Rôle des représentants des États-Unis. — La corvette américaine *Portsmouth* bombarde plusieurs forts.

Il importe d'indiquer quelle fut, pendant ces événements, l'attitude des ministres ou consuls représentant les diverses puissances étrangères en Chine. Ainsi qu'on l'a vu plus haut, dès le début des hostilités, les chefs de la plus forte maison américaine, à Canton, Russell et compagnie, adressèrent au consul des États-Unis une protestation contre tous actes des fonctionnaires anglais qui pourraient entraîner pour leur maison une perte quelconque. Il ne semble pas que le consul ait jugé à propos de joindre à cette protestation particulière une protestation officielle au nom de son gouvernement; il se borna à transmettre au consul anglais, M. Parkes, le document qu'il venait de recevoir. Les consuls de Prusse et de Saxe, de Hollande, de Brême et de Hambourg, écrivirent en même temps au vice-roi de Canton pour lui rappeler la protection due à leurs nationaux, qui n'étaient point engagés dans la querelle, et au consul anglais, pour le prier de veiller à la défense matérielle des Européens et à la garantie de leurs intérêts. Le vice-roi répondit à ces consuls que leurs nationaux agiraient prudemment en s'éloignant de Canton, où les Anglais avaient provoqué des troubles dont les conséquences ne devraient en aucun cas lui être imputées; le consul, M. Parkes, fit savoir à ses collègues que les sujets des différentes puissances établis à Canton seraient protégés dans leur vie et dans leurs propriétés, avec les mêmes soins que s'ils étaient sujets anglais.

Quant à la France, elle était représentée à Canton par un vice-consul, M. Bovet. Le ministre plénipotentiaire, M. Bourboulon, se trouvant en Europe en vertu d'un congé, le soin de diriger les affaires diplomatiques au nom de la France était dévolu à M. le comte de Courcy, secrétaire de la légation, dont le siége était alors à Macao. Le 26 octobre M. de Courcy adressa au vice-roi la communication suivante :

« Macao, le 26 octobre 1856.

« M. le vice-consul de Sa Majesté Impériale, à Canton, vient de m'adresser un rapport pour me rendre compte des graves événements dont la capitale des deux Kwangs est en ce moment le théâtre, et il m'a transmis en même temps les copies de la correspondance à laquelle ils ont donné lieu entre Votre Excellence et lui.

« Les passages suivants de la réponse que Votre Excellence a faite à la communication de M. F. Bovet ont particulièrement fixé mon attention. « Dans cette affaire, » écrivez-vous à M. le vice-consul de Sa Majesté Impériale, « pour « qui est le droit? Toutes les nations savent de quel côté il « se trouve, et peuvent le dire; mais assurément ceux qui « sont la cause de tout ce désordre n'ont pas la raison pour « eux. » Vous ajoutez plus loin : « Je pourrais me trouver im« puissant pour contenir le peuple. Il est mieux de vous en« tendre avec le consul anglais. Il est responsable, puisque « sans raison légitime il agit de la sorte. »

« Il ne m'appartient pas, noble commissaire impérial, de me faire auprès de vous l'interprète des sentiments qui animent tous les représentants des puissances étrangères; mais en ce qui me concerne, Votre Excellence me permettra de ne pas partager l'opinion qu'elle exprime à M. le vice-consul de France sur l'origine du conflit qui vient d'éclater.

« J'espère d'ailleurs que vous aurez pris des mesures afin de protéger ceux de mes nationaux qui résident à Canton, contre les violences de la populace chinoise.

« Votre Excellence n'a pas oublié sans doute que, dans le cas où ils auraient à en souffrir, l'article 26 de notre traité en rendrait son gouvernement responsable.

« Je profite, etc.

« Comte DE COURCY. »

Voici la réponse du vice-roi :

« Canton, le 3 novembre 1856.

« J'ai reçu le 6 de la dixième lune (le 3 novembre) une dépêche de Votre Excellence, et j'ai pris connaissance de son contenu.

« Il est de fait que les soldats de notre empire ont arrêté sur une lorcha quelques Chinois, et qu'ensuite les Anglais, sous le prétexte que nous avions déchiré leur pavillon, ont brûlé les forts et tiré sur la ville de Canton. Alors le vice-consul de votre noble nation (Bovet) m'a adressé un exposé pour me demander protection, et je lui ai répondu le 26 de la neuvième lune. La dépêche que je reçois en ce moment de Votre Excellence me fait connaître que ledit vice-consul vous a adressé un rapport à ce sujet.

« Quant à la protection dont vous faites mention dans votre dépêche, je me suis expliqué clairement, en ce qui la concerne, dans la déclaration que j'ai adressée le 29 de la lune dernière audit vice-consul, et vous pourrez vous en convaincre, si vous voulez bien prendre connaissance de ce document. Nos deux empires sont depuis longues années dans des rapports de bonne intelligence et d'amitié; il est donc de mon devoir d'agir conformément au traité; mais à présent, comme le peuple de Canton ne peut pas se soumettre aux exigences des Anglais, comme nous nous trouvons au moment où la force va décider, je crains qu'il ne nous soit difficile de prêter toute l'attention qu'il faut avoir envers les négociants et le peuple de votre noble nation. Ainsi il me semble mieux qu'ils changent de résidence le plus tôt possible, afin qu'ils ne viennent pas à souffrir. Les Anglais ont fait appel à la violence; ils sont la cause de tout ce qui se passe; ce sont eux qui ont attiré sur les sujets de votre noble royaume ces embarras et ces craintes; ce n'est pas moi qui leur refuse protection.

« J'ai adressé en conséquence cette réponse au vice-consul, en lui souhaitant toutes les prospérités.

« C'est là le but de la présente communication.

« La réponse ci-dessus est adressée à M. le comte de Courcy.

« Le 6 de la dixième lune de la sixième année de Hien-Fung. »

Il n'est pas sans intérêt de joindre à cette correspondance la pièce ci-après, qui prouve que, tout en maintenant intact le principe de neutralité, le représentant de la France n'hésitait pas à exprimer sa réprobation contre les moyens sauvages auxquels les Chinois se croyaient autorisés à recourir pendant cette guerre, en mettant à prix les têtes des Anglais.

« Macao, le 5 novembre 1856.

« Je viens de recevoir la dépêche que Votre Excellence m'a fait l'honneur de m'adresser en réponse à ma communication du 26 courant.

« M. le vice-consul de Sa Majesté Impériale à Canton vient de m'adresser des exemplaires d'une proclamation et d'un avis qui ont été affichés sur les murs de la ville, le 1er et le 3 du courant. La première promet trente livres sterling au nom de Votre Excellence, et la seconde cent taels au nom du « comité de coopération » à tout Chinois qui coupera la tête d'un Anglais. Bien que ces deux documents soient revêtus de caractères qui paraissent en attester l'authenticité, je ne puis croire, noble commissaire impérial, qu'ils émanent de votre initiative, ou que vous les ayez autorisés. Votre Excellence sait bien que ce n'est pas ainsi que les nations civilisées se font la guerre, et que la raison et l'équité protestent hautement contre cet encouragement donné à la perfidie et à l'assassinat.

« Mes nationaux et les sujets de Sa Majesté Britannique portent le costume européen. Il pourrait donc arriver que, les instincts pervers de la populace venant à être excités par les odieuses proclamations, elle ne confondît dans l'accomplissement de ses aveugles vengeances les Français et les Anglais. S'il arrivait qu'un des sujets de mon grand empire en devînt la victime, je me verrais dans l'obligation de considérer le gouvernement de Votre Excellence comme responsable de ce forfait.

« Je viens d'ailleurs de m'entendre avec l'amiral commandant les forces navales françaises, qui est arrivé hier seulement de Shang-haï, afin qu'il envoie sur-le-champ à Canton un détachement de ses soldats pour y protéger notre pavillon et nos intérêts.

« Comte DE COURCY. »

Le contre-amiral Guérin détacha en effet une compagnie de matelots appartenant à l'équipage de la frégate *la Virginie*. Cette compagnie demeura pendant un mois à Canton; mais la situation se compliqua. Le chef de l'escadre américaine dut, comme on l'exposera plus loin, riposter par un acte de vigueur à une insulte faite à son pavillon. Le vice-roi avait répété dans une communication adressée le 10 novembre au vice-consul de France, M. Bovet, que les Chinois au milieu du trouble produit par les derniers événements, ne pouvaient point distinguer assez sûrement les différents pavillons ni les diverses nationalités; le comte de Courcy et l'amiral Guérin jugèrent donc qu'à moins de vouloir prendre part immédiatement à la lutte et faire cause commune avec les Anglais (détermination qui eût été très-grave et pour laquelle il convenait au moins d'attendre les instructions du gouvernement français), le plus sage était de s'éloigner momentanément du théâtre des hostilités, d'autant plus qu'il n'y avait à Canton aucun intérêt sérieux à protéger au nom de la France. En notifiant, le 24 novembre à sir John Bowring le rembarquement des matelots de la *Virginie* et le départ de la frégate, M. de Courcy eut soin de faire ressortir les motifs qui l'engageaient, ainsi que l'amiral, à éloigner de Canton le pavillon français. « Nous n'avons plus à Canton, écrivit-il, aucun intérêt matériel à couvrir de notre protection, et nous croyons, en conséquence, M. l'amiral et moi, que notre impérieux devoir est de n'y point exposer plus longtemps nos couleurs nationales à des outrages qu'il ne faudrait attribuer en ce moment qu'à l'ignorance de la populace, mais dont nous devrions rendre le gouvernement chinois responsable, bien qu'il nous fasse lui-même l'aveu de son impuissance à la contenir. Toutefois, je n'aurais pas hésité à différer quelque temps encore l'exécution de la mesure, si je n'avais pris soin d'instruire le gouvernement chinois de l'adhésion morale que j'entendais donner à votre cause dans ces graves circonstances, tout en gardant une neutralité de fait qu'il ne me serait pas permis de rompre sans l'autorisation du gouvernement de sa Majesté Impériale. Je n'ai pas besoin de faire remarquer à Votre Excellence que cette adhésion est un nouveau témoignage, aux yeux du gouvernement chinois, de cette identité d'intérêts et de cette unité de vues qui doivent diriger nos efforts vers le but commun de la révision des traités. » Le représentant de la France gardait ainsi une attitude expectante, mais sympathique pour les Anglais : il n'en fut pas absolument de même des fonctionnaires et officiers qui représentaient en Chine les États-Unis.

De nombreuses maisons américaines sont établies dans les ports de Chine et font concurrence aux maisons anglaises. L'interruption des rapports entre les Chinois et les étrangers à Canton devait causer au commerce des États-

Unis un préjudice considérable. De plus, en Chine comme ailleurs, les agents du gouvernement des États-Unis obéissent à l'instinct national en séparant leur action de celle des puissances européennes. Ces deux raisons, l'une spéciale, l'autre générale, expliquent comment les représentants des États-Unis en Chine n'apportèrent point dans leur neutralité officielle en présence des événements de Canton l'attitude officieusement bienveillante et partiale pour les Anglais que les consuls européens, et en particulier le chargé d'affaires de France, avaient prise dès l'origine; mais par suite d'un incident inattendu, les Américains se trouvèrent eux-mêmes et pour leur propre compte, en lutte avec les Chinois et obligés de tirer le canon, alors qu'ils auraient vivement désiré ne jouer que le rôle de spectateurs dans le drame qui se déroulait dans la rivière de Canton.

Le 15 novembre 1856 un canot appartenant à la corvette américaine *Portsmouth* fut assaillie par l'artillerie d'un fort chinois, bien que le pavillon des États-Unis fût très-visiblement déplié. Le commodore américain M. Armstrong, alla immédiatement s'embosser devant les forts dits *de la Barrière*, qu'il canonna jusqu'à la nuit, les Chinois ripostant avec une certaine vivacité. Le 17 novembre le ministre des États-Unis, M. Parker, après s'être concerté avec le commodore, adressa une note au vice-roi de Canton pour demander des explications et des excuses au sujet de l'insulte faite à son pavillon. La réponse du vice-roi n'ayant pas été jugée satisfaisante, le commodore reprit les hostilités contre les forts; il les canonna à divers intervalles, pendant les journées des 20, 21 et 22 novembre. Les forts furent pris et détruits en partie. Les Américains, qui éprouvèrent une vive résistance, eurent cinq hommes tués et six blessés; la perte des Chinois fut beaucoup plus grande.

Après avoir infligé cette leçon au vice-roi, le commodore se retira au mouillage de Whampoa; il entretint avec le vice-roi une correspondance qui se termina le 5 décembre par des explications peu convenables. Vu le peu de forces dont il disposait en ce moment, le commodore préférait se montrer assez facile sur l'article des réparations plutôt que de prolonger une discussion qui eût sans doute transformé en une grosse affaire ce qui pouvait, après tout, n'être considéré que comme un malentendu. La prise et la destruction des forts de la Barrière avaient d'ailleurs donné satisfaction à l'honneur du drapeau.

III

Effet produit en Angleterre par les événements de Canton. — Discussion dans le parlement; motion de M. Cobden. — Dissolution de la chambre des communes; élections. — Politique de lord Palmerston et du cabinet français. — Nominations de lord Elgin et de M. le baron Gros, commissaires extraordinaires de la Grande-Bretagne et de la France en Chine. — État des affaires à Canton et à Hong-kong.

On s'explique l'impression très-vive que produisit en Angleterre la nouvelle des événements survenus à Canton. Le commerce de Londres et de Liverpool demanda que les mesures les plus énergiques fussent prises sans retard pour garantir dans les ports de Chine, et particulièrement à Canton, la sécurité des transactions. Il exprima le vœu que les traités conclus de 1842 à 1844 fussent revisés, qu'un ambassadeur anglais fût accrédité à la cour de Pékin, que les tarifs chinois fussent remaniés, que les étrangers eussent accès dans un plus grand nombre de ports et fussent admis à pénétrer par les fleuves et canaux dans l'intérieur du céleste empire. En 1842 l'Angleterre avait acheté à la Chine quarante-deux millions de livres de thé; en 1856 le chiffre de ses achats s'était élevé à quatre-vingt-sept millions de livres. L'augmentation pour les soies avait même été bien plus considérable : trois mille balles achetées en 1842 et cinquante-six mille balles en 1856. Tels étaient les intérêts pour lesquels les négociants de Liverpool et de Londres sollicitaient la protection du cabinet anglais.

Au point de vue politique la question n'était pas moins importante, car il s'agissait de conserver le prestige de la puissance britannique dans l'extrême Orient. Il y eut toutefois, dans une partie de la presse et au sein de la chambre des communes, de violentes critiques contre l'énergie intempestive déployée par le plénipotentiaire, sir John Bowring, et par l'amiral Seymour, à l'occasion d'un simple incident qu'il aurait été plus sage d'étouffer, et pour lequel, suivant l'opinion de personnes considérables dans les deux chambres, on n'était point assuré d'avoir pleinement raison.

Une discussion très-animée s'engagea à ce sujet dans la chambre des communes, et le 3 mars 1857 une motion de blâme, proposée par M. Cobden, fut adoptée par une majorité de deux cent soixante-trois voix contre deux cent quarante-sept. Lord Palmerston ne crût point devoir se retirer devant cet échec : il provoqua la dissolution de la chambre des communes et fit appel aux électeurs, dont la décision fut favorable à sa politique. Le gouvernement et la nation, s'inspirant des opinions exprimées dans les correspondances des fonctionnaires, officiers et négociants en Chine, se montrèrent résolus à exiger du céleste empire le règlement définitif des difficultés pendantes, ainsi que le renouvellement des traités, sauf à poursuivre vigoureusement la guerre, si le cabinet de Pékin persistait à soutenir la politique du vice-roi de Canton.

Le gouvernement anglais fit choix de lord Elgin, ancien gouverneur du Canada, pour l'investir de pleins pouvoirs en qualité de commissaire extraordinaire. Ce diplomate devait se rendre à Hong-kong et prendre la haute direction des intérêts anglais, sir John Bowring conservant d'ailleurs le poste qu'il occupait à la tête de l'administration de la colonie. Des ordres furent donnés dans les ports de l'Angleterre et de l'Inde pour expédier le plus promptement possible des renforts, et le général Ashburnham fut nommé commandant en chef des troupes anglaises qui devaient être réunies contre la Chine. En même temps le cabinet de lord Palmerston se concertait avec le gouvernement français et demandait le concours du gouvernement des États-Unis, pour que les trois puissances fissent auprès du cabinet de Pékin une démarche directe et collective en vue d'obtenir la révision des traités. La France accueillit les propositions de l'Angleterre tout en se réservant la faculté de n'employer la force contre les Chinois que dans le cas et au moment où elle le jugerait convenable. M. le baron Gros fut envoyé en Chine avec un titre et des pouvoirs égaux à ceux qui avaient été conférés à lord Elgin; pour parer à toutes les éventualités, on renforça l'escadre de l'amiral Guérin par l'envoi d'une forte division navale commandée par le contre-amiral Rigault de Genouilly, qui demeura bientôt investi du commandement en chef. Quant au cabinet de Washington, sans se concerter précisément avec le gouvernement anglais, il comprit qu'il ne lui était point possible de demeurer indifférent aux incidents qui allaient s'accomplir dans la rivière de Canton : il désigna pour la Chine un envoyé extraordinaire, M. Reed, et il accrut également l'effectif de sa division navale dans l'extrême Orient.

Pendant ce temps la situation des Anglais à Canton et à Hong-kong devenait assez critique. La population de la petite colonie britannique se compose en grande partie de Chinois, et l'on pouvait craindre une révolte. Il n'était pas douteux que le vice-roi de Canton n'eût envoyé à Hongkong un certain nombre d'émissaires chargés d'y semer le désordre et d'y prêcher l'assassinat et l'incendie. Plusieurs magasins appartenant à des négociants anglais devinrent la proie des flammes. Il fallut que les habitants formassent des compagnies de garde urbaine et de pompiers pour veiller à la sûreté publique, et l'administration dut recourir aux règlements les plus sévères relativement à la circulation dans les rues durant la nuit. Dans le courant de janvier plusieurs familles, entre autres la famille du gouverneur, qui se fournissaient de pain chez un boulanger chinois, nommé Alum, furent prises de coliques, et aussitôt on crut à une tentative d'empoisonnement général. Ce fut parmi les Européens une véritable panique. Le Chinois Alum fut arrêté, traduit devant le jury et acquitté faute de preuves suffisantes, verdict mémorable qui honore le jury de Hongkong, car dans de telles circonstances on aurait pu s'attendre à ne point lui voir conserver à l'égard d'un Chinois suspect l'impartialité nécessaire. — Sur mer, dans les parages de Hong-kong, et en particulier au milieu des archipels qui s'étendent à l'embouchure de la rivière de Canton, la sécurité n'était pas plus grande. Les pirates chinois encouragés, peut-être même soudoyés par les autorités, se donnaient libre carrière, et, réunis en nombreuses escadres, ils attaquaient audacieusement les bâtiments européens. Plusieurs navires furent ainsi capturés, leurs cargaisons détruites ou pillées et leurs équipages massacrés. L'escadre de l'amiral Seymour, retenue d'abord devant Canton, puis ramenée au mouillage de Hong-kong, était trop faible pour faire utilement la police des côtes et pour donner la chasse à ces pirates, qui se montraient presque à tous les points de l'horizon. Il y eut bien quelques engagements entre les bâtiments anglais et les jonques, mais on attendait les renforts annoncés, et l'amiral ajournait la reprise des opérations contre Canton jusqu'à l'arrivée des troupes qui devaient lui être expédiées de Singapore, de l'Inde et de l'Europe.

Tel était l'état des choses à la veille de la campagne de 1857.

LA CAMPAGNE DE 1857

D'APRÈS UN CORRESPONDANT DU *TIMES*

I

Les correspondants des journaux anglais. — M. Wingrove Cooke, correspondant du *Times*; son départ pour la Chine; relâche à Pinang, à Singapore. — Son arrivée à Victoria (Hong-kong). — Situation des affaires. — Combats de Fatschan (25 et 26 mai 1857). — Singulier patriotisme des Chinois. — Nouvelle de l'insurrection de l'Inde; ajournement des opérations contre la Chine. — Départ de M. Cooke pour les ports du Nord.

Jusqu'ici les journalistes européens ne s'étaient guère aventurés en Chine. C'eût été chercher trop loin des sujets d'articles. Nous avons vu dans les pages qui précèdent de pieux missionnaires et un intrépide naturaliste se promener à travers les provinces du céleste empire et recueillir en passant, au milieu des travaux de l'apostolat et des investigations de la science, quelques notes sur les mœurs et les habitudes de ce curieux pays. La guerre de Chine nous a enfin montré, dans la personne de M. Wingrove Cooke, un journaliste décrivant d'une plume alerte et exercée les contrées lointaines de l'extrême Orient. M. Cooke a suivi, pour le compte du *Times*, la campagne de 1857, et sa correspondance a retracé de la façon la plus exacte non-seulement les événements de cette campagne qui s'est terminée par la prise de Canton, mais encore la physionomie des ports chinois au début de la guerre.

On sait que le *Times* a posté dans toutes les capitales de l'Europe des sentinelles en permanence qui lui transmettent par chaque courrier les nouvelles et jusqu'aux plus vagues échos de l'opinion. Le bataillon des *own correspondents* appartient à l'armée régulière de la presse britannique ; il se déploie en tirailleurs, l'oreille au guet et la plume en main, expédiant rapports sur rapports au général en chef, qui de Londres adresse les mots d'ordre et dirige les mouvements. Combien de fois la diplomatie officielle s'est-elle vue devancer par la correspondance du *Times!* Mais ce n'est pas tout. Sitôt que sur un point du monde se préparent ou s'accomplissent des événements qui fixent l'attention du public, apparaît le *special correspondent*, la variété la plus élevée du genre. Ce haut dignitaire de la presse anglaise n'entre en campagne que dans les grandes occasions. Il faut pour le moins un corps d'armée ou une ambassade extraordinaire pour qu'il daigne se mettre en route. Il était en Crimée; il était au couronnement de l'empereur de Russie; il a suivi dans l'Inde les luttes de l'insurrection. Sans lui, l'expédition de Chine n'eût pas été complète. Alors que le gouvernement jugeait nécessaire d'envoyer là-bas, pour représenter sa politique, l'un des membres les plus éminents de la pairie, lord Elgin, le *Times* ne pouvait se dispenser de détacher vers les mêmes régions l'un de ses plus habiles écrivains. L'affaire était bien digne d'un correspondant spécial, et M. Cooke devint ainsi le plénipotentiaire du *Times*.

Rude besogne, en vérité! Voyez-vous ce malheureux *gentleman* obligé d'être présent partout, de tout voir, de tout entendre et de tout écrire? A lui de s'arranger pour ne point manquer le spectacle et pour s'installer à temps aux premières loges. Si l'on négocie, il se tiendra près de lord Elgin. Il ne perdra de vue ni les secrétaires, ni les interprètes; il saisira au vol les conversations ou devinera par une intuition rapide les demi-secrets des conférences et quelques fragments de protocoles. L'escadre se prépare-t-elle à une expédition, doit-on attaquer les jonques chinoises, enlever un fort, brûler un village : soyez sûr qu'il ne sera pas loin de l'amiral ou du général en chef. Et quelle corvée un jour de combat! Il ne lui suffit pas de dénombrer les forces engagées, d'étudier le terrain, comme le ferait un ingénieur ou un paysagiste, d'observer l'ensemble des mouvements et d'enregistrer la victoire. Il faut qu'il marche avec la troupe, qu'il recueille au passage, à travers la fumée et le brouhaha de la lutte, les belles actions, les bons mots, les blessures, les morts, les échappées miraculeuses, les incidents émouvants ou drolatiques, tous les tableaux de genre qui remplissent le cadre; il faut qu'il soit là au premier coup de canon, et que son regard ait vu fuir les derniers Chinois! Quand le combat est fini et que chacun se repose, sa tâche, à lui, n'est qu'à moitié faite. Vite la lettre au *Times!* Harassé, essoufflé, n'en pouvant mais, il écrit sans désemparer l'histoire complète de la journée. Il n'y a pas une minute à perdre, car ici près chauffe le paquebot qui va porter à Suez la courte dépêche de l'amiral. Enfin le pli est fermé, scellé, mis à la poste, et alors, alors seulement le *special correspondent* respire.

Comment se fait-il qu'un simple écrivain, une sorte de chroniqueur, puisse ainsi se faufiler dans les couloirs des chancelleries ou dans les rangs des états-majors pour mettre un journal, et par ce journal le monde entier, dans la confidence des faits et gestes d'un ambassadeur et d'un amiral? Comment les personnages officiels supportent-ils la présence de cet intrus, qui vient là précisément pour répéter ce qu'ils disent, pour rapporter ce qu'ils font, et même pour critiquer, s'il le juge à propos, les paroles et les actes? Ils sont bien bons en vérité, peut-être bien imprudents, de ne point tenir à distance, comme ils en auraient le droit et le pouvoir, l'indiscret *gentleman*. Ces réflexions sont assez naturelles; mais le public anglais a ses exigences : il veut être informé, et il a la faiblesse de penser que les dépêches diplomatiques ou les bulletins officiels ne l'informent point suffisamment. Il trouve donc très-commode de lire dans son journal une correspondance qui le tient au courant des affaires auxquelles il s'intéresse. Ce serait presque lui manquer de respect que de malmener ou seulement d'éconduire, sans motif sérieux ou sous prétexte de discipline, l'écrivain qui s'est chargé de l'approvisionner de nouvelles, et il ne permettrait pas que le gouvernement s'avisât de couper les vivres à son insatiable curiosité. Et que dirait le *Times*, que diraient tous les journaux anglais, si l'on contestait à leurs correspondants le droit antérieur et supérieur d'aller et de venir, le droit d'écouter et de voir, le droit d'écrire, alors qu'il s'agit d'un grand intérêt national? Il y aurait dans la presse des trois royaumes une véritable émeute, et en Angleterre la presse compte. En conséquence, diplomates et généraux s'accommodent tant bien que mal de la présence du *correspondent*, surtout quand celui-ci porte le pavillon du *Times;* ils lui font peu à peu bon visage et lui donnent place dans les rangs.

Que pourrait-on d'ailleurs lui reprocher? Sans doute il conserve son indépendance, qui est l'essence même et l'honneur de sa mission : il appréciera, il blâmera la marche des affaires, il ne se gênera pas pour signaler les abus ni pour attaquer les personnes; mais en même temps il demeure chargé d'une lourde responsabilité, et ce sentiment le tient en garde contre les jugements trop hasardés et les indiscrétions qui seraient nuisibles au service public. Il peut être à son tour discuté et réfuté soit par la presse locale, instinctivement jalouse à l'endroit du nouveau venu, soit par le correspondant d'un autre journal de Londres, soit enfin par les fonctionnaires, par les officiers, par le plus humble soldat dont il aura contrarié les opinions, car tout le monde écrit au *Times*. Il n'a donc qu'à se bien observer, même dans ses improvisations les plus rapides, et l'exactitude la plus scrupuleuse lui est commandée sous peine d'un vigoureux démenti. D'un autre côté, ne voit-on pas à quel point son concours peut être précieux pour la diplomatie, pour l'autorité militaire, pour le gouvernement? Supposez une négociation difficile dans laquelle on n'aura pas obtenu tout ce que la nation se croyait en droit d'espérer. L'ambassadeur, fût-il lord Elgin, aura beau accumuler dépêches sur dépêches et transmettre au ministre des affaires étrangères la compendieuse justification de sa conduite; qu'il ne se flatte pas d'être cru sur parole ni d'échapper aux ardentes attaques d'une opposition toujours en éveil. Voici la lettre du correspondant; elle rend compte des obstacles, elle révèle les points délicats, elle développe les arguments qui parfois ne sauraient trouver place dans une dépêche diplomatique, mais qui fournissent la meilleure explication des faits accomplis. Cette lettre n'aura pas les honneurs du *blue-book*, elle ne figurera point dans le dossier communiqué au parlement; on ne la mentionnera même pas dans le cours des débats, car il paraîtrait malséant d'opposer à un noble lord ou à un honorable de la chambre des communes les élucubrations d'un journaliste : cependant elle sera présente à tous les esprits, et peut-être elle décidera le vote. Quant aux opérations militaires, on a vu, par les rapports de Crimée, comment elles sont racontées dans les bulletins qui émanent de l'état-major général d'une armée anglaise. Quelques alinéas numérotés, enfilés les uns à la suite des autres comme les grains d'un chapelet, relatant en style froid et sec les principaux incidents du combat et citant à la fin trois ou quatre noms d'officiers généraux ou d'aides de camp qui, selon la belle expression de Nelson, ont fait leur devoir, cela suffit pour un bulletin. Or la nation ne se contente pas de cette littérature; il lui faut des détails, des descriptions, des émotions. L'armée elle-même, l'armée qui a combattu, ne se reconnaît pour ainsi dire pas dans le procès-verbal officiel. Où retrouver la physionomie générale et les multiples péripéties de l'action, les épisodes individuels, les traits d'héroïsme, en un mot le récit d'une journée qui marquera dans la vie de chaque soldat? C'est l'affaire du correspondant. Ce rapporteur officieux n'est pas condamné à la sobriété traditionnelle du bulletin militaire; il n'est point retenu au rivage par les chaînes des convenances hiérarchiques et des préjugés : il peut se permettre de ne pas mentionner en première ligne le nom d'un général ou celui d'un lord, de citer à l'ordre de la nation le nom le plus obscur, et de faire à chacun sa part légitime de gloire.

Que l'on se souvienne des lettres adressées au *Times* par son correspondant de Crimée, M. Russell, qui récemment encore continuait dans l'Inde, à la suite de lord Clyde, sa mission d'historiographe, ou plutôt d'historien militaire. Ces lettres sont demeurées le modèle du genre. Avec quel empressement elles ont été accueillies en Angleterre ! avec quel orgueil elles étaient lues au bivouac, sous Sébastopol, par les acteurs et les témoins des événements qu'elles racontent ! Je ne sais ce que sont devenus les rapports de lord Raglan, je doute que l'histoire les consulte autrement que pour vérifier authentiquement les dates ; mais je suis certain que dans plus d'une famille on conserve précieusement, comme une médaille de Crimée, les fragments de cette correspondance qui racontent, avec le style noblement passionné de la vérité et de la justice, l'action d'éclat d'un officier subalterne, d'un sergent, d'un soldat, c'est-à-dire de ce qui n'a pas de nom dans le langage exclusif de l'aristocratie britannique. Les lettres de M. Russell ont produit presque une révolution dans les mœurs militaires de nos alliés. M. Cooke s'est trouvé sur un plus modeste théâtre. La prise de Canton ne vaut pas celle de Sébastopol ; mais là aussi le correspondant du *Times*, à l'exemple de son infatigable et vaillant confrère, a pu rendre d'éclatants services et représenter dignement la presse anglaise. Voyons donc ce que devient la Chine sous la lunette d'un journaliste qui la dévisage lestement et la dessine en quelques coups de plume comme un panorama à vol d'oiseau.

M. Cooke ne perd pas de temps en route. Suivant le rapide itinéraire des paquebots de la compagnie péninsulaire, il traverse à toute vapeur la Méditerranée, s'arrête à peine en Égypte, reprend la mer à Suez, descend quelques heures à Ceylan, à Pinang, à Singapore, et débarque enfin à Hong-kong le 23 mai 1857. Le récit de cette traversée est l'affaire d'une seule lettre. La belle occasion cependant de décrire le ciel pur de l'Égypte, le Nil, le désert, les flots bleus de la mer Rouge, les calmes du détroit de Malacca, le mouvement et les mille incidents de la vie de bord sur l'un de ces grands navires encombrés de passagers et de passagères qui font entre l'Angleterre et l'Orient le service des malles-postes! Mais tout cela est connu des lecteurs anglais, et M. Cooke paraît résolu à ne nous parler que des Chinois. C'est à Pinang qu'il rencontre les premiers échantillons de cette noble race, et son impression, il faut le dire, n'est point flatteuse. « Comment! s'écrie-t-il, ces personnages grotesques que nous voyons dessinés sur les éventails et sur les boîtes à thé, avec leurs yeux ternes et leurs faces blêmes, ce ne sont point des caricatures, ce sont des portraits, des portraits ressemblants? C'était bien la peine en vérité de braver quarante jours de mal de mer pour aboutir à cette grande découverte! » A Singapore, M. Cooke éprouve le même désappointement. Tous ces fils du céleste empire sont d'une monotonie désespérante: les voilà bien coulés dans le même moule, originaux peut-être dans leur espèce, mais insignifiants dans leur individualité, et pour comble de disgrâce, parfaitement connus des lecteurs du *Times*, auxquels le correspondant n'a plus rien à apprendre ! Singapore n'inspire à M. Cooke qu'une réflexion qui peut sembler neuve, et qui a dû exciter en Angleterre une vive sollicitude. La colonie renferme soixante-dix mille Chinois, et seulement trois cents Chinoises. Cette infériorité numérique du beau sexe est pour le moins très-affligeante, et la morale ne s'en accommode guère. Si les négociants de Singapore n'étaient pas si occupés à faire vite fortune, ils auraient avisé aux moyens de favoriser l'importation des femmes chinoises ; ils laissent ce soin aux philanthropes de la métropole, qui trouveront là une belle occasion de *meetings* et le thème d'abondantes dissertations sur la statistique des sexes. M. Cooke effleure à peine ce sujet scabreux, qu'il se borne à indiquer par une réminiscence biblique ; il lui tarde d'arriver à Hong-kong, sur le sol de la vraie Chine, au milieu même des événements qu'il est chargé de raconter.

Victoria, la capitale de Hong-kong, se trouve, on le comprend sans peine, dans un grand émoi. Les négociants, chassés de Canton par les approches de la guerre, y ont cherché refuge. Plusieurs régiments anglais sont déjà débarqués ; le port est plein de navires, et l'on attend d'un jour à l'autre lord Elgin. Tout est encombré, les logements sont hors de prix ; encore si dans cette place d'armes, et à l'abri des baïonnettes anglaises, on pouvait se croire en sûreté ! Mais non : il faut se défier des Chinois, qui forment la majeure partie de la population. Les plus paisibles citoyens en sont réduits à ne plus sortir sans avoir des pistolets dans leurs poches ; des soldats montent la garde à tous les coins de rue, des patrouilles parcourent incessamment la ville. La nuit venue, chacun renvoie ses domestiques chinois, ces pauvres *boys* à longue queue dont les voyageurs ont jusqu'ici vanté le caractère très-inoffensif; on ne s'endort que sous la garde d'une sentinelle malaise, fusil chargé. Telles sont les premières impressions de voyage de M. Cooke. Comment se fait-il que les Anglais, généralement peu enclins aux terreurs paniques, paraissent si effrayés? C'est que le mandarin Yeh a le bras long. On sait qu'il entretient à Hong-kong bon nombre d'espions, et un assassinat est bientôt commis. D'ailleurs tous les Chinois de Victoria, domestiques, *coolies*, boutiquiers, qui ont laissé leurs familles sur la terre ferme, sont forcément à la discrétion du vice-roi de Canton, et les Anglais n'exercent plus sur eux qu'une autorité à peu près nominale. Les précautions ne sont donc pas inutiles. Yeh aurait bien voulu interdire toutes communications avec Hong-kong, empêcher les transports de vivres et affamer la petite île : c'est le moyen que ses prédécesseurs ont essayé à plusieurs reprises d'employer contre Macao, lorsqu'ils avaient à se plaindre du gouverneur portugais. Toutefois, si les denrées sont chères à Hong-kong, elles sont plus chères encore dans le sud de la Chine, où la récolte a manqué, de telle sorte que Canton se voit obligé d'acheter aux Anglais, sous peine de famine, d'énormes quantités de riz. Les négociants de Hong-kong profitent en conséquence des derniers jours de libre commerce pour vendre aux Chinois, et à des prix exorbitants, tous les approvisionnements dont ils disposent. Ils ne tirent point, quant à présent, d'autre vengeance des frayeurs qu'ils éprouvent à Hong-kong. C'est une vengeance toute britannique.

M. Cooke ne songe pas à s'endormir dans les délices de Victoria. En quelques traits de plume il trace le croquis de cette petite ville, qui, s'élevant en amphithéâtre sur le flanc d'une montagne, domine un beau port dont les eaux calmes et transparentes rappellent un lac d'Écosse. Victoria est un véritable tour de force. Je l'ai visitée alors que l'on venait à peine de bâtir les premières maisons et que le sol fraîchement remué exhalait encore les émanations pestilentielles qui ont fait tant de victimes. C'était plutôt le terrain d'une course au clocher que l'emplacement d'une ville; mais les Anglais vont vite, surtout lorsqu'ils sont aidés par les Chinois. En peu d'années, la cité fut construite, une cité complète avec temples, casernes, hôpitaux, clubs, etc. La population, qu'avait effrayée d'abord l'insalubrité du climat, ne tarda point à se porter vers la nouvelle colonie, où les affaires commerciales, favorisées par des communications régulières avec l'Europe, prenaient chaque année une plus grande extension. Au point de vue militaire et maritime, Victoria est pour les Anglais un point stratégique très-important, sur le seuil même du céleste empire, à l'embouchure de la rivière de Canton. C'est là que se sont réunies les escadres et les troupes destinées à opérer contre la Chine; c'est là que le correspondant du *Times* établit d'abord son quartier général et brûle ses premières cartouches, c'est-à-dire écrit ses premières lettres au public anglais.

Aussi bien l'heureuse étoile de M. Cooke lui ménage, dès son arrivée, le spectacle d'un combat naval. Déjà, pendant les journées du 25 et du 26 mai 1857, une petite escadre, sous les ordres du commodore Elliott, avait détruit une centaine de jonques de guerre. Une seconde expédition, dirigée par l'amiral sir Michael Seymour, remonta l'une des branches de la rivière de Canton jusqu'à Fatschan, où se trouvaient au mouillage soixante-dix jonques, protégées par un fort et par des batteries. Tout était préparé pour une énergique défense. La lutte s'engagea le 1er juin; en quelques heures les jonques étaient coulées ou avaient sauté en l'air sous le feu des Anglais. Cela, en vérité, n'est pas étonnant, les Chinois n'ayant pas fait encore de grands progrès dans la tactique navale et ne pouvant guère avec leur mauvaise artillerie lutter contre les canons européens. Les forts furent successivement pris à la course, et les jonques à l'abordage. Les Chinois ont d'ailleurs une singulière théorie ou plutôt une étrange pratique dans l'art de défendre une position. A distance et avec l'ennemi en face, ils brûlent volontiers leur poudre, et ils tiennent bon, même sous une grêle de boulets; mais sitôt qu'on aborde une jonque, l'équipage se jette à l'eau et gagne le rivage. S'agit-il d'un fort, ils ne s'imaginent pas qu'on puisse les attaquer autrement que de front. Si on les prend de flanc ou à revers, ils abandonnent la partie, comme si la lutte n'était plus loyale. Ils ont toujours succombé sous la même manœuvre; on les tourne, et ils s'en vont, presque indignés de la supercherie. Le procédé est d'ailleurs des plus faciles, car leurs positions ne sont jamais défendues que d'un seul côté. M. Cooke rend cependant hommage à leur bravoure : ils ne craignent pas la mort, et s'ils étaient mieux disciplinés, ce seraient des adversaires redoutables.

Dans la seule affaire de Fatschan, les Anglais eurent une centaine d'hommes hors de combat : c'était payer bien cher une victoire chinoise, et le butin recueilli à bord des jonques incendiées n'était qu'une pittoresque, mais insuffisante compensation de tant de sang répandu. Chaque matelot revint avec un costume complet de soldat chinois, tunique, bonnet, et la queue! Un déguisement, voilà quelle fut la part de prise pour les vainqueurs. Quant à l'effet moral, il demeura probablement à peu près nul. Que font à l'empereur et aux mandarins quelques jonques et beaucoup de Chinois de plus ou de moins? Les habitants du céleste empire ont en outre une façon de patriotisme qui n'appartient qu'à eux. C'était un pilote chinois qui conduisait l'escadre de l'amiral Seymour, et il n'éprouvait apparemment pas le moindre remords de vendre ses services aux ennemis de son pays. Pendant que les navires remontaient la rivière, les paysans, tranquillement occupés aux travaux des champs, se dérangeaient à peine de leur ouvrage pour les regarder passer, et pas un d'eux ne s'avisait de prendre ou de donner l'alarme : cela regardait les mandarins. Dès que l'on jetait l'ancre, on voyait accourir des bateaux chargés de poissons ou de fruits. Les Anglais achetaient et payaient bien, les Chinois étaient contents de cette bonne aubaine, et l'entente la plus cordiale présidait à ces petites transactions.

Veut-on mieux encore? Un jour, en croisant dans le fleuve de Canton, un officier anglais aperçoit près de la rive plusieurs canots construits à l'européenne et portant pavillon britannique : il débarque, et voit sur un poteau une inscription chinoise par laquelle les habitants du district sont invités à payer sans retard la contribution levée par les Anglais. Après enquête, on découvrit qu'un spéculateur de l'endroit s'était tout simplement mis en tête de décréter un impôt à son profit, et qu'il faisait ainsi, au nom des Anglais, avec son faux drapeau et son enseigne, d'assez belles recettes. N'était-ce pas ingénieux? A part leur côté plaisant, ces incidents sont caractéristiques; ils prouvent que l'esprit national n'existe pas au sein des masses populaires, ou du moins qu'il disparaît dès qu'un intérêt matériel, un profit quelconque est en jeu. C'est le plus grand reproche que pendant la dernière lutte on ait pu adresser à la nation chinoise. La bravoure personnelle n'a point manqué : quelques mandarins se sont fait tuer convenablement à leur poste; des artilleurs sont morts sur leurs pièces; l'honneur militaire est demeuré sauf. M. Cooke, dans sa description, peut-être un peu épique, du combat de Fatschan, n'hésite pas à le reconnaître; mais ce sentiment collectif qui anime à un même moment tout un peuple contre l'invasion étrangère, cette vigoureuse protestation contre l'ennemi commun, le patriotisme en un mot, ne s'est jamais manifesté avec l'élan qui, chez un tel peuple, aussi nombreux, aussi dédaigneux de la mort, eût été irrésistible. C'est ce qui explique comment en toutes rencontres les troupes du céleste empire ont été si aisément vaincues par quelques poignées d'hommes. La qualification de *barbares*, que les Chinois appliquent indistinctement à tous les étrangers, n'est qu'un terme de convention, qui, de la langue orgueilleuse des lettrés et du style officiel des mandarins, est passé dans le langage populaire. Ce n'est qu'un synonyme; il ne s'y rattache aucune idée de patriotisme. Il vaut mieux pour nous qu'il en soit ainsi. Quelle que soit la résistance du gouvernement et des classes supérieures, le commerce un jour nous livrera la Chine.

Le combat de Fatschan n'était qu'un épisode de la grande lutte qui se préparait. Lord Elgin allait arriver, les renforts étaient en route; les négociants, désireux de voir se liquider au plus vite la question anglo-chinoise, poussaient aux mesures les plus énergiques; les officiers et les soldats n'étaient pas moins ardents. M. Cooke, déjà familiarisé avec le bruit du canon, pouvait s'attendre à une laborieuse campagne de correspondance; mais à peine a-t-il fait sa provision de plumes et d'encre que tombe à Hong-kong la nouvelle de l'insurrection de l'armée indienne. Au premier moment, il a la pensée de prendre le paquebot et de marcher sur l'Inde. Le *Times* et le public lui en sauront gré. Sa place n'est-elle point partout où se produit quelque événement, quelque incident d'importance? Voir et raconter, c'est son état. Cependant il se ravise. Il faut près d'un mois pour aller à Delhi, et d'ici là Delhi sera probablement au pouvoir des troupes britanniques. Il faudra un mois encore pour revenir à Hong-kong, et alors Canton aura été pris. Comment risquer de se trouver ainsi entre Delhi et Canton, entre deux assauts, sans rien voir? On jugera par la disposition d'esprit de M. Cooke que les Anglais, même à proximité des événements de l'Inde, se faisaient de grandes illusions sur la gravité et sur la durée probable de cette insurrection, dont le foyer, après trois longues campagnes, n'est pas complétement éteint. M. Cooke aurait eu largement le temps de se rendre à Delhi. Quoi qu'il en soit, il reste en Chine; obligé de rengaîner sa plume de guerre, il déserte les états-majors pour se promener en curieux à Macao, dans les ports de la côte, Swachou, Namoa, Amoy, Ning-po, Shang-haï, au milieu des pirates et des mille petites misères de la vie chinoise. De correspondant politique et militaire, M. Cooke se fait touriste et humoriste, et nous n'avons réellement pas à nous plaindre de la métamorphose. Il suffit d'être bien averti et de se trouver prêt pour le moment où les graves questions de la politique reviendront, comme on dit en style officiel, à l'ordre du jour, et où lord Elgin, après sa courte excursion dans l'Inde, reparaîtra sous les murs de Canton, en présence du mandarin Yeh. Pour être autant que possible au courant des nouvelles chinoises, le représentant du *Times* s'est procuré à prix d'argent, dans les bureaux du commissaire impérial, un sous-correspondant qui lui transmettra de temps à autre des informations puisées, assure-t-il, aux meilleures sources. C'est ainsi qu'il obtiendra des rapports sur les menées des Américains et des Russes, sur les progrès de l'insurrection, sur les perplexités de la cour de Pékin, sur les préparatifs de guerre. Ces dispositions prises, il peut se mettre en route.

II

Physionomie de la Chine; le fleuve Yang-tse-kiang. — Le port et la ville de Shang-haï. — Départ de M. Cooke pour Ning-po. — Le village de Min-hang; rencontre d'un médecin chinois. — La ville de Hang-chou. — Le grand canal. — Les douaniers. — Les temples et les bonzes de Si-hou; indifférence des Chinois en matière de religion. — Arrivée à Ning-po.

La Chine, il faut le dire, prête médiocrement aux descriptions admiratives. La nature y est d'ordinaire simple, parfois gracieuse, rarement pittoresque, plus rarement encore majestueuse et grande. La variété ne s'y rencontre pas. Que l'on parcoure les récits des voyageurs qui ont visité les différentes régions de l'empire, on trouvera que partout l'aspect général du pays est presque absolument le même : partout mêmes paysages, mêmes villes, mêmes habitants. Ce qu'il y a de plus curieux en Chine, ce sont les Chinois; c'est l'extrême population, c'est la vie humaine prodiguée à l'infini dans cette portion de notre planète. En suivant la côte sur le *steamer* qui le portait vers le nord, M. Cooke ne peut s'empêcher d'admirer le nombre prodigieux de villes et de villages qui se succèdent sans interruption sous sa longue-vue, les masses de jonques et de bateaux de toute forme qui couvrent l'Océan jusqu'aux limites les plus reculées de l'horizon. Le sol ne suffit pas : la population campe sur les fleuves et sur les lacs ; elle s'épand dans la mer et forme autour de la terre ferme une sorte de ceinture mouvante, qui tantôt s'élargit au souffle des brises favorables, et tantôt se resserre, se presse et s'enroule au fond des baies, sous les menaces de l'ouragan ou des pirates. Cette exubérance de population a frappé M. Cooke, comme elle a émerveillé tous les voyageurs qui l'ont précédé. Quant aux villes où le correspondant du *Times* s'est arrêté pendant les courtes relâches du bateau à vapeur, il ne trouve rien de particulier à en dire, si ce n'est qu'elles sont uniformément sales, mal bâties, peu saines, à ruelles étroites et obscures, d'un séjour fort désagréable pour les malheureux Européens qui se condamnent à y résider. Il faut qu'il arrive à l'embouchure du fleuve Yang-tse-kiang pour trouver enfin un digne objet d'admiration. Le Yang-tse-kiang est l'un des plus grands fleuves du monde. Descendant des montagnes de l'Asie centrale, grossi par de nombreux affluents, il roule vers l'Océan un énorme volume d'eau dont on reconnaît encore à plusieurs milles de l'embouchure la teinte jaunâtre et la course rapide. Les Chinois, dit M. Cooke, aiment et vénèrent le Yang-tse-kiang à l'égal d'un père. L'historien enregistre ses sécheresses et ses débordements avec plus de soin que les changements de dynasties; le philosophe le représente comme l'emblème de la grandeur et de la bienfaisance ; le poëte lui consacre ses chants les plus populaires. En un mot, le Yang-tse-kiang, fils de l'Océan, est en quelque sorte le père de la Chine ; de même le Gange est sacré pour l'Hindou, et, sans aller plus loin, ne citerait-on pas en Europe des fleuves au cours desquels se rattachent dans l'imagination des peuples les idées traditionnelles de prospérité et d'indépendance? Le Yang-tse-kiang est revêtu, aux yeux des Chinois, de ce caractère à la fois national et religieux. M. Cooke n'a donc pas à s'excuser d'avoir, lui aussi, comme un poëte chinois, entonné son hymne en l'honneur du noble fleuve. Sa prose épistolaire n'est point déparée par quelques métaphores jetées çà et là au courant de la plume, sous l'inspiration présente d'un grand spectacle. Malheur au voyageur qui n'est point enthousiaste! Le Yang-tse-kiang d'ailleurs mérite bien cet hommage. Au bienfait de ses eaux fécondes, il joint le prestige de l'immensité.

Après avoir remonté le Yang-tse-kiang pendant quelques heures, on arrive devant Woosung, l'une des plus importantes stations d'opium, et l'on entre dans la rivière Wang-pou, qui conduit à la ville de Shang-haï, située à quelques milles seulement sur la rive gauche. En 1845 j'ai suivi la même route et j'ai séjourné dans ce port, qui venait à peine d'être ouvert aux étrangers, en vertu du traité de Nankin, et dont on prévoyait déjà les hautes destinées commerciales. A cette époque, tout à Shang-haï était chinois ; l'Europe n'y avait pour représentants que les fonctionnaires du consulat anglais et une dizaine de résidents, premières sentinelles des missions protestantes ou du commerce. Ces rares *gentle-*

men, noyés dans les flots de la population indigène, habitaient au cœur même de la ville, de modestes maisons chinoises, basses, étroites, obscures, mal commodes, où cependant (j'aurais mauvaise grâce à l'oublier) ils savaient exercer, avec des éléments plus que pittoresques, une hospitalité pleine de charme. Vingt ans ne se sont pas encore écoulés depuis que les Européens ont paru à Shang-haï, et tout y a changé de face. A côté de la ville chinoise, qui a conservé son caractère, s'étend une autre ville, où s'est établie la colonie européenne, devenue nombreuse et florissante. Une partie du terrain a été concédée à l'Angleterre, une autre portion à la France, qui n'y possède guère, il faut le dire, que la demeure de son consul. Le quartier anglais est couvert de maisons somptueuses, affectant, selon le goût plus ou moins singulier de leurs propriétaires, la forme d'un temple grec ou celle d'un palais italien. On retrouve là, sur le sol de la Chine, une seconde édition de la ville des palais qui s'élève sur les rives du Gange. A Shang-haï, comme à Calcutta, se sont installées toutes les aises du luxe occidental; il s'y est créé d'immenses richesses, les millions abondent. Tout cela est l'œuvre du commerce. Nulle part peut-être les entreprises du négoce n'ont été plus hardies ni plus heureuses. Le génie du trafic n'existe pas à un moindre degré chez les Chinois que chez les Anglais et les Américains. Dès le premier jour où ces trois peuples se sont trouvés en présence sur un nouveau marché, ils ont acheté, vendu, spéculé avec acharnement, et il semble que rien, pas plus la guerre étrangère que la guerre civile, ne doive prévaloir contre cette incroyable activité d'échanges.

A son arrivée à Shang-haï, M. Cooke put apprécier l'importance de cette métropole commerciale; il n'avait qu'à jeter les yeux sur la rivière, où étaient mouillés, le long des quais du quartier européen, de nombreux trois-mâts, et sur l'arrière-plan, devant la ville chinoise, des milliers de jonques. De plus il lui était facile de compulser les registres du consulat, de calculer les importations, les exportations, les réexportations et toutes les opérations de même espèce. Comment aurait-il négligé de s'acquitter de ce devoir? Quant à nous, hâtons-nous d'esquiver ces parages de la statistique, défilés perfides où s'engagent trop souvent, au risque de succomber sous le faix des chiffres, les voyageurs officiels, et cherchons des horizons plus gais.

M. Cooke était logé à Shang-haï chez un riche négociant, M. Beale, et il occupait un appartement qu'avait habité M. Fortune, cet amusant botaniste dont nous avons raconté les voyages et les aventures dans l'empire des fleurs. C'était là que M. Fortune étalait ses belles collections, là qu'il préparait ses plans de campagne et s'équipait pour faire des pointes, parfois assez risquées, dans les districts voisins. Il faut croire que le passage de ce hardi touriste avait laissé dans l'appartement une sorte de tradition voyageuse. M. Cooke y fut à peine installé, qu'il se trouva obsédé par l'idée de se remettre en route. De Shang-haï, il devait aller à Ning-po. Des navires européens exécutent fréquemment la traversée entre ces deux ports; c'est un voyage confortable, assez court, la vapeur aidant, et parfaitement garanti contre les pirates, qui n'oseraient trop s'attaquer à un bâtiment européen. Il existe cependant une autre route : on peut se rendre directement de Shang-haï à Ning-po par la voie de terre, et comme il s'agit de traverser toute une province d'où les étrangers sont formellement exclus, l'affaire n'est pas des plus simples. Ajoutez qu'au moment où M. Cooke songeait à tenter l'entreprise, la guerre, déjà déclarée à Canton, menaçait de s'étendre, et qu'un Anglais devait jouer gros jeu en se lançant ainsi à travers le pays ennemi. Cette considération n'arrêta point un voyageur qui s'inspirait des souvenirs de M. Fortune. Un matin donc, M. Cooke, après avoir recruté deux compagnons, un missionnaire, M. Edkins, et un médecin de Canton, le docteur Dickson, fit venir un barbier et un tailleur chinois. Le barbier lui rasa la tête, ne laissant qu'une petite touffe de cheveux à laquelle devait s'adapter une magnifique queue postiche digne d'un mandarin ; le tailleur l'affubla d'un costume chinois ; une grande paire de lunettes compléta le déguisement, et quand l'opération fut tout à fait terminée, M. Cooke crut pouvoir se flatter que personne ne s'aviserait de reconnaître sous de pareils traits un correspondant du *Times*.

M. Cooke s'était pourvu d'un bateau et d'un domestique. Celui-ci, répondant au nom d'A'Lin, était originaire de Ning-po. Le choix paraissait très-judicieux, puisque l'on allait à Ning-po. L'excellente aubaine que de mettre la main sur un serviteur qui connaît le pays, qui en sait les us et coutumes, qui parle le patois indigène, qui sera là comme chez lui ! Mais avant d'arriver à Ning-po il fallait traverser plusieurs districts ; or M. Cooke ne tarda pas à s'apercevoir que son fidèle A'Lin ne pouvait s'entendre avec les gens de Shang-haï qu'en se servant du dialecte de Canton, assez répandu sur toute la côte, — d'où il conclut qu'une fois dans l'intérieur, si l'on voyageait dans les parages d'un autre dialecte (ce qui était fort vraisemblable), les services d'A'Liu comme interprète seraient d'une médiocre utilité. Comme j'ai eu moi-même l'occasion de voir deux Chinois parlant chinois sans pouvoir se comprendre, et ne parvenant enfin, après mille efforts, à se communiquer leurs pensées qu'en parlant anglais, et quel anglais! je me rends compte aisément de la situation. Quant au bateau, il était de tous points semblable au modèle que nous a décrit M. Fortune : un peu plus grand qu'une gondole vénitienne, il avait au centre une cabine de deux mètres et demi carrés, meublée nécessairement de la façon la plus simple, — un coffre pour les bagages, une natte, une table et deux escabeaux. Sur l'une des parois était ménagée une sorte de décoration servant d'autel pour les voyageurs pieux; une niche vide attendait la statuette du dieu protecteur, et de petits candélabres dressaient leurs pointes, destinée à recevoir des cierges. C'était là que devait s'arrimer M. Cooke, au milieu de son bagage de voyage, où figuraient au premier plan quelques bouteilles de sherry et de l'inévitable *soda-water*, un *revolver* et un fusil à deux coups. MM. Edkins et Dickson s'étaient équipés de la même manière. Les trois Anglais, naviguant en escadre, s'éloignèrent du port de Shang-haï entraînés par le flot, et poussés, à une vitesse de quatre milles à l'heure, par les grandes godilles que manœuvraient à l'arrière de chaque bateau, avec un balancement régulier, les matelots chinois.

Ce ne fut pas sans quelque peine que cette escadre se dégagea de l'effrayant encombrement de bateaux et de jonques qui couvrent jusqu'à une certaine distance de Shang-haï les eaux du Wang-pou : ici, les jonques qui font les voyages d'Amoy et du Sud; là, celles qui remontent vers la côte du

Shan-tung; plus loin, les bateaux qui naviguent en rivière et se dirigent vers le grand canal. C'est par centaines, par milliers, que M. Cooke compte ces navires de toute grandeur, dont l'immense assemblage ne lui rappelle rien moins que la vue de Liverpool, déclaration bien éloquente sous la plume d'un Anglais ! Nous voici enfin en pleine eau, godillant au milieu d'une belle et large rivière, qui, bienveillante d'abord et docile à l'aviron, se soulève peu à peu au souffle de la brise, moutonne, prend les airs d'un océan furieux et force l'escadre à chercher refuge dans une crique, près d'un village que domine la pointe élevée d'une pagode. A la nuit la brise mollit et les bateaux relèvent l'ancre : nuit admirable ! s'il faut en croire M. Cooke ; la barque saute encore sur la lame, mais une température tiède, la lune toute ronde, les étoiles qui étincellent au firmament, le sillage phosphorescent des bateaux... Joignez à cela le chant des grenouilles et même le bourdonnement des moustiques, car tout est confondu dans l'extase de M. Cooke, qui passe une partie de sa nuit en plein air, sur le dos, au clair de la lune. Admettons cette nuit charmante, si complaisamment décrite par le voyageur enthousiaste, ou plutôt reconnaissons là cette disposition d'esprit dans laquelle se trouvent parfois les voyageurs transportés tout d'un coup dans une région nouvelle. N'oublions pas que M. Cooke était déguisé en Chinois, qu'il était rasé, qu'il avait une queue. Il s'est fait Chinois, et en admirant ainsi, dans sa prose épistolaire, un paysage nocturne du céleste empire, il exalte sa récente patrie avec l'ardeur d'un néophyte. A-t-il donc oublié et le beau ciel de l'Égypte et les magiques tableaux des nuits tropicales ?

A son réveil M. Cooke se trouva dans le village de Min-hang. Il y fit la rencontre d'un médecin chinois, récemment échappé de Nankin, où il était demeuré pendant quelque temps prisonnier des rebelles. C'était une bonne occasion pour recueillir des renseignements sur cette fameuse insurrection qui depuis plusieurs années s'est installée, comme un État dans l'État, au cœur même du céleste empire. D'après le médecin, l'insurrection était à ce moment bien malade : elle ne vivait que d'expédients et de rapines; les populations honnêtes s'éloignaient d'elle ou ne subissaient qu'avec la plus profonde répugnance l'autorité des maîtres de Nankin. D'un autre côté, ajoutait-il, il ne fallait guère compter, pour comprimer la rébellion, sur les troupes impériales, celles-ci n'étant pas de force à lutter contre des mécréants qui avaient le génie du mal et ne reculaient devant aucun crime. On devait donc laisser les choses à leur cours naturel, faire simplement le vide autour de l'insurrection : elle mourrait alors de sa belle mort, noyée dans le sang et étouffée sous les ruines qu'elle avait amoncelées. Telle était la politique de l'excellent médecin de Min-hang. M. Edkins, qui dans cette conversation servait d'interprète, ne pouvait entendre sans regret une description aussi peu flatteuse du caractère des rebelles et l'opinion exprimée sur leur fin prochaine. Les missionnaires protestants s'étaient fait au début de grandes illusions au sujet de l'insurrection chinoise, dans laquelle ils n'entrevoyaient rien moins qu'une révolution politique et la régénération religieuse et morale du céleste empire. On leur avait dit que le chef des rebelles s'inspirait du Nouveau Testament, qu'il poursuivait les idolâtres, prohibait l'opium et le tabac, etc. Tous ces récits étaient en apparence exacts ; mais il fallait y ajouter que les nouveaux apôtres poursuivaient comme idolâtres les chrétiens aussi bien que les bouddhistes, que leur religion, tout en pillant au hasard quelques lambeaux bibliques, n'était qu'une nouvelle sorte d'idolâtrie, et que s'ils proscrivaient l'opium, ils pratiquaient largement les vices les plus odieux. Bien que ces révélations se soient fait jour et que l'insurrection de Nankin ne soit plus aujourd'hui considérée généralement que comme une misérable entreprise révolutionnaire, quelques protestants conservent encore leurs premières illusions et ne désespèrent pas de voir bientôt la Chine convertie au christianisme. M. Cooke ne partage point ce sentiment, pas plus qu'il ne croit au succès du régime recommandé par le médecin de Min-hang. Il prit congé de l'aimable docteur après mille politesses : c'était le premier *gentleman* chinois qu'il eût rencontré.

A quelques milles au-dessus de Min-hang, les voyageurs arrivèrent au confluent des deux rivières dont la réunion forme le Wang-pou. L'une de ces rivières vient de la célèbre ville de Sou-tchou ; l'autre coule du sud, et ce fut dans ses eaux que s'engagea la petite escadre. Elle traversa successivement les villes de Kia-hing et de Kea-shing, entra dans le canal impérial et s'arrêta à la cité de Hang-chou, qui devait être la principale étape du voyage. On retrouve dans le récit de M. Cooke les descriptions de pays, les scènes de mœurs, les impressions générales qui donnent tant d'intérêt aux relations de M. Fortune. Le correspondant du *Times* a vu plus rapidement, mais il a eu sous les yeux les mêmes tableaux, et quelques traits lui suffisent pour reproduire avec exactitude un paysage dont le botaniste nous a déjà fait connaître le sentiment et la couleur. La campagne, couverte de mûriers et de plants de riz, est coupée en tous sens par des cours d'eau naturels ou par des canaux sur lesquels circule sans cesse une immense quantité de jonques et que les procédés les plus ingénieux emploient à l'arrosement du sol. A chaque instant on voit des moulins installés sur les rives pour faire monter l'eau dans les champs; femmes et enfants tournent la roue pendant que les hommes dirigent cette inondation artificielle, qui procure de si abondantes récoltes. Dans les villes les canaux sont bordés par de beaux quais en granit et traversés par de nombreux ponts, dont le style hardi excite l'admiration des voyageurs. Toutes ces villes d'ailleurs se ressemblent. A Kia-hing, ville de troisième ordre, comme à Kea-shing, ville de premier ordre, c'est la même disposition, le même aspect, la même architecture. Chaque maison se compose d'un rez-de-chaussée et d'un grenier, surmonté d'un toit à longues tuiles, qui descend très-bas, et dont l'extrémité se relève par une légère courbe. Dans les quartiers commerçants, le rez-de-chaussée est occupé par la boutique, dont les grandes enseignes, peintes en rouge et en noir, accrochées de haut en bas perpendiculairement à la maison, produisent de loin, par leur assemblage, l'effet le plus original. Parfois, au milieu même de la ville, s'étendent des champs assez vastes, et l'on se croirait presque en pleine campagne, si bientôt les lignes de maisons ne reparaissaient, se projetant à perte de vue dans les rues étroites, encombrées de foule. Çà et là des cimetières, puis des pagodes, puis des monuments, le plus souvent de grandes portes en granit, qui rappellent un événement historique ou un souvenir pieux. Tous ces tableaux sont vivants et animés, et cependant le théâtre de la guerre civile est proche. Nous ne sommes pas loin des districts où dominent les rebelles. La navigation sur le grand canal est en partie interrompue ; les jonques impériales qui transportent le riz nécessaire à la consommation de Pékin et des provinces du nord ne peuvent plus faire leur voyage annuel : elles demeurent immobiles le long des bords du canal ; la plupart même sont démolies et coulent bas d'eau. Un perpétuel contraste d'activité et de ruine, de prospérité et de décadence, de vie et de mort, voilà, selon M. Cooke, la Chine d'aujourd'hui ! « Pendant que j'écris cette page de mon journal, dit-il, je viens de traverser environ cinq milles de belles plaines ; les deux rives sont protégées, comme les quais de Paris, par des remparts de granit et longées par un chemin de halage pavé en dalles, qui franchit sur des ponts de pierre les nombreux affluents du grand canal. Je désespère vraiment de donner une idée du travail cyclopéen, de l'énorme trafic, de l'industrie patiente, de l'incroyable fertilité, du contentement individuel, du tableau de prospérité et de paix que j'ai sous les yeux. Les pagodes sont en ruines, et à certains endroits les quais se dégradent. Les grandes jonques impériales, destinées au transport des grains, pourrissent enfoncées dans la vase, et les quelques forteresses qui s'élèvent çà et là sont à moitié démolies. Il est certain que le gouvernement de ce vaste empire tombe au dernier degré de la décrépitude, et pourtant cette impuissance d'en haut n'a point encore affecté le bonheur des sujets ni détruit les semences de richesse que féconde, dans un sol fertile, l'opiniâtre labeur du peuple ! »

Après cinq jours de voyage M. Cooke et ses compagnons

arrivèrent à l'extrémité du grand canal, dans le faubourg de Hang-chou. Cette ville compte parmi les principaux marchés de la Chine, et sa douane verse chaque année au trésor impérial un revenu considérable, provenant de droits de transit auxquels sont assujetties toutes les marchandises chargées sur le canal. Les Anglais ont toujours soupçonné que, malgré les assurances formelles des mandarins et contrairement aux traités, les produits européens sont frappés, dans les douanes intérieures de l'empire, et notamment à Hang-chou, de taxes très-élevées; mais il est si difficile de connaître au juste ce qui se passe en Chine, qu'ils n'ont jamais pu obtenir de preuve certaine sur laquelle ils fussent en mesure d'adresser au gouvernement une réclamation en bonne forme. M. Cooke s'était donc proposé d'élucider la question. Les marchandises anglaises payaient-elles des droits à la douane de Hang-chou? Quels droits payaient-elles? Le *Times* eût certes ajouté un beau fleuron à sa couronne en révélant aux fabricants de Manchester, par la voie de son correspondant en promenade à travers la Chine, un mystère que ni les diplomates, ni les consuls, ni les négociants les plus experts n'avaient encore pu découvrir! Voici donc M. Cooke à l'assaut du tarif chinois. Il ordonne à son batelier de pousser droit au quai de la douane; pendant ce temps il tire de sa malle une magnifique pièce de calicot, des couteaux, et tout ce qu'il peut trouver de bon à offrir au fisc; il met ses marchandises en évidence sur la table de la cabine et il attend, bien décidé à avoir une forte discussion avec les douaniers pour le payement des droits. L'agent du fisc se présente, jette les yeux dans la cabine, et sans autre cérémonie, fait signe au batelier qu'il peut passer. « Comment! s'écrie M. Cooke, que l'on dise vite que j'ai des droits à payer! » Le domestique A'Lin, chargé de la commission, rapporte que le douanier a répondu que tout était bien, et qu'on pouvait partir. « Retourne, cours lui dire que la cale est pleine de sel, et que le coffre est bondé de contrebande! » Le douanier ne veut rien entendre. « Et le droit de passage que nous n'avons pas payé! » A ce moment des bras vigoureux poussent le bateau et l'Anglais au large, avec son calicot, ses couteaux, son sel et sa contrebande; la victoire demeurait aux douaniers.

En dépit de son déguisement et de sa tête rase, M. Cooke avait été reconnu. Dès le premier village où il avait posé le pied, les Chinois s'étaient doutés de l'origine étrangère des trois voyageurs, et la police était assurément avertie. M. Cooke avait beau dissimuler ses yeux bleus sous ses grandes lunettes, se retrancher au fond de sa cabine ou se rejeter en arrière dans l'ombre d'un palanquin, la foule ne s'y trompait pas, les enfants suivaient et les chiens aboyaient. Les Anglais en avaient pris leur parti, et, bien convaincus que toutes leurs précautions étaient vaines, ils se préoccupèrent beaucoup moins de leur déguisement, visitèrent les villes à pied, s'arrêtèrent devant les boutiques, sans péril aucun et sans autre inconvénient que la curiosité importune et vraiment étouffante des populations, qui, pour la première fois peut-être, contemplaient des figures européennes. Quant aux mandarins, ils ne se souciaient probablement pas de se créer des difficultés en arrêtant ces trois étrangers; ils se bornaient donc à les entourer d'une surveillance inostensible, et se passaient d'un district à l'autre le mot d'ordre pour qu'on les laissât tranquilles, à moins d'excentricités trop caractérisées. La consigne de tolérance fut exécutée par la douane de Hang-chou, au grand déplaisir de M. Cooke, et quand les trois Anglais, portés dans des palanquins, franchirent, non sans quelque appréhension, la principale porte de la ville, l'officier de garde tourna négligemment le dos et fit semblant de ne rien voir. Il savait tout.

Hang-chou est une ville sainte ; elle a été autrefois la capitale de l'empire. Les annales catholiques parlent de huit cents fidèles qui y ont reçu le martyre. C'est une cité de la vieille roche, où doivent se conserver plus vivaces que partout ailleurs les préjugés hostiles aux étrangers. M. Cooke se contenta donc de la traverser, moitié en palanquin, moitié à pied : il n'éprouva pendant cette courte visite aucune avanie ; il put même s'asseoir impunément à la porte d'un restaurant et y boire en plein air, sous les yeux de la foule, une tasse de thé. Les voyageurs firent un plus long séjour dans un village voisin, nommé Si-hou, célèbre dans toute la Chine par ses temples bouddhiques et par ses bonzeries. Cet endroit offrait à M. Cooke, ainsi qu'à son compagnon, M. Edkins, un attrait particulier. Comme touristes, ils pouvaient contempler dans leurs formes les plus pures et les plus gigantesques les temples consacrés à Bouddha, les immenses statues de ce dieu, représenté sous ses multiples transmigrations ; de magnifiques cavernes creusées par la nature, décorées par la superstition et peuplées de bonzes, catacombes païennes parées, elles aussi, mais pour l'œil seulement, d'une mystérieuse grandeur ; un lac d'une beauté incomparable, entouré de palais, de monastères, de kiosques se mirant dans ses eaux. Tous ces tableaux furent livrés à leur curiosité profane ; mais ce qui devait les intéresser plus encore, c'était la controverse proposée par M. Edkins et acceptée par les bonzes au sujet des doctrines religieuses des Chinois. « Ces bonzes, dit M. Cooke, traitent leurs grotesques divinités avec un mépris égal au nôtre. Ils divisent les fidèles en trois classes. En tête se rangent les gens instruits, qui ne pratiquent le rite et l'abstinence de toute nourriture animale que par manière de discipline, et qui placent leur religion dans les purs domaines de l'abstraction, où leur âme doit peu à peu atteindre ce degré de perfection ineffable que la foi seule peut concevoir. Puis viennent les esprits moins élevés, qui, incapables de conquérir cette abstraction suprême, aspirent simplement à mériter le ciel de Bouddha, où, arrivés au terme de leurs transmigrations, ils passeront l'éternité sur la feuille de lotus à contempler la sainte face de leur dieu. Enfin se présente le vulgaire, dont la piété est toute dans les cérémonies extérieures, qui frappe du front les marches des temples, brûle l'encens, allume des cierges, etc. Cette dernière classe se compose en majeure partie de vieilles femmes, et les bonzes prétendent que l'ambition de ces dévotes est de revenir sous des traits d'hommes lors de leur prochaine transmigration. » Tel est, d'après le résumé de M. Cooke, le bouddhisme chinois, qui se complique en outre de différentes sectes. Dans cette prétendue religion il n'y a ni foi, ni fanatisme, ni intolérance. « Croyez-vous en Jésus-Christ? demanda M. Edkins à un bonze qui venait d'écouter très-patiemment un long sermon du missionnaire. — Certainement j'y crois, répondit froidement le prêtre de Bouddha. — Mais comment y croyez-vous? Êtes-vous convaincu? Sentez-vous bien que ce que je viens de vous enseigner est la vérité? — J'y crois, parce que vous voulez bien me le dire, » répliqua l'autre avec une exquise politesse. C'est précisément cette indifférence, cette froideur, cette politesse, c'est ce néant de piété qui fait le désespoir des missionnaires chrétiens, et surtout des missionnaires protestants, qui prétendent n'asseoir la vérité que sur la raison. Que sert-il de prêcher, de porter la lumière dans le vide? Le christianisme n'a point d'autel qui puisse le recevoir dans ces esprits qu'aucune conviction sincère, ni en politique, ni en morale, ni en religion, n'a jamais possédés. C'est ce qui explique l'échec permanent du protestantisme en Chine, malgré l'habileté, l'instruction et le caractère généralement estimable des pasteurs qui se sont mis à l'œuvre. On a jeté les bibles au vent, et rien de plus. Si les missionnaires catholiques ont obtenu plus de succès, cela provient non-seulement de ce que leurs efforts, plus anciens, plus énergiques, mieux disciplinés, ont pénétré plus avant dans les masses populaires, mais aussi de ce que leur prédication, consacrée, s'il le faut, par le martyre, est à la fois plus tendre et plus humaine, s'attache moins absolument à la logique des démonstrations, et parle mieux le langage qui entraîne les âmes. La Chine a déjà vu bien des ruines; mais si les décrets de la Providence n'interviennent pas, de longs siècles s'écouleront encore avant que la croix ne surmonte les innombrables pagodes de Si-hou.

Cette station au milieu des bonzes avait reposé les voyageurs; ils reprirent leur route vers Ning-po, où ils arrivèrent sans difficulté, après avoir traversé plusieurs grandes villes et parcouru de riches districts. M. Cooke passe rapidement sur cette partie de son excursion. A quoi bon en effet décrire toujours le même spectacle? La Chine, cette chose si nouvelle au premier abord et dans son ensemble, est d'un bout à l'autre, du nord au sud, de l'est à l'ouest, très-uniforme, et l'on est surpris de voir des différences de dialectes entre des provinces dont les mœurs et les habitudes sont semblables de tous points. Passons donc, avec M. Cooke, à la conclusion pratique de cette tournée, si heureusement accomplie, entre Shang-haï et Ning-po, par une route interdite aux étrangers. Trois Anglais ont pu, à la veille d'une guerre et même après le début des hostilités, franchir en toute sûreté un espace de quatre cents milles dans un pays très-peuplé. Ils n'ont rencontré nulle part ni opposition ni mauvais vouloir; les mandarins les ont respectés, les bonzes les ont accueillis, la foule n'a manifesté envers eux qu'une sorte de curiosité naïve, empreinte de sympathie. Le correspondant du *Times* n'a-t-il pas raison d'écrire à son journal que ces Chinois ne sont pas si féroces qu'on l'a prétendu, qu'ils accepteront volontiers la présence des étrangers au milieu d'eux, et que l'on peut fonder de sérieuses espérances sur l'avenir des relations commerciales entre l'Europe et le céleste empire? M. Cooke doit donc se féliciter du résultat de ce voyage, dont le récit figure parmi les épisodes les plus intéressants de sa correspondance. Qu'il oublie même le moment de mauvaise humeur que lui a causé cet excellent douanier de Hang-chou, qui n'a pas voulu saisir sa contrebande : les douanes intérieures, M. Cooke l'a reconnu plus tard, ne prélèvent pas sur les marchandises européennes les droits élevés qui éveillaient à un tel point sa sollicitude. En respectant sa pièce de calicot, les douaniers chinois n'ont probablement fait que leur devoir, ce qui rend la petite scène beaucoup moins comique.

III

Préparatifs militaires contre Canton. — Occupation de l'île d'Honan. — Bombardement et prise de Canton (28 et 29 décembre 1857). — Bivouac des Anglais. — Le bataillon de *coolies*. — Entrée des alliés dans la ville; capture des mandarins et du vice-roi Yeh. — Organisation du gouvernement de Canton; pouvoirs conférés au gouverneur Pi-Kwei; commission militaire. — Description de l'intérieur de la ville; la place des exécutions. — Les prisons.

Pendant que M. Cooke visite ainsi en touriste les ports de la Chine, et qu'il mène de front les études de mœurs et les investigations commerciales, lord Elgin est revenu de l'Inde, l'escadre anglaise se trouve au complet, la France se déclare contre le mandarin Yeh, et s'unit à l'Angleterre pour obtenir satisfaction par les armes. La Russie et les États-Unis soutiennent les réclamations des deux puissances, sans toutefois aller au delà d'une intervention officieuse, sauf à partager plus tard les bénéfices de la victoire. Le moment est donc venu où le délégué du *Times* peut renaître à la correspondance politico-militaire. Les escadres partent pour Canton. M. Cooke les rejoint à toute vapeur, pour se livrer à la rédaction de ses bulletins. Après avoir jeté un coup d'œil sur la disposition des escadres et sur les préparatifs d'une seconde attaque contre Canton, il songe à débarquer et à prendre gîte à terre dans les environs du quartier général, c'est-à-dire à portée des nouvelles et de la poste. Les Anglais ont occupé l'île d'Honan, située en face même de Canton. C'est là que M. Cooke cherche un asile. Une commission est déjà installée, sous la présidence d'un colonel, pour établir un semblant d'ordre au milieu de cette population d'Anglais et de Chinois, de propriétaires, de boutiquiers et d'envahisseurs, qui sont là pêle-mêle, se heurtant, se disputant, invoquant la police, et le plus souvent appliquant le droit du plus fort. Le tribunal improvisé où siége le colonel est encombré de solliciteurs et de plaignants. Un pauvre vieux Chinois réclame piteusement contre une bande de matelots qui lui ont volé et dévoré toute sa boutique de comestibles. Un autre a vu enlever de ses magasins les balles de coton sur lesquelles s'étendent moelleusement les soldats anglais. En voici un autre encore chassé violemment de son domicile, qui a excité les convoitises d'une patrouille! Chaque cause est entendue et jugée sur l'heure. M. Cooke assiste à ces brusques référés; son tour arrive enfin, et quand il a exposé son affaire, on lui délivre un billet de logement dans une maison assez propre, d'où il pourra surveiller les actes de l'armée alliée, ainsi que les manœuvres des mandarins. Le lendemain 20 décembre est un dimanche, jour de repos, même sous les murs de Canton; on célèbre l'office divin dans un magasin de thés; un chœur de sous-officiers chante les psaumes, à la grande édification du voyageur, qui se croit un moment transporté sous les voûtes de Saint-Paul.

Tout se prépare pour l'action. Les commandants des forces alliées ont fixé au mandarin Yeh un délai passé lequel, si Canton ne se rend pas, on commencera l'attaque. Dès le 26 décembre l'amiral Seymour a publié ses ordres généraux, qui assignent les postes que devront occuper les navires et les troupes de débarquement. M. Cooke, qui repréduit tout au long ce programme, regrette de ne pouvoir en faire autant pour la disposition de l'escadre et des troupes alliées. « Les Français, dit-il, ont pour ce genre de publicité un scrupule que je respecte. » Quoi qu'il en soit, les Français sauront bien, au moment donné, se trouver à leur poste. La rivière de Canton n'a jamais paru si tranquille ; la ville de bateaux, qui d'ordinaire occupe près de la moitié de sa largeur, s'est détachée successivement du rivage, quartier par quartier, sous la menace du bombardement, et toutes les jonques se sont réfugiées dans le haut de la rivière, à travers les mille canaux qui coupent la campagne. Ce dut être un singulier spectacle que le départ précipité de ces demeures flottantes qui depuis des années semblaient être passées à l'état d'immeubles, et qui tout d'un coup se voyaient obligées de déplier des voiles, d'armer des avirons, de s'aventurer au large, et de fuir d'une marche lente et pénible le dangereux voisinage de Canton. Aujourd'hui toutes les jonques sont revenues sans doute à leur ancien mouillage ; la paix les a ramenées, comme le beau temps ramène les hirondelles ; elles ont retrouvé sur l'eau mobile du fleuve les quelques mètres carrés qui forment le patrimoine et comme le champ paternel de la famille. On pourra bombarder Canton tant qu'on voudra : la ville de bateaux, le seul quartier pittoresque de cette vieille cité chinoise, échappera à tous les boulets.

Le bombardement commença le 28 décembre, dès le lever du soleil. A neuf heures du matin, l'on mit à terre les troupes de débarquement pour attaquer les forts qui défendent les approches de Canton et qui dominent la ville. Les troupes anglaises étaient commandées par le général Straubensee, et les détachements français se trouvaient placés, ainsi que les équipages, sous les ordres immédiats du contre-amiral Rigault de Genouilly. Les forces mises en ligne s'élevaient à quinze cents hommes environ, dont mille Français. — Pendant que les alliés s'emparaient des forts Lin et Gough, où les Chinois opposèrent une assez vive résistance, le feu des escadres, bien dirigé, produisait de terribles effets. Ordre était donné de tirer sur les forts, sur les édifices publics et sur la demeure de Yeh; les canonniers devaient épargner, autant que possible, les quartiers habités par les marchands, ainsi que les maisons particulières. On ne voulait point causer de désastres inutiles, et d'un autre côté on désirait faire comprendre à la population qu'on ne la rendait point responsable de l'obstination et de la mauvaise politique de ses mandarins. En peu d'heures les quartiers de la ville qui recevaient les boulets des escadres furent en feu; les casernes et les édifices, pour la plupart en bois, brûlaient comme des paquets d'allumettes. Cependant les mandarins tinrent bon. Yeh fut obligé d'évacuer son palais, sur lequel pleuvaient les obus, et qui fut immédiatement envahi et mis au pillage par la populace. Les habitants de Canton, après les premiers moments d'émoi, s'habituaient presque au bombardement; on les voyait aller et venir sans trop d'épouvante, et se livrer à leurs occupations habituelles, comme si l'affaire ne les regardait pas. Quelques bateaux reparurent même sur la rivière au plus fort de l'action : c'étaient d'honnêtes Chinois qui, supposant que les alliés devaient avoir soif, allaient d'un navire à l'autre vendre des fruits, pendant que l'on envoyait des bombes à leurs compatriotes! Le lendemain, 29 décembre, l'œuvre de destruction était terminée;

les troupes de débarquement avaient pris possession des principaux forts et donné l'assaut, en n'éprouvant que des pertes insignifiantes. La ville était à la discrétion des alliés, qui cependant continuèrent à camper en dehors des murs, à près d'une lieue de la rivière.

Voici donc M. Cooke au bivouac. Il s'installe, en nombreuse compagnie, dans un temple, sous les regards cléments des idoles chinoises. On couche sur les dalles, on fait la cuisine dans les urnes de bronze consacrées au culte, on s'éclaire avec les cierges rouges, qui servent même, ô profanation! à graisser les bottes des vainqueurs. Autour du temple, les soldats sont campés en plein air, se reposant de leurs fatigues et faisant bonne chère avec la volaille des environs et avec les carpes pêchées dans les étangs de la pagode; mais cette installation plus que sommaire et ces approvisionnements de maraude ne suffisent pas : il faut, pour organiser le campement et les vivres, établir des communications avec l'escadre et régler la marche des convois. Or nous trouvons dans le récit de M. Cooke des doléances absolument identiques à celles que nous nous souvenons d'avoir lues dans les correspondances de M. Russell en Crimée, quant à l'imperfection des services administratifs de l'armée anglaise. A Canton, comme sous les murs de Sébastopol, rien n'était prêt; les soldats, accablés par le soleil ou inondés par la pluie, n'avaient ni abri ni vivres, et la maladie fut pour eux plus meurtrière que le combat. On avait, il est vrai, engagé à Hong-kong un certain nombre de *coolies* qui étaient soumis à une sorte de discipline et devaient être employés aux transports; mais l'ordre et l'activité faisaient défaut, les soldats anglais n'étant pas habitués à la besogne des corvées, et les officiers ne se sentant pas le moindre goût pour diriger ce genre d'opérations. Rien de plus plaisant que l'odyssée de M. Cooke en quête de sa valise et de quelques bonnes bouteilles de sherry, qu'il dut aller lui-même chercher à bord, car le malheureux manquait de tout. C'est en triomphe qu'il rentre au camp, après une campagne des plus laborieuses, avec son manteau, ses bouteilles et un pâté. Il avait grand besoin en effet de réparer ses forces; aurait-il pu dignement célébrer les exploits de ses compagnons et narrer dans tous ses détails, en quelques pages d'une correspondance écrite à la légère, la prise de Canton, s'il n'avait fait au préalable un bon repas et un bon somme? Quant aux Français, ils savaient, au témoignage de M. Cooke, là comme ailleurs, merveilleusement se débrouiller. Les commissaires et les commis aux vivres avaient leurs convois tout parés, et les soldats de marine, non moins lestes que les matelots, portaient gaiement et en ordre les barriques de provisions destinées aux camarades du camp. Ils n'avaient point pour leur prêter main-forte un bataillon de *coolies* tout organisé; mais malheur au Chinois qu'ils rencontraient sur la route! Ce naturel du pays était immédiatement saisi par la queue, on lui plaçait un paquet sur les épaules, et en route! Il fallait bien qu'il suivît le mouvement. On se procurait ainsi des auxiliaires de bonne volonté.

Les premières communications avec les autorités chinoises eurent lieu dans la journée du 30 décembre. Un mandarin militaire vint, de la part du général tartare, pour entamer des pourparlers; on lui répondit que si le général avait des propositions sérieuses à faire, il devait les apporter lui-même aux avant-postes, où il serait reçu par les commandants alliés. Le Tartare ne se présenta pas. Le 1er janvier 1858 les ambassadeurs visitèrent le quartier général, et ils assistèrent à la destruction, par la mine, de plusieurs forts.

Le 5 janvier seulement, après une semaine de repos, les commandants de l'expédition résolurent de pénétrer dans l'intérieur de Canton. Ce n'était pas une opération des plus simples que d'engager quelques centaines d'hommes dans les rues étroites et tortueuses de la ville bombardée, au milieu d'une population immense, que l'on pouvait supposer hostile, et au risque de rencontrer la garnison tartare. Cependant on avait eu des renseignements assez précis sur la situation des édifices occupés par les principaux fonctionnaires; il semblait urgent de mettre la main sur ces mandarins intraitables et de trouver enfin à qui parler. Le gouverneur civil, Pi-kwei, fut le premier découvert; il était à déjeuner; on le fit prisonnier sans difficulté aucune. Une autre colonne se dirigea vers l'édifice où l'on savait qu'était déposé l'argent du gouvernement. Le poste de garde ne s'attendait point à une pareille visite. Le capitaine tira son sabre et fit mine de résister; il fut vite désarmé, et les Anglais se mirent en devoir de visiter les caisses. On s'attendait à les trouver à peu près vides, car depuis la fin du bombardement la sortie de la ville était demeurée libre, et rien n'empêchait les Chinois de faire transporter leur trésor en lieu sûr. Nullement; les mandarins, dans leur béate confiance, avaient tout gardé, et l'on put saisir près de cent caisses d'argent en lingots, représentant une très-forte somme, sans compter d'énormes quantités de monnaies de cuivre. La capture était belle, mais le plus difficile était de l'emporter au camp. La petite troupe anglaise n'était pas en nombre, et il fallait d'ailleurs qu'elle gardât ses armes. Une heureuse inspiration vint à l'esprit de l'un des officiers. « Mille sapèques [1], s'écria-t-il, à chaque *coolie* qui nous aidera à transporter l'argent au camp anglais ! » La foule était très-nombreuse, et en un clin d'œil il se présenta un millier de portefaix qui se disputèrent les précieux fardeaux. On leur compta immédiatement les paquets de sapèques, que chacun d'eux s'enroula autour du cou, et ils partirent en bon ordre au service de leurs généreux ennemis. Nouvel exemple du patriotisme chinois !

Ce fut une colonne française qui prit possession du quartier général du mandarin tartare ; elle n'éprouva pas la moindre résistance, et le Tartare fut emmené prisonnier sans coup férir. Où donc étaient ses fameuses troupes ? D'après un état trouvé dans le cabinet de Pi-kwei, il devait y avoir dans la ville sept mille soldats tartares. Qu'étaient-ils devenus ? On ne le sut jamais. Il est probable qu'après l'assaut ces guerriers avait prudemment laissé là leurs armes et déposé la casaque d'uniforme pour rentrer simplement dans les rangs de la vie civile. Peut-être à ce moment même figuraient-ils parmi les *coolies* qui portaient le trésor au camp anglais. Il serait, au reste, fort injuste de trop médire de ces pauvres Tartares ; ils ne s'étaient réellement pas mal battus pendant l'assaut. Que pouvaient-ils faire avec leurs mauvaises armes contre les canons, les fusils et les revolvers européens ? Ici comme après le combat de Fatschan, M. Cooke reconnaît qu'il y aurait en eux l'étoffe de bons sol-

1. La sapèque est une pièce de monnaie de cuivre. Mille sapèques valent environ cinq francs.

dats. Ce n'est point le courage, c'est la discipline, c'est l'armement qui leur manquent.

L'expédition dans l'intérieur de Canton n'avait donc pas été stérile. On avait pris le gouverneur civil et le général, on s'était emparé des caisses, on avait éprouvé le tempérament de la population, qui montrait à l'égard de ses vainqueurs les dispositions les plus débonnaires; mais ce n'était pas tout. On savait que le vice-roi Yeh était resté dans la ville, et il importait de découvrir le lieu de sa retraite. Le consul anglais, M. Parkes, se chargea de diriger les recherches. En recueillant divers indices, il apprit que le vice-roi s'était caché dans la demeure d'un fonctionnaire subalterne. Le détachement conduit par M. Parkes se porta en toute hâte vers l'endroit indiqué, et l'on trouva en effet la maison dans un grand émoi. Il y avait là tout un état-major ahuri de mandarins et une foule de caisses et de ballots qui contenaient sans doute les archives et les papiers d'État. La scène présentait l'aspect d'un déménagement précipité. Quand les soldats anglais eurent franchi la porte, les mandarins se répandirent éperdus dans toutes les salles, croyant que leur dernière heure était arrivée. L'un d'eux cependant, et c'est un beau trait, se présenta au commandant de la troupe, déclarant qu'il était le vice-roi. Malheureusement pour lui, et surtout pour Yeh, son embonpoint ne répondait pas au signalement connu du haut personnage que l'on cherchait, et M. Parkes poursuivit activement ses investigations. A ce moment on aperçut un gros homme qui s'efforçait à grand'peine d'escalader le mur du jardin; c'était le vice-roi. Il fut immédiatement saisi par l'un des officiers et amené devant le consul. Il nia d'abord très-énergiquement son identité; puis, vaincu par l'évidence, il tomba dans un abattement profond, d'où il ne fut tiré que par la promesse de la vie sauve. Peu à peu ses traits se recomposèrent, il reprit son assurance et presque la dignité du commandement. S'asseyant dans son fauteuil, il déclara à M. Parkes qu'il était prêt à donner audience à lord Elgin et au baron Gros. Il croyait ainsi faire beaucoup d'honneur à ces ambassadeurs étrangers. L'attitude et les paroles du consul l'eurent bientôt rappelé à la réalité de sa situation, et quand il monta dans son palanquin pour être conduit sous bonne escorte au quartier général, il put se livrer à de profondes réflexions sur les caprices de l'aveugle fortune, qui faisaient ainsi du vice-roi de Canton l'humble prisonnier de quelques soldats barbares.

L'outrecuidance du haut dignitaire chinois reparut pourtant lors de l'entrevue avec les ambassadeurs et les amiraux. Yeh avait retrouvé tout son sang-froid, et il conversait plutôt en supérieur qu'en égal avec ses vainqueurs. On l'interrogeait sur un incident qui s'était passé entre le premier et le second bombardement de Canton, et on l'invitait à en préciser la date. « Que puis-je en savoir? répondit-il. Vous avez combattu contre nous d'octobre à janvier. Vous avez été vaincus, et vos navires ont pris la fuite. Le fait dont vous me parlez a eu lieu vers cette époque. » Était-ce sérieusement qu'il s'exprimait ainsi, ou n'y avait-il dans sa réponse qu'un parti pris d'insolence? Il faut croire que, par un reste d'habitude, il parlait le langage de l'orgueil chinois, et qu'il ne pouvait encore admettre comme possible la supériorité, la victoire des étrangers; car quelques instants après, lorsque, pour couper court à ce singulier dialogue, lord Elgin lui fit connaître qu'on allait le transporter à bord d'un navire de guerre, où il serait d'ailleurs traité avec les égards dûs à son ancienne dignité : « Et pourquoi donc, répliqua-t-il, me conduire à bord? Je puis tout aussi bien accomplir ici même tous les devoirs que m'imposent les circonstances. » Il fallut insister et lui répéter que telle était la volonté des ambassadeurs. Alors seulement il fut obligé de comprendre le droit du plus fort, et, se raccommodant en apparence avec sa mauvaise fortune : « Eh bien! dit-il, soit! j'accepte votre invitation. Je ne suis pas fâché, après tout, de visiter un de vos bâtiments. » Il conserva jusqu'à la fin ce ton de persiflage et ne démentit pas un seul instant l'orgueilleux entêtement de sa race.

Il s'agissait de régler, au moins provisoirement, l'administration de Canton, et c'était une question des plus difficiles. Évidemment les alliés, avec leurs forces si restreintes, quant au nombre, ne pouvaient songer à administrer directement une population de plus d'un million d'âmes, et il n'y avait là nulle analogie à établir avec ce qui aurait été praticable dans une capitale européenne occupée momentanément par une armée européenne. Un rapport de l'amiral Rigault de Genouilly a exposé les perplexités et les incertitudes qu'éprouvèrent les ambassadeurs.

« Deux systèmes, dit l'amiral, étaient en présence pour le gouvernement de la ville : dans l'un de ces systèmes, Pi-kwei, gardé comme prisonnier, ainsi que le général tartare, était écarté de toute fonction gouvernementale. Le gouvernement supérieur était alors exercé par une commission anglo-française qui appelait autour d'elle les fonctionnaires chinois de second ordre, tels que le préfet de Canton, le juge, le trésorier. Dans l'autre système, Pi-kwei était réinstallé comme magistrat suprême, sous la surveillance d'un comité mixte. En raison des difficultés tenant aux différences des coutumes, des usages, et à notre ignorance complète de la langue et de la législation chinoises, le premier système a été abandonné et le second système adopté, après de nombreuses conférences entre les plénipotentiaires français et anglais, les amiraux et le général Straubensee. Le principe admis par nous, il fallait le faire accepter avec ses conséquences par Pi-kwei. Ce fonctionnaire, dans les premiers pourparlers à ce sujet, avait bien manifesté l'intention de retenir le gouvernement de la ville et de la province, mais il avait repoussé l'idée de tout acte impliquant que ses pouvoirs lui étaient conférés par les puissances alliées. Il y eut de longs débats, qui aboutirent enfin : Pi-kwei se résigna à continuer ses fonctions sous les conditions énoncées dans une lettre des commandants en chef. Des instructions arrêtées en commun ont été délivrées aux officiers composant la commission de surveillance. Cette commission a été investie d'attributions judiciaires : elle jugera tous les Chinois coupables de délits contre les Européens, en appliquant la loi chinoise; elle statuera aussi, en qualité de juge d'instruction, sur tous les cas dans lesquels les Européens seraient compromis comme coupables, et renverra ceux-ci devant les juridictions compétentes. Au reste, à mesure que ce comité fonctionnera, l'expérience indiquera sur quels points ses attributions doivent être étendues ou restreintes, et les commandants en chef se sont réservé le droit d'introduire ces modifications. »

M. Martineau des Chesnez, capitaine de frégate, fut désigné pour remplir les fonctions de commissaire français. Il avait pour collègues, du côté des Anglais, le colonel Halloway et le consul, M. Parkes. Une troupe de quatre cent vingt hommes, tant Anglais que Français, fut mise à la disposition du comité.

Le 9 janvier, le gouverveur Pi-kwei fut installé publiquement dans ses fonctions par les plénipotentiaires de France et d'Angleterre, assistés des commandants en chef, et ce ne fût pas un des spectacles les moins curieux de cette campagne, de voir un haut fonctionnaire chinois chargé d'administrer Canton pour le compte des vainqueurs. Il n'y avait pas d'autre expédient possible, et assurément la mission la plus difficile et la plus délicate était échue à ce malheureux Pi-kwei, qui se trouvait ainsi, sous la double pression de ses sentiments chinois et de la domination européenne, obligé de concilier ce qu'il devait à son souverain avec la soumission que lui imposaient les alliés, et condamné par la force des choses à jouer un rôle double et à devenir suspect, quoi qu'il pût faire, à ses concitoyens comme aux étrangers qui l'avaient réinstallé gouverneur malgré lui.

Du reste, dans les premiers temps, la population, voyant les mêmes fonctionnaires, les mêmes mandarins, la même police gouverner et administrer la ville, se montra fort satisfaite de l'arrangement; elle apprécia surtout l'invitation qui lui était adressée de vaquer en pleine sécurité à ses occupations habituelles et de rouvrir les boutiques. Canton reprit peu à peu son ancienne physionomie, et quelques jours après le bombardement Anglais et Francais se promenaient librement dans tous les quartiers sans essuyer la moindre insulte.

M. Cooke ne fut pas des moins empressés à parcourir Canton et à franchir l'enceinte de cette fameuse cité tartare, qui jusqu'alors, malgré les stipulations des traités, avait été obstinément fermée à la curiosité des Européens. L'intérieur de Canton n'offre rien de particulier; ainsi que l'écrivait en 1735 le P. Duhalde [1], « il n'y a presque point de différence entre la plupart des villes de la Chine, de sorte qu'il suffit d'en avoir vu une pour se former l'idée de toutes les autres. » Canton est très-peuplé, c'est une place industrielle et commerciale de premier ordre; les rues, bordées de boutiques et toujours pleines de monde, présentent l'aspect le plus animé. Les temples et les édifices publics sont nombreux; mais, à l'exception du temple de Confucius et de la pagode des cinq cents dieux, ces monuments sont peu remarquables. Une pagode à neuf étages, dont les Chinois font grand étalage lorsqu'ils parlent de Canton, est complétement dégradée. Les *ya-mouns*, ou résidences officielles des principaux mandarins, n'ont pour ainsi dire que les quatre murs; à l'intérieur, ces prétendus palais sont sales, mal entretenus, presque inhabitables, et l'on ne s'explique vraiment pas que de hauts fonctionnaires puissent s'accommoder de pareilles demeures. Il paraît que les mandarins gardent rarement un emploi plus de trois ans dans la même ville, et comme l'entretien de leur résidence est à leurs frais, ils se soucient peu de faire pour un si court délai des dépenses qui profiteraient à leurs successeurs. En parcourant la ville à l'aide du compas (car autrement on se perdrait dans ce labyrinthe de rues tortueuses), M. Cooke arriva à une petite

1. *Description de l'empire de la Chine et de la Tartarie chinoise.*

place qui fut signalée à son attention : c'était la place des exécutions capitales. Là, en deux ans, soixante-dix mille têtes avaient roulé sous le sabre des bourreaux chinois. C'était l'insurrection qui avait fourni à l'impitoyable justice du vice-roi ce nombre effrayant de victimes ! Chaque jour, la place était arrosée de sang. Plusieurs résidents européens avaient assisté à cet horrible spectacle, et leurs récits, parvenus en Europe, n'avaient été reçus qu'avec défiance. Les témoignages recueillis par M. Cooke, les aveux mêmes du vice-roi ne laissent plus aucun doute sur le chiffre de ces sanglantes exécutions. D'après la loi chinoise, les condamnations à mort doivent être sanctionnées par l'empereur; mais, en présence de l'insurrection, Yeh avait été investi de pouvoirs exceptionnels; il en avait usé sans faiblir, et plus tard il déclarait que, tant qu'il aurait eu des rebelles à punir, son bras ne se serait point lassé de frapper, la sûreté de l'État le voulant ainsi. Ce qu'il y a peut-être de plus étrange, c'est que la population de Canton, si turbulente d'ordinaire, si difficile à manier, demeurait impassible à la vue de ces exécutions, qui atteignaient les proportions de véritables massacres. Au reste, sans être précisément cruels, les Chinois ont une législation pénale des plus rigoureuses; la vie a peu de prix à leurs yeux, et les châtiments les plus atroces infligés aux criminels n'éveillent en eux aucun sentiment de pitié. Parmi les collections de peintures sur papier de riz que l'on vend à Canton, se trouve une série d'aquarelles représentant les divers supplices. Les scènes représentées dans cet album sont atroces; elles sont malheureusement exactes. Que dire encore des prisons chinoises ? M. Cooke les a visitées, à la suite de lord Elgin et des commissaires alliés, qui avaient à s'assurer qu'on n'y retenait plus aucun des habitants de Canton condamnés pour avoir entretenu des rapports avec les étrangers. Toute la presse européenne a reproduit l'éloquente lettre que le correspondant du *Times* a consacrée à ce triste sujet. Le P. Duhalde écrivait au siècle dernier que les prisons chinoises n'ont ni l'horreur ni la saleté des prisons d'Europe, et qu'elles sont plus commodes et plus spacieuses. S'il disait vrai, il faut croire que depuis cette époque l'administration chinoise a, sur ce point comme sur tant d'autres, singulièrement dégénéré. Rien de plus affreux, de plus odieux que la prison visitée et décrite par M. Cooke.

Des représentations énergiques furent adressées par lord Elgin au gouverneur Pi-kwei. Celui-ci parut surpris de cette sensibilité; il s'indigna presque de cette immixtion irrégulière dans un détail de l'administration chinoise, et il est bien à craindre que la leçon d'humanité donnée par l'ambassadeur anglais ne soit aujourd'hui complétement oubliée. Et pourtant les registres de la police sont tenus avec le plus grand ordre; les règlements émanés de l'autorité sont justes, sensés, empreints de bienveillance. En Chine, malheureusement, la règle et la pratique sont deux choses très-différentes, et c'est ce qui explique les appréciations erronées qu'ont souvent portées sur le gouvernement chinois les écrivains qui n'ont étudié le céleste empire que dans les livres.

IV

Envoi du vice-roi Yeh à Calcutta. — Départ de M. Cooke. — Le vice-roi à bord de l'*Inflexible;* son signalement, sa biographie, ses entretiens avec M. Cooke; son arrivée à Calcutta, sa mort. — Retour de M. Cooke en Angleterre.

Il avait été résolu par les ambassadeurs que le vice-roi Yeh serait envoyé à Calcutta. L'illustre prisonnier fut expédié d'abord à Hong-kong. Après avoir assisté à la prise de Canton, visité Shang-haï, Ning-po, Chusan, et aspiré ainsi en courant quelques bouffées de Chine, le correspondant du *Times* jugea que sa mission était à peu près terminée, qu'il en avait assez écrit sur la situation politique et économique du céleste empire, et qu'il pouvait sans inconvénient opérer sa retraite. Quelque intérêt que présente la Chine, il faut avouer que, pour les voyageurs qui n'y sont point retenus par un devoir ou par une nécessité impérieuse, une année de séjour est très-suffisante. Au bout de ce temps bien employé, on doit y avoir appris tout ce que l'on peut savoir d'un pays dont on ne parle pas la langue, et dans lequel les étrangers n'ont pas encore été admis à nouer des relations familières avec la société indigène. On pourrait passer dix ans à Canton sans voir le visage d'une *lady*, d'une dame chinoise, et sans pénétrer dans l'intérieur d'un simple bourgeois. M. Cooke avait d'ailleurs une excellente occasion pour son voyage de retour : il avait obtenu passage sur le navire l'*Inflexible*, qui transportait Yeh dans l'Inde, et il se promettait ainsi d'étudier de près la physionomie, le caractère, les idées, les habitudes d'un grand mandarin. Cet homme qui hier encore gouvernait en souverain une population de trente millions d'âmes, qui avait fait tomber près de cent mille têtes, qui, par l'orgueil obstiné de sa politique, s'était constitué l'ennemi de l'Europe, et qui seul avait engagé la lutte contre l'Angleterre et contre la France, le vice-roi Yeh méritait bien, quoique déchu, les honneurs d'une biographie.

Voici le signalement de l'ex-mandarin, tel que nous le donne M. Cooke, Yeh avait cinquante-deux ans; il était très-grand et très-gros, visage large, yeux petits, nez large, bouche grande, lèvres épaisses, moustaches noires et clairsemées, dents noires, mains petites et bien faites. Faute de cheveux, sa queue était maigre et très-courte, ses ongles étaient de longueur ordinaire. Il était donc dépourvu des deux ornements auxquels les Chinois attachent le plus de prix : une belle queue et des ongles longs. Sa physionomie, sans manquer d'intelligence, était impassible, froide et cruelle; on y lisait une expression de volonté bien arrêtée et d'extrême prudence. Un collectionneur lui demanda un autographe; il refusa, craignant de se compromettre. Dans sa personne et dans ses vêtements il était sale, et d'une saleté repoussante; il tirait vanité de sa vieille robe, qu'il portait depuis dix ans. Un jour il demanda qu'on lui préparât un bain; on s'empressa de satisfaire à son désir; quand il sortit de la cabine, on s'aperçut qu'il s'était à peine mouillé les mains. Du reste, il paraissait très-sobre, ne fumait pas l'opium, ne buvait que du thé, et vivait en général de la manière la plus simple. Son père était un ancien fonctionnaire. Lui-même n'était arrivé à la haute dignité de vice-roi qu'après avoir passé avec éclat tous les examens littéraires et traversé successivement tous les grades inférieurs : il avait été juge, préfet, gouverneur de province, etc. Il ne devait son élévation qu'à son mérite. Pendant les premiers jours de sa captivité, il se montra indifférent à tout, refusa toute conversation, et affecta pour les officiers et fonctionnaires anglais qui l'entouraient un profond mépris. L'interprète placé auprès de lui n'était à ses yeux qu'un espion. M. Cooke crut devoir lui décliner sa qualité; il se présenta devant lui, un exemplaire du *Times* à la main; il lui exposa qu'il était le correspondant de ce journal, que les lettrés de l'Occident portaient le plus vif intérêt aux affaires de Chine, et que lui, George Wingrove Cooke, s'estimerait très-heureux que le grand mandarin voulût bien lui fournir des informations à l'usage de ses compatriotes. Yeh parut fort étonné de voir un journal de cette dimension; mais à cette première ouverture il ne répondit que par une grimace peu encourageante.

Cependant on se mit en mer. Le vice-roi paya son tribut à l'Océan et supporta courageusement cette dure épreuve. Peu à peu, la santé revenant, le naturel reprit le dessus : Yeh, se voyant en pleine mer, loin du théâtre de sa grandeur et de sa chute, sortit de sa réserve et daigna causer familièrement avec ses compagnons de route. Il ne lisait jamais; cet éloignement pour les livres devait paraître assez singulier de la part d'un lettré. « A quoi bon? disait-il. Je sais par cœur tous les ouvrages que je pourrais lire utilement. » L'évêque de Hong-kong lui avait fait remettre par le capitaine du navire une Bible traduite en chinois. Yeh l'accepta en disant qu'il avait depuis longtemps lu la Bible, que c'était un bon livre, que les ouvrages chrétiens tendent à purifier le cœur, aussi bien que les livres de Tao et de Bouddha; mais il n'en ouvrit pas une page, et renvoya même la Bible au capitaine. Avant le départ on lui avait demandé s'il désirait que l'on installât dans les cabines qui lui étaient destinées un autel où il pût faire ses dévotions; il refusa, disant que cela ne lui était point nécessaire. De temps en temps il s'asseyait, les jambes croisées, dans l'attitude des idoles chinoises et le visage tourné vers l'orient; il ne priait pas, car pour une prière il se serait tourné vers l'occident, où est né Bouddha : s'il regardait l'orient, c'est que l'orient est le principe de vie, de même que l'occident est le principe de mort. Sa religion, s'il en avait une, était sans doute celle de ces bouddhistes de première classe dont avait parlé au voyageur anglais le bonze de Si-hou, qui dédaignent les pratiques extérieures, bonnes pour le vulgaire, et s'abîment par la contemplation dans cet état d'abstraction perpétuelle où réside la perfection idéale. M. Cooke essaya d'approfondir les croyances religieuses du lettré chinois; à plusieurs reprises il pressa Yeh de questions sur ce sujet délicat, et il ne put obtenir autre chose qu'une invocation continuelle au « Tao-li. » Qu'est-ce que le Tao-li? C'est la vraie doctrine, c'est la raison, c'est le principe universel, c'est le but suprême, ou plutôt il n'y a dans notre langage aucun mot pour traduire cette expression, qui revient sans cesse sur les lèvres du lettré chinois. Le Tao-li est immatériel, c'est un principe, et cependant il se retrouve dans les corps. Je ne reproduirai point le chapitre très-curieux que M. Cooke consacre à l'explication du Tao-li et à l'exposé de ses conférences religieuses et philosophiques avec le vice-roi.

Qu'il me suffise de dire que tout cela n'est en définitive que le panthéisme; et d'après l'exemple de Yeh, il est permis de supposer que les lettrés de la Chine, les disciples de Confucius, lors même qu'ils se prêteraient pour la forme aux cérémonies du culte de Bouddha, sont purement et simplement des panthéistes; ce qui a fait dire à quelques savants allemands, quand ils ont lu la doctrine de Tao-li développée dans le *Times*, que « ces Chinois sont en vérité fort avancés. » Il n'est pas inutile d'ajouter que, tout en se déclarant l'adepte de cette philosophie supérieure, le vice-roi fut pris, malgré ses dénégations, en flagrant délit de sorcellerie et d'horoscope. On trouva dans ses papiers des livres de bonne aventure; avant de se faire raser il consultait son almanach pour voir si le jour était propice. Il prétendit, il est vrai, ne point attacher d'importance à ces sortes de choses et n'avoir aucune foi dans les horoscopes; mais il ne se gênait jamais pour dire le contraire de la vérité, le mensonge étant aux yeux des Chinois un péché des plus véniels et une façon très-licite de ne pas exprimer sa pensée.

Les sujets de conversation ne firent point défaut pendant cette longue traversée. M. Cooke avait résolu de confesser le malheureux vice-roi sur tous les points. Yeh ne se laissait pas toujours entraîner de bonne grâce sur le terrain des interrogations; quand il ne lui convenait plus d'être sur la sellette, il savait fort bien échapper à son infatigable questionneur, qui ne lui eût laissé ni repos ni trêve. Pourtant, à en juger par le compte rendu de M. Cooke, il fut question à peu près de tout dans ces entretiens sur le pont de l'*Inflexible*. L'insurrection chinoise, les exécutions de Canton, l'administration intérieure du céleste empire, l'opium, la politique des Anglais dans l'Inde, la France connue du vice-roi comme un pays où l'on boit beaucoup de café et où l'on produit beaucoup de vin, la liberté du commerce, etc., ces différents sujets furent successivement abordés. Yeh ne partageait point l'avis de M. Cooke sur les avantages que son pays pourrait retirer des facilités accordées au commerce avec l'étranger. L'ouverture de nouveaux ports devait, selon lui, augmenter la concurrence, et il n'en attendait rien de bon. « Autrefois, dit-il, les Européens nous vendaient d'excellentes montres; depuis que le commerce est libre, celles qu'ils nous vendent sont détestables. J'avais une bonne montre que j'ai perdue, j'en ai acheté une autre qui marche très-mal : voilà votre *free-trade!* » M. Cooke ne fut pas à court d'arguments économiques pour combattre l'opinion du vice-roi en matière de législation commerciale : il lui parla production, consommation, concurrence, ainsi qu'il convenait à un rédacteur du *Times*, fervent sectateur de M. Cobden. Yeh s'en tint à l'expérience de sa montre, et ne voulut rien admettre. Fort heureusement les rancunes du mandarin déchu ne pouvaient plus exercer aucune influence sur la politique commerciale du gouvernement de Pékin.

L'*Inflexible* débarqua sur les quais de Calcutta l'ancien vice-roi de Canton et le corespondant du *Times*. Le premier, après quelques mois de captivité dans la capitale de l'Inde anglaise, est mort d'une sorte de maladie de langueur et s'est tranquillement endormi dans l'éternité de Tao-li; le second est revenu en Angleterre, où il a mis ses papiers en ordre, revu ses lettres et publié l'intéressant volume, à l'aide duquel je viens de raconter la campagne de 1857. Ces notes de voyage recueillies à la hâte, ces impressions rapides au sujet des hommes et des choses du céleste empire, présentent un double intérêt de vérité et de variété qui explique l'accueil fait au livre de M. Cooke par le public anglais. L'auteur a contribué plus que personne à répandre dans son pays et en Europe, grâce à l'immense circulation du *Times*, des notions exactes sur les devoirs de la politique européenne en Chine; ses lettres familières, où les réflexions les plus sérieuses trouvent place à côté des piquantes scènes de mœurs et des grâces faciles du récit, complètent utilement les dépêches officielles, condamnées aux réticences et aux demi-mots. Ce n'est pas que M. Cooke prétende avoir en ces quelques pages révélé les mystères du caractère chinois, qui lui est apparu, écrit-il dans une de ses lettres, comme un « fagot de contradictions, » d'où il est bien difficile de dégager, quant à présent, un ensemble d'appréciations exactes. Il a du moins suivi d'assez près les incidents de la dernière campagne entreprise contre le céleste empire pour apercevoir les fautes commises dans le passé par la diplomatie européenne, et pour tracer sûrement certaines règles qu'il conviendra d'observer à l'avenir envers les mandarins et envers le peuple. Il a étudié avec soin les ressources commerciales que doit offrir à la Grande-Bretagne et au monde entier l'ouverture des ports et des fleuves. Enfin il a raconté fidèlement les curieux épisodes qui se rattachent à la prise de Canton, et qui intéressent la France aussi bien que l'Angleterre. Nous n'aurions pu choisir de meilleur guide pour observer les débuts de la seconde guerre de Chine.

LES TRAITÉS DE TIEN-TSIN

I

Situation de lord Elgin à son arrivée en Chine. — Difficulté de connaître ce qui se passe à l'intérieur du céleste empire; rapports des mandarins avec la cour de Pékin. — Démarches diplomatiques concertées, après la prise de Canton, entre les plénipotentiaires de la Grande-Bretagne, de la France, de la Russie et des États-Unis; attitude du comte Poutiatine et de M. Reed. — Mission de MM. Oliphant et de Contades à Sou-tchou; remise des dépêches adressées par les plénipotentiaires au premier ministre de l'empereur de Chine; analyse de la dépêche de lord Elgin, en date du 11 février 1858. — Réponse peu satisfaisante des mandarins, reçue à Shang-haï. — Départ des plénipotentiaires pour le golfe du Petchili.

La campagne de 1857, terminée par la prise de Canton, avait été toute militaire; celle de 1858 fut marquée par une série d'incidents diplomatiques qui, après l'enlèvement des forts situés à l'embouchure du Pei-ho, aboutirent à la conclusion des traités de Tien-tsin. Pour bien comprendre la marche des négociations, il est nécessaire de remonter aux premiers actes de la mission confiée à lord Elgin.

D'après les instructions de lord Clarendon, ministre des

affaires étrangères, le premier soin de lord Elgin, dès son arrivée en Chine, devait être de se porter vers le golfe du Petchili, et d'ouvrir sans délai des négociations directes avec le cabinet de Pékin, afin d'obtenir le redressement des griefs accumulés à Canton et de fixer les conditions jugées nécessaires pour la sécurité du commerce. Nous avons vu que l'ambassadeur anglais ne se conforma point à ces instructions. D'accord avec l'amiral sir Michael Seymour, il pensa qu'il valait mieux ne considérer, au début, la querelle de Canton que comme un incident particulier, purement local, n'engageant pas l'ensemble des relations avec le gouvernement chinois. Porter un ultimatum à Pékin, c'eût été, en cas de refus, provoquer immédiatement la guerre générale, ajourner les opérations contre Canton, où il était essentiel de frapper les premiers coups, et compromettre les intérêts commerciaux, que les instructions ministérielles recommandaient instamment de ménager. D'ailleurs l'ambassadeur français, le baron Gros, n'était pas encore arrivé dans les mers de la Chine; puis survinrent les événements de l'Inde, qui détournèrent une partie des forces destinées à l'expédition. Rien n'était prêt pour une campagne dans le golfe du Petchili. Il fallait donc attendre.

La situation était en vérité plus que singulière. Au midi la rivière de Canton était bloquée; l'escadre anglaise canonnait et brûlait des centaines de jonques. C'était la guerre pleinement déclarée. Au nord, à Amoy, à Ning-po, à Shanghaï, Anglais et Chinois se livraient tranquillement au commerce et échangeaient leurs marchandises. Il semble que dans la circonstance, l'Angleterre aurait dû commencer par amener les pavillons de ses consuls, en invitant ses nationaux à quitter le territoire ennemi; puis elle eût exposé ses griefs, signifié ses conditions au gouvernement chinois, et cessé tous rapports jusqu'à ce qu'elle eût obtenu satisfaction par la diplomatie ou par les armes. Voilà le droit des gens; mais ce n'était point le compte du commerce, qui trouvait plus avantageux de garder ses magasins ouverts sur les points où il ne se voyait pas inquiété. On avouera qu'en acceptant une anomalie aussi étrange, parce qu'elle était à leur profit, les belligérants européens s'interdisaient, dès l'origine, le droit d'imposer au céleste empire, l'adoption complète de leur code international et de leurs coutumes diplomatiques. Faciles et tolérants sur ce point, les Chinois pouvaient avoir sur d'autres questions leurs idées particulières, leurs préjugés nationaux, qu'il était peu équitable de censurer et de combattre de front par le seul motif qu'ils blessaient nos habitudes occidentales et nos intérêts. Cette distinction est très-importante : elle n'a peut-être pas été suffisamment observée lors de la négociation des traités.

Du reste, la difficulté de connaître en Chine le véritable état des choses était telle que les résidents européens ne s'accordaient même pas sur le degré de responsabilité qui devait peser sur le cabinet de Pékin quant à la rupture des bonnes relations à Canton. Les uns prétendaient que le gouvernement n'était point au courant de ce qui se passait au sud de l'empire, et que tout le mal venait du caractère hautain et querelleur du vice-roi. Les autres, au contraire, ne pouvaient s'imaginer que ce mandarin eût spontanément adopté une politique aussi compromettante; ils ne le considéraient que comme l'instrument docile de la volonté impériale et du parti qui, à Pékin, s'est prononcé de tout temps contre les étrangers. Placé entre ces deux avis, lord Elgin pensa que les instructions très-positives de la cour dirigeaient la conduite de Yeh, mais que, par un procédé assez familier aux Chinois, on se réservait de désavouer et de disgracier le mandarin, s'il n'était pas de force à maintenir sa position contre les barbares. Cette opinion se trouva justifiée, après la prise de Canton, par les documents confidentiels saisis dans les archives et par la dégradation du vice-roi. Lord Elgin avait d'ailleurs sous les yeux, dès le mois de novembre 1857, la traduction d'un rapport qui avait été adressé par Yeh à l'empereur et inséré dans la *Gazette de Pékin*. Par ce rapport, le mandarin s'excusait de n'avoir pu encore procéder dans la province de Canton à l'inspection annuelle des troupes. Il alléguait que les régiments avaient dû quitter leurs garnisons habituelles pour défendre la ville et occuper divers points menacés par les Anglais. Il ajournait donc à des temps plus calmes les revues et les manœuvres, et annonçait que, selon les prescriptions impériales, il ne manquerait pas de dégrader ou de destituer les officiers dont les troupes seraient mal exercées et impropres au service.

Le rapport cité par lord Elgin dans sa correspondance publiée par le gouvernement anglais [1], mérite attention non-seulement parce qu'il fait connaître les préparatifs de résistance organisés par le vice-roi, mais encore parce qu'il jette quelques lumières sur l'administration intérieure de l'empire. On voit, par exemple, que chaque année l'empereur délègue un mandarin du grade le plus élevé pour inspecter les troupes dans les provinces, et que cette mission,

1. *Correspondence relative to the Earl of Elgin's special missions to China and Japan*, 1857-1859. Parliamentary papers.

conférée par décret spécial, est absolument identique à celle que remplissent en France les généraux inspecteurs. Pour les affaires militaires comme pour les affaires civiles, l'immense territoire de la Chine est placé sous le régime de la centralisation la plus absolue. Chaque fonctionnaire est responsable, et il ne s'agit pas ici de cette responsabilité légitime, naturelle, qui peut, dans certains cas, être couverte par l'imprévu ou par la force majeure; c'est une responsabilité presque sauvage, fatalement condamnée à réussir dans l'exécution de tous les ordres transmis. L'officier sera dégradé si ses troupes se battent mal; le vice-roi sera dégradé s'il n'a pas raison des Anglais. Il n'y a point d'excuse pour les revers ni de tempérament dans la peine. Loin d'honorer le courage malheureux, la volonté impériale écrase les vaincus; la disgrâce, quelquefois le supplice est au bout du moindre échec : politique impitoyable, qui s'explique pourtant, sans se justifier, par les conditions mêmes du gouvernement chinois. Pour contenir sous la même loi trois cents millions de sujets, pour administrer tant de provinces plus grandes que des royaumes, il faut que l'empereur et ses ministres soient assurés d'une obéissance passive, et qu'ils comptent sur l'exécution immédiate de l'ordre une fois donné : les observations, les objections, les conseils même, sont mal accueillis et taxés de révolte. Mais alors qu'arrive-t-il? C'est que les fonctionnaires, moins peut-être par adulation que par crainte, envoient dans les moments critiques des rapports incomplets ou inexacts, dissimulent les petites difficultés, amoindrissent ou dénaturent les difficultés sérieuses, se décernent des triomphes diplomatiques et militaires imaginés pour l'entière satisfaction de leur cour, enfin saturent leurs dépêches de toutes les exagérations, de tous les mensonges que peut contenir un récit officiel.

Telle est la conséquence de cet excès de responsabilité qui accable les mandarins, et l'on est ainsi amené à comprendre l'origine de la plupart des conflits qui depuis vingt ans ont éclaté entre le céleste empire et les gouvernements européens. La politique traditionnelle de Pékin commande, sinon d'exclure complétement les étrangers, du moins de les tenir à distance. Les mandarins s'y conforment le mieux qu'ils peuvent, et quand ils se voient débordés, ils n'ont garde de dénoncer leur faiblesse. Trompé par leurs rapports et conservant ses illusions, le cabinet impérial s'obstine dans le vieux système ; il repousse toute idée de concession aux exigences étrangères et il ordonne la lutte. Les affaires s'agitent donc dans une sorte de cercle vicieux où s'accumulent les malentendus et les embarras. C'est ce qui s'est passé à Canton. Le vice-roi se faisait fort de dominer les barbares ; en présence des disgrâces infligées à ses prédécesseurs, cette prétention était de sa part une tactique d'intérêt personnel. Il avait rendu compte à Pékin des derniers événements, mais en les réduisant à des proportions assez modestes. La cour lui répondit qu'il devait repousser les Anglais, et il essaya d'obéir aux ordres que ses propres rapports avaient inspirés.

Il était nécessaire d'insister sur ces détails intérieurs d'administration chinoise pour expliquer comment le cabinet de Pékin pouvait, à la rigueur, sans manquer de logique, laisser les ports du nord ouverts au commerce pendant que la lutte s'envenimait à Canton entre les ambassadeurs étrangers et le vice-roi. A ses yeux, les incidents de Canton, dont il ne lui était guère permis d'apprécier à distance les proportions exactes, paraissaient absolument semblables aux démêlés qui, à diverses époques, s'étaient produits dans cette ville et avaient eu des dénoûments pacifiques. D'après les forfanteries de Yeh, qui, dans l'une de ses dépêches, représentait lord Elgin comme un échappé du Bengale, sauvé miraculeusement par les Français, puis se morfondant et poussant de longs soupirs sur la plage de Hong-kong, l'empereur devait supposer que l'affaire de Canton ne tarderait pas à s'arranger, et qu'il ne serait plus importuné d'un si infime détail. La prise de Canton n'eut pas même le pouvoir de l'arracher à ses incroyables illusions.

Lorsque les alliés se furent rendus maîtres de la ville (29 décembre 1857), les ambassadeurs songèrent à entamer les négociations et à se mettre directement en communication avec le cabinet de Pékin. C'est ici que commence réellement la campagne diplomatique. Lord Elgin et le baron Gros résolurent d'adresser au premier ministre une note développée, pour indiquer le but de leur mission et proposer les principales clauses des traités qu'ils désiraient conclure. Ces clauses intéressant non-seulement l'Angleterre et la France, mais encore les autres nations qui entretiennent des rapports avec la Chine, ils jugèrent qu'il serait à la fois convenable et utile de faire appel au concours des représentants de la Russie et des États-Unis, qui venaient d'arriver, munis comme eux de pleins pouvoirs.

La correspondance échangée pendant le cours des négociations, entre lord Elgin et les diplomates russe et américain expose sous son vrai jour la politique adoptée par les cabinets de Saint-Pétersbourg et de Washington, politique qui, à première vue, avait semblé assez équivoque. On se figurait volontiers que la Russie triomphait secrètement des embarras de la France et de l'Angleterre, qu'elle appuyait le gouvernement chinois dans sa résistance, et que son représentant, le comte Poutiatine, n'était venu là que pour observer et gêner à l'occasion les manœuvres des alliés. Quant aux Américains, on jugeait qu'ils étaient avant tout désireux de profiter de la circonstance pour accaparer les bénéfices du commerce aux lieu et place de leurs rivaux les Anglais; on les voyait comme à l'affût d'une bonne spéculation, et la présence de leur ministre, M. Reed, paraissait annoncer qu'ils entendaient bien, si les alliés obtenaient un traité, se présenter à leur suite, et recueillir à peu de frais les avantages de la campagne.

Ces suppositions n'étaient point tout à fait exactes. Sans aller jusqu'à déclarer la guerre à la Chine, la Russie et les États-Unis avaient, comme la France et l'Angleterre, certains comptes à régler avec cet étrange pays, et leurs vœux, inspirés par le sentiment de leur intérêt, étaient acquis très-sincèrement à la cause des puissances alliées. Après avoir sollicité de Kiahkta, sur la frontière de Sibérie, son admission à Pékin, et attendu vainement une réponse, le comte Poutiatine avait traversé toute l'Asie du nord et s'était présenté par mer à l'embouchure du Pei-ho. Là il avait pu, non sans difficulté, expédier une nouvelle demande à Pékin; mais comme on avait assigné un délai de quinze jours pour la réponse et que les mandarins ne voulaient pas lui permettre de s'établir à terre, il était allé gîter à Shang-haï. Lors de son retour au Pei-ho, il apprit que l'on refusait de le recevoir dans la capitale, et que, dans tous les cas, la cérémonie du *ko-tou* était exigée des ambassadeurs étrangers admis à la cour. Que l'on juge si, après une pareille odyssée, le diplomate russe avait lieu d'être bien satisfait des Chinois? Le ministre américain s'était tenu plus tranquille, mais il n'en pensait pas moins sur l'ensemble des relations avec le céleste empire, et notamment sur la ville de Canton, où peu d'années auparavant un commodore s'était vu obligé d'envoyer pour son propre compte quelques bordées de sa frégate. L'un et l'autre accueillirent donc avec empressement l'ouverture qui leur était faite par les ambassadeurs pour concerter leurs efforts et agir en commun par la voie diplomatique, et ils déclarèrent que leurs instructions les engageaient à seconder les démarches des représentants de la Grande-Bretagne et de la France, en ne s'arrêtant que devant le cas de guerre. Voilà la vérité sur l'attitude des États-Unis et de la Russie.

Il fut ainsi convenu que les représentants des quatre puissances transmettraient simultanément leurs propositions au gouvernement impérial, sous l'adresse du premier ministre et par l'entremise du gouverneur général des deux Kiangs et du gouverneur de Kiang-sou. Comme il n'y avait plus de vice-roi à Canton, ce mode de communication paraissait le plus facile. M. Oliphant, secrétaire de lord Elgin, et M. de Contades, secrétaire de l'ambassade française, furent chargés de porter les dépêches qu'ils devaient remettre au *tao-taï*, ou gouverneur de Shang-haï.

Arrivés à Shang-haï le 20 février, MM. Oliphant et de Contades apprirent que le *tao-taï* était parti pour Sou-tchou depuis quelques jours pour faire une visite au gouverneur de la province, à l'occasion de la nouvelle année. Ils résolurent de se rendre eux-mêmes sans délai à Sou-tchou. Dans une dépêche adressée au baron Gros, M. de Contades a rendu compte de ce curieux voyage. oici la partie la plus intéressante de son récit :

« Le 24 février, dans l'après-midi, les c suls de France et d'Angleterre et le vice-consul d'Amérique, accompagnés de leurs interprètes, M. Lay, inspecteur des douanes à Shanghaï, M. Oliphant et moi, nous nous embarquâmes sur des bateaux chinois pour Sou-tchou, où nous arrivions le 26 dans la matinée. Nous fîmes aussitôt prévenir le *fou-taï*[1] de notre arrivée et pénétrâmes dans la ville par une des portes des remparts ouvrant sur un canal, et sans autres difficultés que quelques paroles assez vives échangées entre nos bateliers et les hommes préposés à la garde de la porte.

« Nous mouillâmes à peu de distance de la porte par laquelle nous venions d'entrer, et bientôt une immense population, attirée par la nouveauté du spectacle et que semblait animer seule une curiosité pleine de bienveillance, se pressait autour de nous sur les deux rives du canal. Bientôt le *fou-taï* nous faisait dire qu'il nous attendait à son *ya-moun*[2], et que des chaises étaient disposées pour nous y conduire. Nous nous y rendîmes aussitôt.

« Le bruit de notre arrivée s'était rapidement répandu dans la ville, et ce fut au milieu d'une foule énorme, rangée en deux haies sur notre passage, que nous fîmes notre entrée dans Sou-tchou. Dans cette foule pas un cri, pas une seule de ces clameurs si habituelles aux Chinois, mais bien un silence profond, recueilli, qui est chez eux le signe du

1. *Fou-taï*, gouverneur de province.
2. *Ya-moun*, demeure officielle d'un mandarin.

respect et de la crainte, et qui nous permettait de saisir le bruit de quelques observations timidement faites à voix basse. Il était facile de lire sur toutes ces figures pressées, entassées autour de nous, les sentiments les moins hostiles, plus facile encore d'y voir un étonnement, une stupéfaction indicibles.

« Une salve de six coups de canon salua notre arrivée au ya-moun, à la porte duquel le *fou-taï* vint nous recevoir entouré de ses officiers. Entrés dans le prétoire, dont le gouverneur nous fit les honneurs avec une grâce parfaite, M. Oliphant et moi nous fûmes placés sur les deux siéges de l'estrade située au fond de la salle, de façon que le gouverneur, assis sur un des fauteuils de côté, pût, suivant l'étiquette chinoise, nous avoir tous les deux à sa gauche. Les consuls et les interprètes occupaient des siéges disposés sur les côtés. Après les premiers compliments d'usage, je pris la parole et adressai au *fou-taï* quelques phrases que l'interprète du consulat de France traduisit à mesure. Je dis au gouverneur « que j'allais avoir l'honneur de remettre « officiellement entre ses mains une dépêche qui lui était « adressée, ainsi qu'à Son Excellence le vice-roi des deux « Kiangs, par le haut commissaire de Sa Majesté l'empereur « des Français ; que cette dépêche en renfermait une autre « à Son Excellence le premier secrétaire d'État à Pékin, « d'une importance extrême, et que je priais le *fou-taï* de « vouloir bien, par la voie la plus prompte et sans souffrir « un retard qui engagerait sa responsabilité, la faire parve- « nir à sa destination. »

« Le gouverneur me répondit qu'il s'empresserait de se rendre au désir que je venais de lui exprimer touchant l'expédition des notes. Je lui remis aussitôt les dépêches. Le *fou-taï* ouvrit la première enveloppe à son adresse, et lut ce qu'elle renfermait pendant que tous ses officiers et secrétaires, debout derrière lui, en faisaient autant par-dessus son épaule. On nous a affirmé que parmi ces personnages il y avait de hauts dignitaires et des envoyés du vice-roi des deux Kiangs.

« M. Oliphant prononça à son tour quelques paroles dans le même sens que les miennes, après quoi le *fou-taï* nous offrit un petit repas durant lequel la conversation fut assez animée. Le gouverneur me demanda si Canton était rentré dans l'ordre; si le commerce y avait repris. Je lui fis répondre que les efforts des ambassadeurs n'avaient jamais cessé de tendre vers ce but, et qu'ils étaient heureux de l'avoir si complétement atteint. « Qu'allez-vous faire de Yeh? » dit alors le *fou-taï*. — Un de ces messieurs répondit qu'il était parti pour Calcutta. — « Le tuerez-vous? » ajouta Tchao d'un air assez indifférent. Je lui répondis que Son Excellence connaissait mal la générosité des ambassadeurs et de leurs gouvernements s'il les croyait capables de frapper un ennemi vaincu. Il nous demanda encore quand les ambassadeurs viendraient à Shang-haï, et, sans vouloir assigner d'époque fixe, nous ne pensâmes pas qu'il y eût de l'inconvénient à répondre que ce serait prochainement. Durant toute cette entrevue, le *fou-taï* fut d'une politesse et d'une distinction qui nous charmèrent. Sa physionomie, presque européenne par les traits, est fine et intelligente. Ses façons sont celles d'un homme de la meilleure compagnie. En somme, il serait impossible de recevoir un accueil plus gracieux, plus aimable que celui qu'il nous a fait. »

Le lendemain, 27 février, le *fou-taï* rendit visite à MM. Oliphant et de Contades, qui reprirent la route de Shang-haï, après s'être très-heureusement acquittés de leur mission. Il est impossible de ne point remarquer, dans le récit que l'on vient de lire, les dispositions bienveillantes et polies de la population et des mandarins à l'égard des envoyés étrangers.

La note de lord Elgin, datée du 11 février, qui venait d'être ainsi remise au gouverneur de Sou-tchou pour être expédiée au premier ministre, peut être considérée comme le point de départ des négociations engagées directement avec la cour de Pékin. Il importe de résumer cette note et même d'en reproduire quelques extraits qui feront connaître à la fois le sens et la forme des propositions de l'ambassadeur anglais.

Après avoir rappelé les incidents survenus à Canton, les justes demandes de l'Angleterre et de la France, la correspondance échangée avec le vice-roi, les réponses dilatoires et évasives de ce haut fonctionnaire, lord Elgin annonçait au principal ministre de l'empereur que les alliés, se bornant à l'occupation militaire de Canton, s'abstiendraient pour le moment de reprendre les hostilités, et que les deux ambassadeurs allaient se rendre à Shang-haï, où ils seraient disposés à traiter avec un représentant dûment accrédité par l'empereur de Chine pour le règlement amiable de toutes les questions en litige. Puis, sans entrer dans les détails, il signalait les divers points qui lui paraissaient pouvoir former la base de sérieuses négociations : la révision des tarifs de douane et l'examen des droits de transit perçus à l'intérieur de l'empire, l'admisssion du commerce étranger dans un plus grand nombre de ports et dans les principaux fleuves, la répression de la piraterie et l'établissement sur les côtes d'une police efficace, à laquelle le gouvernement anglais offrait de prêter son concours. Lord Elgin ne disait pas un mot du trafic de l'opium, mais il mentionnait deux questions très-importantes, à savoir l'admission des ministres étrangers à la cour de Pékin et le traitement des chrétiens.

« Il est probable, disait-il, que si Pékin, le siége du gouvernement impérial, avait été accessible aux ministres étrangers, selon l'usage qui prévaut parmi les grandes nations de l'Occident, les calamités qui ont récemment affligé Canton auraient été conjurées..... Dans quelques parties de l'empire, les chrétiens sont soumis à un régime qui est contraire et aux intérêts de la civilisation et aux doctrines professées par les plus grands philosophes de la Chine. Cependant les chrétiens ne désirent que la faculté de vivre en paix et d'accomplir leurs devoirs envers Dieu et envers les hommes. Pourquoi dès lors seraient-ils persécutés?... Si donc un délégué de l'empereur se présente à Shang-haï avant la fin de mars, muni de pleins pouvoirs non-seulement pour indemniser les sujets anglais des pertes qu'ils ont éprouvées, et le gouvernement de la Grande-Bretagne des frais d'une guerre qu'il s'est vu obligé d'entreprendre, mais encore pour traiter sur les points indiqués plus haut, le soussigné l'accueillera avec les intentions les plus conciliantes et avec le sincère désir de s'entendre sur les combinaisons qui pourront rendre inutile tout nouveau recours à la force des armes, rétablir la bonne harmonie entre les grandes nations de l'Occident et la Chine, enfin permettre aux troupes alliées de se retirer de Canton. Si au contraire, à la date fixée, il ne se présente à Shang-haï aucun plénipotentiaire, ou si l'envoyé de l'empereur n'a que des pouvoirs insuffisants, ou encore si, muni des pouvoirs nécessaires, il refuse d'accéder à des propositions raisonnables, le soussigné se réserve expressément le droit de prendre, sans autre avis, ni délai, ni déclaration de guerre, telles mesures qu'il lui paraîtra convenable d'adopter pour obtenir satisfaction au nom de son gouvernement. »

C'était un *ultimatum*; mais les termes de cette note ouvraient en même temps une large porte à la conciliation. La note du baron Gros devait être à peu près identique, tout en faisant sans doute une part plus grande à la question religieuse, qui intéressait particulièrement la France. Sauf les conclusions comminatoires, les notes adressées au premier ministre par le comte Poutiatine et par M. Reed renfermaient les mêmes demandes. Dans le courant de mars 1858, lord Elgin et le baron Gros étaient à Shang-haï, attendant la réponse.

Cette réponse, datée du 21 mars, fut adressée, non par le premier ministre, mais collectivement par le gouverneur général des deux Kiangs et par le gouverneur du Kiang-sou, qui, on l'a vu plus haut, avaient servi d'intermédiaires pour l'envoi à Pékin des notes remises par MM. Oliphant et de Contades. Voici le texte de la dépêche que ces deux mandarins écrivirent à lord Elgin :

« Nous nous sommes empressés de transmettre à Pékin, sous pli cacheté, la communication que Votre Excellence nous a envoyée pour le secrétaire d'État Yu-ching. Nous venons de recevoir du secrétaire d'État une dépêche ainsi conçue :

« J'ai lu la lettre que vous m'avez adressée et me suis mis au cou-« rant de toute l'affaire. Dans la neuvième lune de l'avant-dernière « année (octobre 1856), les Anglais ont tiré le canon sur la ville de « Canton ; ils ont bombardé et incendié les édifices publics et les « maisons particulières, attaqué et escaladé les forts. La bourgeoisie « et le peuple de la ville et des faubourgs ont entouré le palais de « Yeh, en suppliant le vice-roi de faire une enquête et de prendre « des mesures de sûreté. Cela est connu de tous les étrangers. L'en-« lèvement d'un ministre et l'occupation d'un de nos chefs-lieux de « province sont des faits sans exemple dans l'histoire du passé ! Sa « Majesté l'empereur est magnanime et plein de prudence. Il a dai-« gné, par décret, dégrader Yeh du poste de gouverneur général des « deux Kwangs à cause de sa mauvaise administration, et envoyer à « Canton son Excellence Houang, en qualité de commissaire impérial, « pour examiner l'état des choses et décider impartialement. Il faut « donc que le ministre anglais se rende à Canton pour y soumettre

« ses propositions. Nul commissaire impérial ne peut traiter d'affaires « à Shang-haï. — Comme les règlements du céleste empire tracent à « chaque fonctionnaire ses limites d'attributions, et que les servi- « teurs du gouvernement chinois doivent se conformer religieusement « au principe qui leur interdit tous rapports avec les étrangers, il ne « serait pas convenable que je répondisse en personne au ministre « anglais. Veuillez donc lui faire part de tout ce que je viens de vous « dire, et par ce moyen sa note ne demeurera pas sans réponse. »

« Nous remarquons qu'à la date où Votre Excellence écrivait de Canton, elle ignorait encore que Sa Majesté l'empereur avait envoyé un autre commissaire impérial en la personne de Houang, le nouveau gouverneur général, pour se livrer à une enquête et pour prendre une décision sur l'ensemble des affaires. Nous nous empressons donc de vous informer que Houang est déjà en route pour Canton, afin que, d'après cet avis, vous puissiez suivre la marche qui est indiquée et qui doit certainement aboutir à une solution amiable de toutes les difficultés. »

On risquerait de se tromper si l'on voyait dans cette dépêche, si singulière qu'elle paraisse, un parti pris d'impertinence. Il est tout à fait exact que, selon les idées chinoises, les communications avec les étrangers devaient passer par l'intermédiaire du vice-roi de Canton, qui était expressément investi à cet effet du titre de commissaire impérial. Du reste, comme on l'avait prévu, Yeh était dégradé « pour sa mauvaise administration; » un autre commissaire était envoyé à Canton, plutôt comme un juge de paix chargé d'entendre les plaintes des étrangers que comme un négociateur ayant mission de traiter d'égal à égal avec un ambassadeur; enfin l'empereur était si magnanime, qu'il continuait à tolérer la présence des Européens dans les ports, et que le bombardement de Canton n'avait retenti ni à Shang-haï ni à Ning-po, où les mandarins se comportaient à l'égard des consuls comme si l'on était en pleine paix !

Comment expliquer cette série de contradictions ou de

naïvetés ? Pour mener aussi légèrement une affaire aussi grave, le cabinet de Pékin ignorait-il ou feignait-il d'ignorer le véritable caractère des événements de Canton ? Tout indique que sa méprise était sincère. En laissant à l'ancien gouverneur Pi-kwei l'administration de la ville, les alliés avaient épargné jusqu'à un certain point au gouvernement chinois les apparences de la défaite, et Pi-kwei ne se vantait certainement pas aux yeux de son souverain de la situation qu'il avait acceptée des vainqueurs ; aussi, après avoir reçu l'investiture des ambassadeurs anglais et français, ce même Pi-kwei était-il désigné par l'empereur pour remplir les fonctions de gouverneur général jusqu'à l'arrivée du successeur de Yeh. On croyait donc à Pékin que la ville de Canton, quelque peu détériorée par les canons européens et occupée momentanément par une poignée de soldats barbares, n'avait point cessé de demeurer sous l'autorité impériale, et on supposait que l'humeur turbulente des étrangers devrait s'estimer plus que satisfaite par l'éclatante disgrâce d'un vice-roi. En résumé, la vérité n'était point connue à Pékin ; le cabinet impérial désirait que la querelle de Canton, demeurât une affaire toute locale et fût réglée à Canton même. Voulant à tout prix éloigner du nord de l'empire, et particulièrement du voisinage de la capitale, les ministres étrangers, il accordait une concession qui, pour être dissimulée sous des formes par trop superbes, n'en était pas moins très-importante, le désaveu et la déchéance de Yeh ; il se figurait que les choses ne seraient point poussées plus loin. Le premier ministre se trompait évidemment, mais il ne songeait pas à commettre envers lord Elgin le grave délit d'impertinence.

D'un autre côté, l'ambassadeur anglais ne pouvait accepter une pareille réponse, qui s'accordait si peu avec les conditions de son ultimatum. Il la renvoya aux mandarins qui la lui avaient adressée, et il écrivit au premier ministre que son refus de correspondre directement avec lui, sous prétexte d'usages chinois, constituait une violation du traité de Nankin. Il annonçait en même temps qu'il allait se mettre en route pour le nord, où il serait mieux à portée d'entrer en communication avec les hauts fonctionnaires de la capitale. Approuvée et partagée non-seulement par l'ambassadeur français, mais encore par les ministres de Russie et des États-Unis, qui avaient reçu des réponses aussi évasives, cette résolution fut sans délai mise à exécution, et au commencement d'avril 1858 les représentants des quatre puissances partirent de Shang-haï pour se rendre dans le golfe du Petchili, où ils comptaient, appuyés par la présence des escadres, reprendre les négociations.

II

Enquête sur la situation du commerce européen en Chine; résultats du traité de Nankin; examen des griefs imputés au gouvernement chinois. — Documents confidentiels trouvés dans les archives de Canton, lors de la prise de cette ville. — Récit du voyage fait au Pei-ho, en 1854, par le gouverneur de Hong-kong, sir John Bowring, par le ministre des États-Unis, M. Mac-Lane, et par le secrétaire de la légation française, M. Kleczkowski; négociations avec les mandarins. — Instructions adressées en 1856 par la cour de Pékin au vice-roi de Canton. — Un rapport de Ky-ing.

Pendant que la diplomatie se transporte à toute vapeur vers le golfe du Petchili et affronte les parages les plus tourmentés de la mer de Chine, nous avons le loisir d'examiner les documents politiques et commerciaux que lord Elgin avait recueillis au début de sa mission, et qui pouvaient lui fournir d'utiles indications pour la discussion d'un nouveau traité. L'ambassadeur anglais s'était adressé aux consuls, aux chambres de commerce, aux chefs des grandes maisons établies dans les ports chinois, et de toutes parts on lui avait transmis avec empressement les détails les plus complets sur les diverses branches du négoce. C'était en effet une occasion unique pour préparer le développement du trafic, déjà immense, que la Grande-Bretagne et l'Inde entretiennent avec la Chine. Sans refuser à l'Angleterre le mérite de préoccupations d'un autre ordre, sans contester la sincérité de son zèle pour la civilisation et pour la foi chrétienne, on peut dire qu'elle n'a jamais voulu, et avec raison, intervenir dans les affaires du céleste empire qu'en vue de l'intérêt commercial, et qu'elle ne se soucierait nullement d'aller combattre si loin pour le triomphe d'une idée. Il s'agissait donc principalement pour lord Elgin d'obtenir des conditions plus favorables au commerce étranger, et d'agrandir la brèche que le traité de Nankin (1842) avait pratiquée dans la vieille muraille de Chine. Aussi fut-il littéralement assailli par une avalanche de rapports et de mémoires statistiques sur le commerce européen dans l'extrême Orient.

En 1842 l'ensemble des transactions britanniques en Chine, y compris les échanges entre ce pays et l'Inde, représentait une valeur de deux cents millions de francs. Ce chiffre, s'élevant graduellement, a atteint pendant ces dernières années cinq cents millions. Le progrès est donc très-sensible; cependant il n'a point répondu aux espérances que l'on avait conçues lors de la conclusion du traité de Nankin. Si le trafic illicite de l'opium s'est développé au profit de l'Inde, si les exportations du thé et des soies de la Chine pour l'Angleterre se sont accrues dans une forte proportion, les envois de la métropole en produits fabriqués, en tissus, n'ont pas obtenu le développement que l'on prévoyait. Il était difficile d'accuser le tarif chinois qui, avec ses taxes de cinq pour cent environ, est à coup sûr l'un des plus hospitaliers du monde. On s'en prit alors à la mauvaise foi des mandarins, à leurs exactions, aux taxes de transit irrégulièrement perçues à l'intérieur de l'empire sur les marchandises anglaises, aux coalitions des négociants indigènes, etc. Les documents recueillis par lord Elgin permettent de contrôler ces allégations, et jettent une vive lumière sur les destinées du commerce européen en Chine.

Au-dessus des difficultés accessoires et des entraves réglementaires, qui exercent assurément leur influence, il y a un fait général qui domine la condition du marché : c'est que le céleste empire est lui-même une immense manufacture, merveilleusement organisée pour la production, possédant à la fois la matière première et une main-d'œuvre inépuisable, et compensant en partie par le bas prix du salaire ainsi que par le vaillant travail des ouvriers les avantages que l'industrie européenne doit à l'emploi des machines. Les fabricants anglais ont donc à lutter contre une concurrence très-sérieuse, notamment pour la vente des tissus, et ces ardents partisans du *free trade* ne sauraient reprocher à leurs rivaux un résultat tout à fait conforme à la loi économique.

Quant à la mauvaise foi et aux exactions des mandarins,

l'argument est très-contestable. L'un des consuls anglais déclare, dans un mémoire adressé à lord Elgin, que, sauf à Canton, où la situation a toujours été exceptionnelle, les fonctionnaires chinois ont exactement observé les clauses des traités, et même qu'ils ont accordé aux Européens certaines facilités qui n'avaient pas été expressément stipulées. Quelques mandarins ont favorisé la contrebande et fermé les yeux sur les transports d'opium; mais ce ne sont pas apparemment les contrebandiers ni les marchands d'opium qui ont à se plaindre de ces actes de concussion, qu'ils récompensent et dont ils profitent aux dépens du gouvernement chinois.

La perception de droits de transit à l'intérieur de l'empire, contrairement aux engagements pris lors de la rédaction du tarif, donnerait lieu à des réclamations plus légitimes. Il paraît à peu près établi que ces taxes existent, bien que les consuls anglais n'aient jamais pu jusqu'ici en préciser le taux ni même découvrir les douanes où s'effectue la perception; mais sur ce point encore, les Chinois ont une excuse puisée dans les habitudes de leur organisation financière. Les produits des douanes maritimes étant versés dans le trésor impérial, le gouvernement de Pékin peut à son gré décréter ou supprimer les taxes, et par conséquent tenir envers le commerce étranger, dans les ports, les engagements que lui imposent les traités. Il n'en est plus de même pour les douanes intérieures. Chaque province a son budget spécial, qui doit à la fois suffire à ses besoins ordinaires, et laisser à la disposition du gouvernement central une somme plus ou moins considérable pour les dépenses générales de l'empire. Les gouverneurs de province établissent donc les impôts qui sont jugés nécessaires, ils les augmentent ou les diminuent suivant les circonstances, ils règlent les tarifs de douane et de transit sur les frontières de leurs territoires, de telle sorte que l'administration siégeant à Pékin pourrait même ignorer la source des revenus sur lesquels on lui envoie la redevance annuelle. Exiger que dans un empire aussi vaste le pouvoir central examine tous les détails de dépenses et de recettes, qu'il se préoccupe des taxes perçues à la frontière de chaque province, ce serait en vérité demander l'impossible. Il est probable du reste que ces droits de transit s'appliquent aux marchandises chinoises comme aux marchandises étrangères, ce qui atténuerait beaucoup la gravité du reproche adressé à l'administration de l'empire.

Enfin les négociants anglais se plaignent de la coalition des négociants indigènes, qui, favorisés par le système de restrictions, et se trouvant seuls maîtres du marché intérieur, dicteraient la loi aux Européens, feraient à la volonté la hausse ou la baisse, et arriveraient ainsi à ressusciter sous une autre forme les abus que l'on avait voulu supprimer en abolissant, par le traité de 1842, la corporation des hanistes. Sans être poussée aussi loin que l'ont prétendu les négociants anglais, la reconstitution d'une sorte de commerce privilégié dans les ports est la conséquence même du régime particulier auquel demeurent soumises les transactions avec la Chine. Dès que la faculté d'effectuer les échanges est limitée à quelques ports seulement, les négociants indigènes établis dans ces ports jouissent, à l'égard du commerce européen, sinon d'un monopole absolu, du moins de l'avantage très-réel que leur donnent la connaissance des besoins intérieurs et leur position d'intermédiaires obligés, et il en sera ainsi, dans une mesure plus ou moins forte, tant que le céleste empire ne sera pas complètement ouvert aux transactions directes avec les autres nations.

Tel est, en peu de mots, le résultat de l'enquête commerciale ordonnée par lord Elgin. Les accusations portées contre la mauvaise foi des Chinois tombent en grande partie devant le simple exposé des faits. Rien n'indique que systématiquement, de parti pris, le cabinet de Pékin ait songé à annuler par des actes d'administration intérieure l'effet des concessions accordées en 1842. Tout porte à croire d'ailleurs qu'il se soucie fort peu soit du progrès, soit du ralentissement du commerce étranger, car en présence des énormes chiffres de production et de consommation que les statisticiens pourraient accumuler au sujet de la Chine, les quantités de marchandises importées ou exportées sont tout à fait insignifiantes. Les caisses de thé et les balles de soie expédiées en Europe et en Amérique ne forment qu'une portion infiniment petite de la production totale; l'introduction des tissus anglais n'influe en rien sur la condition des manufactures indigènes, et il ne paraît pas que le gouvernement de l'empire chinois ait à se débattre contre les exigences d'un parti prohibitionniste ou protectionniste. C'est une tradition politique qui règle son attitude vis-à-vis des étrangers : l'intérêt commercial n'a aucune importance à ses yeux; mais ce qui n'est rien pour lui est tout ou presque tout pour les puissances étrangères qui frappent aux portes de la Chine, et lord Elgin trouvait dans l'enquête l'indication des points sur lesquels il devait particulièrement insister auprès du cabinet de Pékin, dans l'intérêt des échanges.

17.

Réduction des droits de douane et de transit, et surtout ouverture de nouveaux ports, avec faculté pour les étrangers de visiter les grands marchés échelonnés sur le cours du fleuve Yang-tse-kiang, voilà le programme qui était tracé. Si, conformément à l'invitation qu'il avait reçue, lord Elgin était retourné à Canton pour y traiter avec le commissaire impérial nommé à la place de Yeh, il eût obtenu probablement et sans trop de difficulté, la révision des tarifs et l'admission des Européens dans quelques ports; mais le droit de circuler en Chine et de remonter le Yang-tse-kiang eût été obstinément refusé, car cette question, si simple en apparence, se complique de détails qui intéressent les principes mêmes du gouvernement et la police de l'empire. La population étrangère qui va chercher fortune dans l'extrême Orient ne se compose pas uniquement de négociants paisibles qui, occupés des soins de leur négoce, ne songent qu'à acheter à bon marché et à vendre très-cher, en obéissant d'ailleurs aux lois établies et aux prescriptions de leurs consuls; il y a, là aussi, des aventuriers qui n'ont ni patrie ni consuls, et qui, du jour où ils auraient le champ libre, s'abattraient à l'intérieur du pays, sous prétexte de commerce, troubleraient les habitudes des Chinois, feraient perdre la tête aux mandarins, et ne tarderaient à provoquer de graves désordres. Lord Elgin comprenait donc qu'il rencontrerait de nombreuses objections contre un changement aussi considérable; qu'il devrait, en retour des concessions demandées, offrir des garanties, et que, pour élargir le cercle des relations entre étrangers et Chinois, il fallait en même temps, à titre de sécurité mutuelle, étendre et régulariser les rapports diplomatiques. C'était à Pékin désormais, dans la capitale de l'empire, et non plus à Canton, au milieu d'une population turbulente et plusieurs fois bombardée, qu'il convenait de porter l'appréciation calme et souveraine des difficultés internationales. L'admission des ministres étrangers à la cour de Pékin semblait être la conséquence nécessaire de la nouvelle politique. Aussi lord Elgin voulait-il l'obtenir à tout prix. Examinons pourtant si les documents confidentiels trouvés dans les archives du vice-roi de Canton n'étaient point de nature à modifier ses premières impressions.

En 1854, sir John Bowring, gouverneur de Hong-kong, et M. Mac-Lane, ministre des États-Unis, se rendirent dans le golfe du Petchili pour demander la révision des traités. L'insurrection chinoise étant alors à son apogée, ils crurent que le cabinet de Pékin se montrerait plus conciliant. Ils avaient du reste un motif très-plausible pour tenter une démarche directe. Des difficultés s'étaient élevées à Shang-haï au sujet de la perception des droits de douane; les représentations des consuls n'avaient pas été écoutées; le vice-roi de Canton, Yeh, avait manifesté du mauvais vouloir. Sir John Bowring et M. Mac-Lane jugèrent donc qu'à l'occasion de ce grief, peu important au fond, ils pourraient avec quelque chance de succès reprendre l'ensemble de la question chinoise, et proposer de concert une série de conditions nouvelles, parmi lesquelles figuraient en première ligne l'admission des ambassadeurs étrangers à la cour de Pékin et l'ouverture des ports du Yang-tse-kiang. La plupart des dépêches secrètes échangées par les mandarins à propos de ce voyage des deux ministres au Petchili étaient tombées entre les mains des vainqueurs de Canton, et avaient été traduites par l'interprète anglais, M. Wade. Lord Elgin pouvait donc connaître parfaitement le terrain sur lequel il allait s'engager.

La première pièce de cette curieuse correspondance est un rapport adressé à l'empereur par Iliang, gouverneur général des deux Kiangs, qui rend compte, à la date du 24 juin 1854, de ses efforts pour détourner M. Mac-Lane de se rendre à Tien-tsin. Iliang a fait observer au ministre américain qu'indépendamment de l'interdiction inscrite dans les traités, Tien-tsin est devenu inabordable, attendu que la population y a élevé d'immenses fortifications pour se défendre contre les rebelles, et qu'il y a là cent mille volontaires parfaitement disciplinés, qui ne manqueraient pas de repousser violemment les étrangers [1]. Il a ensuite discuté de point en point et réfuté victorieusement les allégations de son adversaire, et lui a enjoint de retourner à Canton et d'y attendre la décision de Yeh, seul compétent pour examiner les demandes des barbares. C'est un moyen, ajoute Iliang, de gagner du temps et de tenir ces importuns à distance. Il conseille en même temps d'accorder la légère faveur qui est sollicitée pour l'application du tarif des douanes à Shang-hai; de cette manière, les étrangers n'auront plus de prétexte pour reproduire leurs ridicules prétentions. — L'empereur, par un décret spécial, approuve fort la conduite d'Iliang, et la com-

1. Ce mensonge qui, à ce qu'il paraît, fut trouvé fort adroit en 1854, a été répété cinq ans plus tard lors de la malheureuse affaire de Takou. C'était, au dire des Chinois, pour repousser les rebelles que les habitants de la côte avaient élevé les forts qui firent feu sur l'escadre de l'amiral Hope.

pare avec avantage à l'indigne attitude d'un autre mandarin qui précédemment avait montré quelque penchant à accepter le concours des étrangers pour chasser les rebelles de Shanghaï. Pas de concession! tel est le mot d'ordre. — Mais voici que le 20 août Iliang se voit obligé d'annoncer à son souverain, que non-seulement le ministre des États-Unis, mais encore le ministre anglais, se plaignant des procédés impolis du vice-roi de Canton, ont manifesté l'intention d'aller à Tien-tsin. « Ce n'est peut-être de la part de ces étrangers qu'une ruse pour nous contraindre d'accueillir leurs demandes. Je leur ai ordonné avec une affectueuse insistance de ne point partir, et leurs navires sont encore à l'ancre. Cependant je ne puis être sûr de ce qu'ils feront, le caractère des barbares est si mobile et si inconséquent!... » En effet, las de ne rien obtenir, les deux ministres se décidèrent à se rendre à Tien-tsin, et le 15 octobre 1854 ils arrivèrent à l'embouchure du Pei-ho.

Là, nous nous trouvons en présence de nouveaux personnages. Un mandarin civil et un général annoncent à l'empereur l'arrivée des étrangers et font le récit de leurs entrevues avec les interprètes des deux légations, MM. Parker et Medhurst. A les en croire, « ils ont vigoureusement tenu tête aux demandes impertinentes qui leur ont été soumises. Pénétrer dans le Yang-tse-kiang, ce serait violer les conventions adoptées de part et d'autre; envoyer des ambassadeurs à Pékin! à quoi bon? pour discuter de simples intérêts de commerce qui peuvent être examinés de plus près dans les ports où les étrangers sont admis? » Et d'ailleurs « l'enceinte impériale de la dynastie céleste est un lieu sacré que ne doit point profaner la présence des barbares! » Cependant, tout en se targuant d'une invincible fermeté, tout en se vantant d'avoir renvoyé avec une verte semonce des dépêches conçues en termes irrespectueux et repoussé avec indignation un cadeau de vingt-six bouteilles de vin barbare, les deux mandarins paraissent ne pas être tout à fait à leur aise, et ils glissent dans chaque rapport, le plus souvent en *post-scriptum*, quelques conseils de modération et de clémence. — Ces étrangers, disent-ils, sont évidemment des gens détestables, mais il serait peut-être bien de ne pas les pousser à bout. Si l'empereur daignait envoyer un haut dignitaire pour conférer avec les ministres, et si on leur accordait deux ou trois faveurs d'une importance minime, on les éloignerait sans doute, et l'on n'entendrait plus parler d'eux. — D'après ce modeste avis, l'empereur charge le dignitaire Tsoung-lun d'aller à Tien-tsin pour en finir, ce qui, au rapport des mandarins, cause aux barbares une joie inexprimable. Précisément le vent du nord souffle depuis plusieurs jours, il va bientôt geler, et ces étrangers ont une telle horreur du froid qu'ils seront enchantés de retourner vers le sud, surtout si on leur promet d'y examiner quelques-unes de leurs propositions. Tsoung-lun arrive, prend la direction des pourparlers, tient une conférence avec MM. Mac-Lane et Bowring, et adresse à sa cour des rapports absolument identiques, et pour le fond et pour la forme, à ceux des mandarins. « Ce sont des impertinents ! écrit-il ; quelques-unes de leurs propositions sont réellement injurieuses. Cependant, si on ne leur faisait pas une seule concession, ils s'en iraient mécontents et très-aigris ; ils n'oseraient certainement pas se porter à des actes de violence, mais il faut penser que la révolte du sud n'est pas encore apaisée, et qu'il vaut mieux ne pas compliquer les affaires, Du reste, il est bon de se préparer à toute éventualité et de s'armer secrètement. Les barbares craignent les forts et insultent les faibles; c'est leur caractère. » Après avoir exprimé cet avis, Tsoung-lun sollicite les instructions de l'empereur en lui envoyant toutes les pièces du débat, y compris les notes remises par les ministres.

Quelques jours après, un décret impérial, approuvant pleinement les propositions dn mandarin, parvient à Tien-tsin. — « Les demandes des barbares, lisons-nous dans ce document, sont insultantes et impertinentes à l'excès, on doit les repousser comme inconvenantes, article par article. Tout a été réglé par les traités. Le Yang-tse-kiang ne peut être ouvert. Ils veulent avoir la faculté de résider à Pékin et d'entreposer des marchandises à Tien-tsin! C'est le comble de la folie : la capitale est une ville sainte!... Ils disent qu'à Shang-haï leur commerce a souffert par suite du voisinage des rebelles, et ils demandent une remise des droits de douane. Étrangers et sujets sont égaux devant notre justice, et nous éprouvons un sentiment particulier de bienveillance pour les gens qui viennent de loin. Nous serons disposé à faire la remise des droits, mais il faut que cette affaire soit examinée dans les provinces par les autorités compétentes, dont les rapports éclaireront notre décision. De même pour le tarif du thé à Canton, de même pour les querelles particulières qui se sont élevées dans quelques ports entre barbares et Chinois. Que Tsoung-lun et ses collègues donnent aux ministres étrangers ces diverses explications, comme si elles venaient de leur seule initiative; qu'ils leur commandent de retourner à Canton. Si les ministres réclament contre la désignation de cette ville, on peut les autoriser à se mettre en rapport à Shang-haï avec le gouverneur général Iliang. En tout cas, qu'ils se gardent bien de reparaître à Tien-tsin. On les y a accueillis par considération pour les fatigues qu'ils ont endurées sur mer; mais, s'ils y reviennent, on n'aura point pour eux les mêmes égards... » — Ce décret est reçu avec les marques de la plus vive émotion par les mandarins qui, dans leur rapport du 10 novembre, remercient l'empereur de sa clémence, l'informent qu'ils ont obéi à ses instructions, et que MM. Mac-Lane et Bowring sont enfin partis. Tsoung-lun croit pouvoir affirmer à son souverain qu'au fond ces barbares tenaient par-dessus tout aux intérêts de leur commerce à Canton, à Shang-haï, dans le Yang-tse-kiang, et que leurs autres demandes, telles que la résidence à Pékin, etc., n'étaient point sérieuses. Ils doivent donc être très-satisfaits des promesses d'enquête qui leur ont été données. Cependant ces barbares sont si inconséquents, qu'il paraît nécessaire de prendre des précautions contre leurs projets insidieux, et d'exercer sur leurs manœuvres une grande vigilance.

A cette visite des ministres d'Angleterre et des États-Unis se rattache un incident qui nous intéresse plus directement. Le secrétaire de la légation française, M. Klecszkowski, avait accompagné à Tien-tsin MM. Mac-Lane et Bowring. — « Lors de notre entrevue, écrit le ponctuel Tsoung-lun, nous avons vu tout à coup apparaître un autre barbare qui nous a présenté sa carte de visite, c'était Klecszkowski, envoyé français. Il comprenait le chinois et le parlait couramment. On a fixé un jour pour lui donner audience... Ces barbares sont si perfides que nous n'étions pas bien sûrs que celui-ci fût réellement un Français; il n'était peut-être qu'un compère déguisé dans quelque intention perverse... » — Le mandarin ajoute que M. Kleczkowski avait présenté une dépêche adressée aux ministres de Pékin, mais qu'on la lui avait renvoyée en l'invitant à s'expliquer verbalement sur l'objet de sa visite; qu'enfin il réclamait par écrit la mise en liberté d'un Français arrêté dans la province du Chen-si; copie de sa lettre était placée sous les yeux de l'empereur. — Il s'agissait sans doute de la mise en liberté d'un de nos missionnaires. Nous aurions voulu pouvoir, à cette occasion, connaître exactement ce que l'empereur et les mandarins pensent de la religion chrétienne; malheureusement cette partie de la correspondance chinoise ne fournit à cet égard aucune explication. Dans un autre document saisi à Canton se trouvent quelques lignes sur les sectateurs de Jésus. Un mandarin admis à l'audience de l'empereur rend compte des questions qui lui ont été faites par son auguste interlocuteur. Interrogé sur les chrétiens, il a répondu que « cette secte ne recrute guère d'adhérents que dans le bas peuple, et ne compte dans son sein aucun lettré; ses livres parlent d'un Jésus qui a été cloué sur une croix; ils exhortent à la vertu et aux bonnes œuvres. En temps ordinaire, les chrétiens ne sont pas dangereux; mais, comme il y a entre eux une grande unité de doctrine, il se pourrait, aux époques de trouble, qu'un chef intelligent sorti de leurs rangs entraînât le peuple et mît le trouble dans le pays. C'est ainsi que l'on a arrêté dans la province du Chen-si plusieurs individus qui professaient la doctrine du Seigneur du ciel, et que l'on soupçonnait de connivence avec les révoltés. » Ce lambeau de conversation suffit pour montrer que les persécutions dirigées en Chine contre les religions étrangères sont inspirées, non par un sentiment de fanatisme, mais par un intérêt de police.

Dès que MM. Mac-Lane et Bowring furent partis de Tien-tsin, le conseil de l'empire s'empressa d'adresser aux gouverneurs du littoral une circulaire confidentielle pour les tenir au courant de la situation, et pour les engager à examiner impartialement, sans faiblesse, les mesures de détail sur lesquelles le mandarin Tsoung-lun avait promis une décision. « Les barbares, disait cette circulaire, ne songent qu'à une chose : gagner de l'argent. Tout ce qu'ils demandent en courant ainsi de côté et d'autre, c'est d'augmenter leur commerce et de voir diminuer les droits de douane. En leur faisant quelques petites concessions, on leur fermera la bouche. » Du reste, les gouverneurs recevaient l'ordre de bien veiller, de tenir l'empereur informé de toutes les manœuvres des étrangers, et d'avoir l'œil sur M. Klecszkowski. Ainsi se termine la correspondance chinoise sur la tentative de 1854.

Mais les mandarins n'étaient pas au bout de leurs peines. En février 1856 le gouverneur de Shang-haï eut encore la triste mission d'annoncer que les ministres d'Angleterre et des États-Unis devaient se représenter prochainement pour solliciter la révision des traités. La chancellerie de Pékin se remit sans délai à l'œuvre et adressa, le 24 mars, au vice-roi de Canton Yeh, des instructions dont il convient de citer au moins un extrait, parce qu'elles indiquent clairement le sens que le gouvernement chinois attachait aux traités conclus de 1842 à 1844, et expliquent l'attitude politique du vice-roi envers les Européens jusqu'à la rupture définitive des rapports à Canton.

« Les traités qui ont ouvert les cinq ports contiennent une clause qui prévoit le cas où ils pourraient être revisés; mais par cette clause nous avons seulement voulu dire que si l'expérience révélait des abus, des difficultés d'exécution, nous ne verrions pas d'objection à admettre quelques légers changements. Nous n'avons jamais entendu que l'on dût modifier en quoi que ce fût les conditions fondamentales. Les demandes que ces barbares ont apportées il y a deux ans à Shang-haï et à Tien-tsin étaient tellement inadmissibles que nous les avons repoussées avec dédain. Les ministres étrangers eux-mêmes, convaincus de leur déraison, n'ont point cherché à prolonger le débat. Les voici maintenant qui vont à Shang-haï sous le prétexte que les façons d'agir du gouverneur de Canton ne leur paraissent plus tolérables; mais les autorités de Shang-haï ne sont à aucun titre compétentes pour s'occuper de ces affaires : elles ne peuvent rien accorder, et leur refus aura pour résultat de pousser les barbares vers Tien-tsin, ce qui serait une violation plus grande encore du droit et des convenances. Il faut donc que Yeh prenne connaissance de tous les détails de cet incident et qu'il retienne les barbares. Si les changements que ceux-ci désirent ne portent que sur des points peu essentiels, il pourra les examiner avec eux, puis nous en référer pour que ces changements soient adoptés. Si on reproduit les extravagantes demandes présentées déjà il y a deux ans, il devra parler net, tout repousser et rompre les négociations. C'est à lui qu'il appartient de faire évanouir ces projets de voyage vers le nord; il procédera adroitement, par un égal mélange de bienveillance et de menace. Qu'il ne se montre pas complétement inaccessible, de crainte que son refus de les recevoir ne fournisse aux barbares un prétexte de plainte. D'un autre côté, les autorités de Shang-haï répéteront aux consuls que toutes les affaires concernant les cinq ports sont en dehors de leur juridiction, et regardent exclusivement le commissaire impérial résidant à Canton... Elles s'efforceront, par quelques paroles gracieuses, de persuader aux chefs barbares qu'ils doivent prendre la route de Canton et couperont court à toute autre difficulté. Cela est très-important. »

Les documents chinois qui viennent d'être analysés ou

reproduits auront paru sans doute assez burlesques, mais ils sont en même temps fort instructifs. Ils montrent que les faits et gestes des Européens sont régulièrement portés à la connaissance du gouvernement central, que l'empereur en est informé et s'en occupe, car plus d'une fois son auguste pinceau a daigné surcharger d'annotations à l'encre rouge les dépêches des mandarins. Or on se figurait généralement que l'empereur, enfermé dans la triple muraille de son palais, demeurait étranger à la politique des barbares, et que les traités conclus de 1842 à 1844 n'avaient même jamais été placés sous ses yeux; erreur grossière qui a pu, dans certaines circonstances, entraîner à de fausses démarches les diplomates européens. Il est vrai que si le cabinet de Pékin est instruit des principaux événements qui se passent dans les ports, il ne peut guère les apprécier exactement d'après les comptes rendus que lui adressent les mandarins. Il est perpétuellement trompé, mystifié, et pour lui comme pour nous c'est un grand malheur. L'ignorance vraiment incroyable des Chinois sur tout ce qui se rattache aux nations étrangères, le respect des préjugés traditionnels, la crainte des disgrâces, empêchent les autorités provinciales de dire la vérité et de transmettre au gouvernement les fâcheuses nouvelles : d'où il résulte qu'à Pékin on continue à regarder les Européens comme une race inférieure en civilisation, turbulente, astucieuse, avide, qu'il faut tenir à distance. Du reste, l'empereur n'ordonne pas de malmener systématiquement ces barbares ni de leur manquer de foi, il a même pour eux des sentiments d'indulgence et des expressions paternelles; quand il prescrit de rejeter leurs demandes, il invoque lui-même les traités, en désirant qu'on les observe strictement, mais sans concession nouvelle. Il recommande à ses mandarins d'employer, selon les circonstances, la douceur aussi bien que la menace. Il est convaincu qu'il est le plus clément, le plus hospitalier des souverains, et quand il se fâche, c'est qu'il ne comprend pas comment une petite poignée de marchands s'en vient à tout propos l'importuner de réclamations impertinentes ou futiles. On aperçoit cependant que, sans se l'avouer, il a un vague sentiment du danger qui peut un jour ou l'autre troubler sa quiétude. Quand des navires européens sont mouillés dans le golfe du Petchili, il tient à les éloigner au plus vite et à se débarrasser d'un voisinage désagréable. Voilà l'impression que nous produisons à Pékin, et certes ce ne sont pas les rapports des mandarins qui peuvent la modifier.

Sir John Bowring et M. Mac-Lane ont dû passer quelques bons moments quand ils ont lu, dans les rapports confidentiels d'Iliàng, de Tsoung-lun et consorts, le récit de leur excursion à Tien-tsin en 1854. Il n'est pas besoin de dire qu'ils n'ont eu à subir ni les leçons de convenances, ni les injonctions hautaines, ni les rebuffades de ces fiers mandarins. Ils ont trouvé au contraire des Chinois fort polis, les saluant très-civilement à mains jointes, leur offrant du thé et des gâteaux sucrés, protestant de leur amitié pour les Européens, puis discutant chaque proposition avec calme et promettant pour quelques points de donner satisfaction; enfin, quand il s'est agi du Yang-tse-kiang et de Pékin, levant les yeux au ciel, déclarant que c'était impossible, que jamais ils n'oseraient en parler à l'empereur, qu'ils risqueraient leur tête, et suppliant qu'on s'en tînt là. Comme les deux ministres n'avaient ni l'intention ni les moyens de pousser plus loin les choses, ils sont partis. Voilà probablement la scène très-simple qui s'est passée à Tien-tsin. On a vu la parodie qu'ont su en tirer, pour les besoins de leur cause et pour le salut de leurs boutons rouges, les diplomates chinois, et il ne faut pas trop s'en étonner; lorsqu'ils signaient ces rapports, où leurs éloquentes déclamations contre l'impertinence des barbares se terminaient en définitive par des propositions conciliantes, ils devaient se rappeler l'histoire de Ky-ing.

Ky-ing a été de 1842 à 1844 le grand négociateur de la Chine : c'est lui qui a conclu les traités avec l'Angleterre, avec les États-Unis, avec la France. Les ministres étrangers ont vanté son habileté, sa finesse, ses façons aimables et courtoises. Ky-ing était devenu aux yeux de l'Europe un personnage considérable; son nom symbolisait une politique nouvelle, bienveillante pour les étrangers, tolérante, libérale; il représentait une sorte de jeune Chine. Dans son pays même, Ky-ing occupait une situation prépondérante, ses amis étaient tout-puissants à la cour, et l'empereur Tao-kwang lui savait gré d'avoir rendu le calme à sa vieillesse en arrêtant l'invasion des barbares. Au début du nouveau règne, on apprit que l'ancien commissaire impérial était tombé en disgrâce; puis l'Europe, n'entendant plus parler de lui, l'oublia. En 1854 il méditait sans doute dans quelque emploi subalterne sur la grandeur et la décadence des mandarins, au moment même où les favoris Iliang et Tsoung-lun étaient à leur tour chargés de tenir tête aux ministres étrangers. Quel était donc son crime? Il avait pactisé avec les Européens. Nous le verrons tout à l'heure reparaître en scène dans un rôle assez misérable et pour la dernière fois. Les Européens, dont il avait naguère si chaudement plaidé la cause, se détourneront de lui presque avec dégoût, et son nom, jusque-là respecté, sera livré au mépris et à l'injure. Un malheureux rapport signé de lui a été trouvé dans une liasse des archives de Canton, et sur cette seule pièce, on l'a condamné. S'il ne s'agissait que de la gloire de Ky-ing, l'incident n'aurait pour nous aucun intérêt; mais précisément ce rapport et l'impression qu'il a produite donnent la mesure des graves erreurs d'appréciation qui ont cours sur les affaires de Chine, et indiquent fidèlement l'attitude qui est imposée même aux plus puissants mandarins dans leurs relations avec la cour.

Le rapport de Ky-ing, traduit dans les journaux d'après la version anglaise de M. Wade, a circulé dans toute l'Europe. Il exprime l'opinion du commissaire impérial sur les procédés qu'il faut employer envers les étrangers quand on traite avec eux; il donne aussi quelques explications au sujet des habitudes européennes et de divers incidents qui se rattachent aux ambassades de la France et des États-Unis. A la première lecture, on est surpris des doctrines quelque peu cyniques du mandarin, et l'on s'indigne de voir un homme tel que lui parler de nous en termes méprisants, nous qualifier de barbares ignorants et grossiers, et répéter les banalités injurieuses qui nous sont d'ordinaire prodiguées dans les documents du céleste empire; on ne lui pardonne pas de nous connaître si mal ou de nous représenter comme des gens qu'il est tout à fait permis de tromper et de bafouer, sans que la chose tire à conséquence. En examinant de plus près ce curieux rapport et en cherchant à se rendre compte des circonstances dans lesquelles il a pu être adressé à l'empereur, on arrive à le comprendre tout autrement. A ce moment le parti hostile aux étrangers se relevait à Pékin; Ky-ing sentait baisser son crédit. On l'accusait sans doute d'avoir trahi la cause de l'empire céleste en traitant avec l'étranger; on accumulait contre lui mille griefs. Il avait dîné avec les barbares, il avait posé le pied sur leurs navires, rendu visite à leurs femmes, reçu leurs cadeaux! Il avait toléré que la correspondance officielle avec les ambassadeurs fût écrite dans les termes d'une monstrueuse égalité! Autant de crimes contre les lois et les usages de la Chine, autant de sacriléges!... [1] C'est à cela que répond indirectement le rapport de Ky-ing. Que l'on relise attentivement chaque paragraphe, et l'on trouvera qu'il s'accorde avec cette hypothèse. Les barbares aiment les grands dîners; Ky-ing a dû, dans l'intérêt de sa mission, se conformer à leurs coutumes. S'il est allé à bord des navires, c'était par pur hasard. Les barbares font grand cas de leurs femmes, et ils pensent honorer leurs hôtes en les leur présentant. Lorsque Ky-ing s'est trouvé en face de madame Parker et de madame de Lagrenée, il a été vraiment confondu! Il a eu bien soin de déclarer qu'il ne pouvait recevoir de présents; on s'est borné à lui offrir quelques bagatelles qu'il n'a réellement pas pu refuser. Sur la demande des ambassadeurs, il leur a donné son insignifiant portrait! Quant au cérémonial, ces barbares aiment à s'affubler de titres pompeux auxquels ils n'ont aucun droit; si l'on voulait rabattre leurs puériles prétentions et les soumettre au régime des peuples

1. Nous avons vu, pages 10 et 11, les accusations du même genre portées contre le mandarin Ki-chen.

tributaires, ce seraient des altercations sans fin. Ils n'entendent rien aux convenances, et ils sont aussi entêtés qu'ignorants ! On n'a donc pas insisté sur ces petites questions d'étiquette : c'était le moyen d'obtenir gain de cause dans les débats sérieux, etc. — Voilà ce rapport, qui a toutes les apparences d'une apologie, d'un plaidoyer de Ky-ing. Compromis par ses relations avec nous, le mandarin s'empresse de nous renier, et pour faire taire ses accusateurs, il enfle la voix contre les barbares. Il ne peut se défendre qu'en nous injuriant, et bien qu'il nous drape à la façon chinoise, nous ne saurions équitablement lui garder rancune. Il faut le plaindre d'en être réduit à ces expédients pour se justifier; il faut surtout plaindre l'empereur qui est condamné à recevoir chaque jour de ses mandarins, qu'ils s'appellent Ky-ing, Yeh, Tsoung-lun ou Iliang, de pareils rapports. Quel gouvernement !

Il ne devait pas être indifférent à lord Elgin de connaître les pièces de ce dossier au moment même où il se rapprochait de Pékin. Il savait ainsi à quelles gens il aurait affaire, comment les Chinois apprécient les Européens et pratiquent la diplomatie; d'après le récit des négociations du Tien-tsin en 1854, il pouvait pressentir l'effet que produiraient la plupart de ses propositions. Les archives de Canton lui avaient livré plusieurs scènes de l'incroyable comédie qui se joue très-sérieusement, à propos de l'Europe, entre les mandarins et la cour. Il voyait clair dans cet imbroglio, où l'empereur de Chine apparaît comme une dupe auguste servie par la plus respectueuse et la plus complète mystification qui ait jamais été organisée autour d'un trône. Enfin il lui était facile de discerner, à travers ces bouffonneries, certaines idées, certains préjugés aussi solides que des principes, sur lesquels il devait s'attendre à rencontrer des obstacles presque invincibles et une résistance désespérée. Nous pouvons maintenant, après avoir fait comme lui cette curieuse étude, le rejoindre dans le golfe du Petchili.

III

Arrivée des ambassadeurs à l'embouchure du Pei-ho. — Premiers pourparlers avec les mandarins. — Attaque et prise des forts de Takou par l'escadre anglo-française (20 mai 1858). — Les ambassadeurs à Tien-tsin. — Nomination des commissaires impériaux Kouei-liang et Houa-shana. — Préliminaires des négociations de paix. — Envoi de Ky-ing à Tien-tsin. — Discussion du traité anglais. — Signature successive des traités conclus par la Chine avec la Russie (13 juin), les États-Unis (18 juin), la Grande-Bretagne (26 juin) et la France (27 juin).

Les plénipotentiaires d'Angleterre, de France, de Russie et des États-Unis arrivèrent le 20 avril 1858 à l'embouchure du fleuve Pei-ho. Dès le 24, lord Elgin fit transmettre au premier ministre, à Pékin, une dépêche dans laquelle, rappelant la communication qu'il lui avait déjà adressée de Shang-haï à la date du 11 février, il réclamait l'envoi dans le délai de six jours d'un haut fonctionnaire dûment accrédité par l'empereur pour conclure un traité. Le 28 avril, on apporta une réponse de Taou, gouverneur général du Petchili, annonçant qu'il venait d'être désigné conjointement avec deux autres mandarins pour suivre les négociations; mais dans cette pièce le nom de la reine d'Angleterre n'était point écrit sur la même ligne que celui de l'empereur de

Chine. Lord Elgin la renvoya donc, et le 30 il recevait une seconde édition de la lettre, édition très-correcte cette fois et augmentée d'un *post-scriptum* qui rejetait sur le copiste l'inconvenance qui avait été relevée.

L'ambassadeur anglais voulut alors savoir si Taou et ses collègues avaient bien les pouvoirs diplomatiques nécessaires pour signer un traité, et il demanda une explication immédiate. Ce préliminaire donna lieu à une correspondance qui se prolongea jusqu'au 10 mai sans que l'on pût se mettre d'accord. Une rupture complète était déjà imminente lorsque, le 17, le comte Poutiatine annonça que, d'après une lettre qu'il venait de recevoir de Taou, l'empereur refusait formellement d'admettre à Pékin des ambassadeurs étrangers. Cet avis officieux leva toute incertitude. Le 20, lord Elgin signifia aux mandarins son intention de se rapprocher de la capitale, et les somma de livrer aux alliés les forts de Takou, qui commandent l'entrée du Pei-ho.

La sommation fut remise à huit heures du matin. L'action commença à dix heures précises. Les deux amiraux, sir Michael Seymour et M. Rigault de Genouilly, s'embarquèrent sur la canonnière anglaise *Slaney*, afin de se concerter plus facilement, le cas échéant, sur l'exécution du plan d'attaque, qui avait été porté à la connaissance de tous les commandants. La canonnière anglaise *le Cormoran* et les canonnières françaises *la Mitraille* et *la Fusée* se rapprochèrent des forts de la rive nord. Les canonnières françaises *l'Avalanche* et *la Dragonne*, ainsi que la canonnière anglaise *Nimrod*, s'avancèrent vers la rive sud. Le *Slaney* suivit cette direction, et après lui venaient d'autres canonnières portant les corps de débarquement et traînant à la remorque les chaloupes et canots des deux escadres. Lorsque les bâtiments se furent mis en marche, les batteries chinoises ouvrirent un feu assez vif; mais dès onze heures, les forts du nord furent réduits au silence par l'artillerie des canonnières et occupés par les compagnies de débarquement. Les forts du sud tinrent plus longtemps; il paraît qu'ils étaient défendus par des troupes de la garde impériale, au nombre de huit mille hommes. Les Chinois ne les évacuèrent qu'à midi, à l'approche d'une colonne qui venait d'être débarquée, et dont les amiraux accompagnèrent le mouvement. A ce moment, un corps de cavalerie tartare de quatre cents hommes sortait du village de Takou et semblait se préparer à charger les tirailleurs; quelques coups de fusil bien dirigés lui firent tourner bride. Les Chinois essayèrent enfin de lancer des brûlots contre les canonnières, mais ces brûlots furent détournés par le courant ou abandonnés par leurs conducteurs, qu'atteignait la mitraille des alliés. Bien que le combat n'ait point duré plus de deux heures, les rapports des commandants en chef et les correspondances particulières ont rendu hommage à la défense des troupes chinoises, et cité plusieurs épisodes qui font honneur au courage des mandarins et des soldats du céleste empire. Les Français eurent sept hommes tués et cinquante-neuf blessés, et les Anglais cinq tués et dix-sept blessés. La perte des Français fut grossie par l'explosion d'une poudrière dans le fort du nord, au moment de l'occupation.

Après la prise des forts, les amiraux songèrent à remonter le fleuve et à se rapprocher autant que possible de Pékin. Le 22 mai, une exploration faite par deux canonnières anglaises démontra que l'on pourrait s'avancer assez haut dans le fleuve, sans cependant que l'on pût concevoir encore l'espérance d'arriver jusqu'à Tien-tsin; et le 23, trois canonnières anglaises à petit tirant d'eau, ainsi que le *Coromandel*, portant le pavillon de l'amiral Seymour, l'*Avalanche*, portant le pavillon de l'amiral Rigault de Genouilly, et *la Fusée*, se mirent en marche. Ces bâtiments avaient à bord de nombreux détachements d'infanterie de marine anglaise et française, et ils remorquaient les chaloupes et les canots d'une partie des navires demeurés au mouillage de l'embouchure du Pei-ho. L'on trouva assez d'eau pour arriver jusqu'à Tien-tsin, à cinquante-quatre milles marins du point de départ; mais les échouages des canonnières, dans ce parcours étroit et sinueux, furent très-fréquents : le *Coromandel*, steamer à roues, tirant un peu moins de neuf pieds, n'échoua pas moins de trente-deux fois. La *Fusée*, calant dix pieds, compta un plus grand nombre d'échouages. Tous ces obstacles furent néanmoins surmontés habilement, et l'on n'eut à déplorer aucun sinistre. A mesure qu'ils remontaient ce fleuve, les amiraux ordonnaient aux jonques de commerce qui occupaient les berges de mettre à la voile et de se diriger vers la mer, afin de laisser le passage libre. Ils ne rencontraient d'ailleurs, de la part de la population, aucune difficulté. Loin de là, les Chinois aidaient naïvement les alliés à dégager les navires échoués dans la vase; et quand on passait à proximité d'un village, les habitants, effrayés d'abord, puis rassurés par l'attitude bienveillante de ces Européens qu'ils voyaient pour la première fois, montaient dans des barques et venaient offrir aux matelots des fruits, des légumes, des fleurs, des oiseaux, etc. Les mêmes incidents s'étaient passés lors du bombardement de Canton; et, à part la question de patriotisme, on ne saurait vraiment trop admirer l'humeur accommodante de pareils ennemis.

Quand les amiraux furent arrivés à Tien-tsin, ils engagèrent les ambassadeurs à remonter le fleuve; et le 29 mai, lord Elgin, le baron Gros, ainsi que M. Reed et le comte Poutiatine, les avaient rejoints. Il n'est pas inutile de faire remarquer que la sommation de livrer les forts de Takou avait été communiquée aux ministres de Russie et des États-Unis, qui avaient donné leur approbation pleine et entière à l'attaque projetée, et qui profitèrent immédiatement de la brèche ouverte par le canon des alliés.

Le 23, après la prise des forts, Taou s'était empressé d'écrire à lord Elgin une lettre assez amicale. Il attribuait les hostilités à un malentendu, en déclarant qu'il partait pour Pékin en toute hâte, afin de prendre les ordres de l'empereur, et que les navires anglais ne devaient pas aller plus avant. Quand les ambassadeurs furent à Tien-tsin, nouvelle dépêche de Taou, communiquant un décret impérial du 29 mai, par lequel Kouei-liang, principal secrétaire d'État, et Houa-shana, président des affaires civiles, étaient invités à se rendre à Tien-tsin pour s'entendre avec les étrangers. Ces deux dignitaires arrivèrent le 2 juin, et suivant l'usage ils envoyèrent aux ambassadeurs leurs cartes de visite, qui indiquaient tous leurs titres, et entre autres ceux de « plénipotentiaires investis de toute l'autorité nécessaire pour agir suivant les circonstances. » Une première entrevue eut lieu le 4 pour l'échange des pouvoirs : lord Elgin éleva encore quelques objections sur les termes du décret qui accréditait les mandarins : il trouva la rédaction ambiguë, dit qu'il avait à réfléchir avant de commencer la négociation, et rompit brusquement la conférence, au grand désespoir des Chinois, qui firent tout au monde pour le retenir. Une discussion par écrit s'engagea bientôt après sur un autre détail : les mandarins n'étaient point munis du sceau impérial, et lord Elgin exigeait que, suivant les usages diplomatiques, ils fussent munis de cet instrument.

Ces escarmouches durèrent plusieurs jours, le ministre anglais prenant, dès le début, un ton d'autorité contre lequel ses adversaires épuisaient vainement leurs bonnes et mauvaises raisons. Lord Elgin se défiait-il réellement de la sincérité des Chinois, et jugeait-il indispensable d'assurer dans les moindres détails la régularité des opérations ? Ou bien était-ce par tactique qu'il montrait tout d'abord une extrême roideur, afin de convaincre les mandarins qu'il ne se contenterait pas de vaines paroles, à l'exemple de ses trop faciles devanciers ? Chacun de ces deux motifs eut probablement sa part d'influence sur l'attitude de l'ambassadeur. Kouei-liang et Houa-shana protestèrent de nouveau de l'étendue suffisante de leurs pouvoirs ; ils répétèrent que, d'après la coutume de leur pays, la mission temporaire dont ils étaient chargés ne comportait point la possession du sceau impérial. Lord Elgin admit enfin les pouvoirs ainsi expliqués ; mais il insista pour le sceau, et le sceau fut envoyé de Pékin. Il faut dire, pour la justification des mandarins, qu'ils ne possèdent dans leur langue aucun terme qui rende exactement le sens attaché à la qualité de plénipotentiaire, et les interprètes reconnaissent que l'on dut imaginer une combinaison de mots, c'est-à-dire forger une expression pour donner satisfaction aux exigences de la diplomatie anglaise. La délégation de pleins pouvoirs entre les mains d'un sujet ne s'accorde pas avec le caractère divin de la souveraineté dans le céleste empire. — En outre, disaient les mandarins, à quoi bon ces pleins pouvoirs, alors qu'il nous est facile, en quelques heures, de solliciter et de recevoir les instructions précises de l'empereur ? Pour vous, Européens, la situation est bien différente : vous êtes ici à dix mille lieues de vos souverains. — Les Chinois avaient donc besoin de faire violence à leurs principes de gouvernement, à leur langue, et presque au bon sens, pour se plier aux règles de notre diplomatie.

Sur ces entrefaites arriva à Tien-tsin le vieux Ky-ing. Il demanda une entrevue à lord Elgin par une lettre dans laquelle, sans autre titre que celui de vice-président honoraire d'un tribunal, il se disait chargé par l'empereur de s'occuper des affaires concernant les étrangers. Kouei-liang et son collègue avaient paru si tristement embourbés dès leurs premiers pas, que la cour de Pékin avait, en désespoir de cause, songé au malheureux Ky-ing, qui autrefois s'en était si bien tiré avec les barbares, et elle l'envoyait, fraîchement décoré d'un titre quelconque, au secours des commissaires impériaux. Lord Elgin pria ses deux interprètes, MM. Wade et Lay, de rendre visite au nouveau venu et de lui faire entendre poliment qu'il ne pouvait s'entretenir de négociations qu'avec les fonctionnaires expressément accrédités. Cette visite, racontée par les interprètes, fut comique et touchante. Ky-ing était logé dans une pauvre maison du faubourg de Tien-tsin. Il se précipita au-devant de ses visiteurs, les accabla de politesses et voulut à toute force reconnaître M. Lay, qu'il voyait pour la première fois. — Nous sommes d'anciens amis, s'écriait-il ; nous nous sommes rencontrés à Nankin en 1842. — M. Lay lui répondit que c'était son père, et non pas lui, qui se trouvait à Nankin. — C'est incroyable comme vous lui ressemblez! — Et, prenant à témoin un de ses domestiques : Voyez, n'est-ce pas tout le portrait de son père? Eh bien! je suis l'ami des deux générations! — Et après cette première effusion il entraîna les interprètes dans l'intérieur de l'appartement. Quand ils furent seuls, il se mit à fondre en larmes, puis il raconta en détail ses infortunes, les accusations de trahison et de concussion portées contre lui, sa disgrâce, son emprisonnement, tout cela à cause de sa bienveillance pour les étrangers. — Et maintenant, ajouta-t-il, on m'envoie ici parce qu'on suppose que je pourrai arranger les affaires. Si je ne réussis pas, il y va de ma tête. L'empereur me l'a dit. Il faut absolument que je voie lord Elgin. — Il rappela ensuite les bons rapports qu'il avait toujours eus avec les Anglais. — Vous êtes une grande nation, une excellente nation, je n'ai pas craint de le déclarer à l'empereur. On vous a indignement traités. Le bon droit est pour vous. Récemment, pour cette affaire du sceau, vous avez eu raison d'insister, mille fois raison! — Enfin, quand on en vint à toucher quelques mots des négociations pendantes, et que les interprètes lui demandèrent son avis, il ne trouva qu'une solution : — Allez-vous-en de Tien-tsin, vous et vos navires. Dès que vous aurez franchi la barre du fleuve, tout s'arrangera à merveille, je vous en réponds. — Quel triste rôle jouait là ce vieillard de soixante-douze ans, faisant la cour aux deux Anglais, les comblant de politesses et de flatteries, les suppliant presque à genoux de l'écouter, de le croire, de lui sauver la vie! Pour M. Wade, qui avait traduit le fameux rapport sur l'art d'amadouer les barbares, la scène était probablement plus comique qu'émouvante : c'était la morale politique chinoise en action, représentée par un acteur émérite; mais pour Ky-ing (le dénoûment l'a prouvé) il s'agissait bien d'un drame qui devait, à quelques jours de là, se terminer par une condamnation à mort et par un suicide. Il en était au quatrième acte, où le personnage, avant de tomber, se relève pour livrer au destin un dernier et brillant combat. Le 11 juin, Ky-ing, que son titre de vice-président honoraire n'avait pu introduire auprès de lord Elgin, reçut les pouvoirs de commissaire impérial, et se trouva dès lors régulièrement accrédité. Le 25 juin il s'empoisonnait.

Cependant, même avant l'adjonction de Ky-ing, qui n'exerça qu'une influence très-secondaire sur les négociations et dont nous ne parlerons plus, il y avait eu entre les commissaires impériaux et les ministres étrangers un commencement de discussion sur les articles des projets de traités. Le 6 juin, M. Lay, l'interprète de lord Elgin, avait eu une première conférence, d'abord avec Kouei-liang et Houa-shana, puis avec leurs secrétaires, pour préciser le sens des conditions posées dans la dépêche du 11 février, sur laquelle le cabinet de Pékin et ses plénipotentiaires avaient eu tout le temps de réfléchir. Ces conditions, parfaitement claires, furent successivement commentées par M. Lay, qui, arrivé à la clause de l'admission d'un ministre anglais dans la capitale, signala ce point comme étant le plus essentiel et le plus utile pour les deux nations. Il énuméra à ce sujet les griefs de l'Angleterre, s'étendit sur les événements de Canton et sur l'insolence du vice-roi Yeh, raconta la prise de la ville par les forces alliées qui, en ce moment encore, y tenaient garnison. Les Chinois parurent tout ébahis d'entendre ce que M. Lay leur disait de la situation de Canton; ils déclarèrent (et certainement ils ne mentaient pas) que le gouverneur Pi-kwei n'avait pas ainsi exposé l'état des choses. Ils promirent que le gouvernement enverrait de nouvelles instructions pour régler les rapports entre les autorités chinoises et les consuls, de façon à empêcher à l'avenir toute complication; mais quant à la résidence d'un ministre à Pékin, ils se prononcèrent très-formellement pour la négative. Jamais l'empereur n'y consentirait; il aimerait mieux la guerre. M. Lay ne se montra nullement effrayé de cette éventualité, et il poursuivit son thème en invoquant les nombreux arguments que l'on connaît. « Si la Chine était bien inspirée, ajouta-t-il, elle se ferait de la Grande-Bretagne une amie, et dans ce cas elle n'aurait rien à craindre d'autres puissances. La Grande-Bretagne est la plus influente des nations intéressées dans les affaires du céleste empire. » Voilà de l'anglais tout pur. M. Lay était certes fort mal inspiré en parlant au nom de l'Angleterre un pareil langage, alors que la France était là : c'était pour le moins une inconvenance; mais il ne s'attendait sans doute pas à l'indiscrétion maladroite d'un futur *blue-book.* Les Chinois semblèrent assez touchés de ce raisonnement, dont ils n'avaient point à apprécier la délicatesse, et l'un d'eux, nommé Pieou, qui prenait le plus souvent la parole, s'absenta un moment pour aller en conférer avec Kouei-liang. A son retour il insista sur l'excellente idée de M. Lay, et demanda si dans le cas où l'on admettrait à Pékin un ministre anglais, il faudrait aussi recevoir les ministres de France, de Russie et des États-Unis. L'interprète ne put s'empêcher de lui répondre que les ministres des autres nations devraient être également admis à la cour, et il voulut bien démontrer que cette combinaison serait la meilleure. — « Cependant, reprit le diplomate Pieou, pensez-y, la chose en vaut la peine; nous tiendrons ainsi les autres puissances en échec. Encore une idée! Il serait bien que, sauf dans les grandes cérémonies, le ministre anglais et sa suite qui habiteraient Pékin s'habillassent en Chinois. De cette façon, le peuple n'y verrait plus rien d'alarmant. » — M. Lay avoue, dans son rapport à lord Elgin, qu'il eut toutes les peines du monde à ne pas éclater de rire en écoutant Pieou développer sa merveilleuse invention; mais la séance durait depuis près de cinq heures, et il put ajourner la discussion de ce moyen.

Le lendemain 7 juin, M. Lay eut une entrevue avec Kouei-liang. C'était toujours cette maudite question de Pékin qui revenait sur le tapis. Le commissaire impérial la traita plus sérieusement que ne l'avait fait son secrétaire. Il pria, supplia l'interprète d'employer son influence pour le retrait d'une clause fatale pour la Chine. « Vous-même, lui dit-il, vous qui connaissez notre pays, je vous prends pour juge : n'est-ce point là une condition énorme qui nous causerait d'immenses embarras? » Et M. Lay ne put s'empêcher d'en convenir jusqu'à un certain point. Kouei-liang, croyant voir faiblir son adversaire, invoqua ses soixante-quatorze ans, se déclara perdu, dégradé, s'il consentait à une pareille proposition, sollicita avec instance une transaction quelconque ou tout au moins un ajournement. Quant aux autres articles, il dit les avoir examinés, et s'engagea à remettre le lendemain un mémorandum contenant ses observations.

Le mémorandum fut exactement communiqué le 9 à M. Lay, qui fut assez surpris d'y voir des solutions plus ou moins négatives en regard de presque toutes les clauses indiquées dans la dépêche du 11 février. Il semblait pourtant que, sauf l'admission à Pékin, l'ouverture du Yang-tse-kiang et l'indemnité de guerre, ces clauses avaient été presque acceptées dans les précédentes entrevues. Tout était donc à recommencer. Sous la pression des arguments anglais, Kouei-liang admit les cinq points suivants : l'emploi de la langue anglaise dans la correspondance officielle, la tolérance à accorder au christianisme, le concours des Anglais pour la répression de la piraterie, la révision des tarifs et règlements de douane, l'ouverture du Yang-tse-kiang et la faculté de circulation dans les provinces avec passe-port, et il s'engagea à écrire à lord Elgin une dépêche dans laquelle ces points seraient formellement concédés. Cette dépêche, qui devait être transmise le jour même, n'était pas encore prête le 10 au soir. M. Lay, qui avait passé plus de sept heures à l'attendre, finit par s'impatienter; il déclara aux commissaires impériaux qu'il ne se laisserait pas plus longtemps berner par eux, qu'il prenait ces retards pour un refus, qu'il allait sur l'heure en rendre compte à son ambassadeur, que les Anglais marcheraient sur Pékin, etc., et il partit furieux. Il n'en fallut pas davantage pour que, dès le 11, lord Elgin reçût la dépêche des commissaires, qui accordaient et les cinq points et le reste, même la présence d'un ministre dans la capitale, même l'envoi d'un ambassadeur chinois en Angleterre, le tout suivi d'un petit *post-scriptum* annonçant une grande hâte d'en finir et exprimant l'espérance que, sitôt le traité conclu, les navires de guerre s'éloigneraient de Tien-tsin. Lord Elgin répondit qu'il était tout prêt à signer, et l'on fixa un jour, le 14 juin, pour la rédaction définitive des articles du traité.

Pendant que se passaient ces divers incidents entre l'ambassade anglaise et les commissaires impériaux, ceux-ci avaient à suivre les mêmes négociations avec l'ambassade française et à négocier également avec les ministres de Russie et des États-Unis. La Chine était donc seule contre quatre! Se figure-t-on ces malheureux Chinois faisant tête à la fois à un Anglais, à un Français, à un Russe, à un Américain, tout meurtris des assauts que leur livraient les uns et les autres, étouffés dans les étreintes de ces prétendus amis, dont les mains étaient encore noires de poudre, et s'épuisant en luttes impuissantes pour couvrir la route de Pékin! Ce n'est pas tout. Derrière eux était un empereur qu'il fallait, sous peine de disgrâce, rassurer par de faux rapports, et un tribunal prêt à les condamner comme traîtres ou malhabiles, s'ils succombaient. Les ministres de Russie et des États-Unis, qui se montraient beaucoup moins exigeants que leurs collègues d'Angleterre et de France, furent les premiers à dégager la situation. Le traité russe fut signé le 13 juin et le traité américain le 18, pendant que lord Elgin et le baron Gros discutaient encore. Le 15, le comte Poutiatine annonça à lord Elgin la signature de son traité par une dépêche très-courtoise, où l'on remarque le passage suivant :

« C'est à Votre Excellence de décider maintenant du sort futur du gouvernement actuel, et il dépendra d'elle de mettre le frein indispensable au flot qui pourrait autrement inonder la Chine nouvellement ouverte et causer bien des désordres. Des concessions trop grandes qu'on exigerait d'un gouvernement si fortement ébranlé ne feraient que précipiter sa chute, laquelle n'amènerait que de nouvelles et bien plus graves difficultés. C'est le repos qui est nécessaire à la Chine et qui sera également profitable pour le commerce comme pour les intérêts généraux des autres États, qui certes ne désirent rien tant que de voir le gouvernement chinois arriver à la conviction que les concessions qu'il fait maintenant sont avant tout utiles pour lui-même. »

Le comte Poutiatine avait été informé par les Chinois des rudes épreuves que leur imposait le négociateur de l'Angleterre, et quand il parlait vaguement des *concessions trop grandes* qu'il serait imprudent et peu généreux d'exiger d'un gouvernement faible, il avait en vue cette clause de Pékin, dont lord Elgin persistait à faire la condition *sine qua non* du futur traité. Sans doute il avait été prié par les commissaires impériaux, qui se raccrochaient à toutes les branches, d'intervenir officieusement dans ce périlleux débat; peut-être aussi, jugeant de près l'état des choses, pensait-il réellement qu'en effet l'ambassadeur anglais allait trop loin, et que les relations européennes avec le céleste empire seraient compromises plutôt que servies par des stipulations trop dures. A ce point de vue, ce n'était pas seulement dans l'intérêt de la Chine, c'était encore au profit de la Russie qu'il faisait appel à l'esprit de modération du plénipotentiaire britannique. Lord Elgin déclara dans sa réponse qu'il partageait complétement les opinions du comte Poutiatine qu'il ne voulait que le bien des Chinois, et qu'en réclamant la faculté d'établir dans la capitale une représentation diplomatique, la France et l'Angleterre comptaient épargner à la Chine de nouveaux malheurs. Il était donc résolu à aller jusqu'au bout.

Quelques jours s'écoulèrent sans incident. Les commissaires impériaux attendaient de Pékin des instructions. Le 21 juin, ils écrivirent à lord Elgin qu'ils venaient de recevoir un décret impérial à l'effet de remettre en délibération plusieurs points qui soulevaient de graves objections. Après de grandes protestations d'amitié et de sincérité, ils insistaient particulièrement pour la révision de deux articles : l'admission des ministres dans la capitale et l'ouverture du Yang-tse-kiang aux navires étrangers. Le rédacteur des instructions avait probablement retrouvé dans son dossier le rapport où les mandarins avaient fait connaître que les barbares ont horreur du froid, et il s'empara avec empressement de cet argument nouveau pour le communiquer à Kouei-liang. On disait donc à lord Elgin que le nord de la Chine est un pays glacial, très-humide, fort malsain, et que les étrangers ne pourraient jamais s'y acclimater. Il valait donc mieux que le gouvernement anglais ajournât à une autre occasion, si cela devenait nécessaire, l'envoi d'un ambassadeur à Pékin, et que lord Elgin ne s'exposât point aux fatigues de ce voyage. Quant à l'entrée des navires anglais dans le Yang-tse-kiang, ce serait une clause très-préjudiciable pour le commerce chinois. Les Anglais faisant eux-mêmes leurs achats et leurs ventes, le trafic intermédiaire se trouverait anéanti, et le peuple ne pourrait plus vivre; de là un mécontentement universel dont les conséquences seraient funestes. — « Croyez-nous, écrivaient les commissaires, nous ne cherchons pas à plaisir les délais ni les réponses évasives. Nous voulons nous entendre avec vous, et nous craignons que dans l'avenir les conditions auxquelles vous attachez tant d'importance ne vous soient plus nuisibles qu'avantageuses. Et puis ne devons-nous pas prendre en considération le sentiment populaire? »

Ce n'était pas là ce qu'attendait lord Elgin. Il croyait que, dès le 11 juin, tout était convenu, et qu'il ne restait plus qu'à rédiger en forme les articles du traité. Pour la seconde fois il voyait se rompre entre les mains des Chinois le fil des négociations; il recevait des dépêches contraires aux promesses verbales, il apercevait des symptômes plus ou moins marqués de rétractations et de faux-fuyants. Impatient et mécontent, il voulut mettre un terme à ce perpétuel va-et-vient de concessions et d'objections, et il riposta aux commissaires par une note très-sèche, où il fixait d'autorité au 24 juin la signature du traité.

Le traité ne fut signé que le 26, après deux longues conférences dans lesquelles Kouei-liang et Houa-shana essayèrent encore de disputer le terrain pied à pied à M. Bruce, secrétaire de l'ambassade. Ils obtinrent par grâce quelques légers changements de rédaction, et signèrent enfin de leurs mains tremblantes l'acte fatal. Le 30, ils annonçaient que l'empereur avait pris connaissance du traité; mais lord Elgin déclara ne vouloir partir qu'avec l'assurance formelle de l'acceptation impériale. Il lui fut donné satisfaction le 4 juillet par l'envoi du décret qui approuvait les traités conclus avec les quatre puissances (le traité français avait été signé le 27 juin), et le 6 juillet, après avoir fait aux commissaires sa visite d'adieu dans le temple de l'Esprit des vents, l'ambassadeur anglais s'éloignait de Tien-tsin.

On se souvient que la première conférence de M. Lay avec Kouei-liang avait eu lieu le 6 juin. Cinq jours après, la besogne était terminée; car le traité, signé le 26, contenait toutes les clauses qui avaient été imposées et subies dès le 11. On peut donc dire que lord Elgin avait mené les commissaires tambour battant, leur laissant à peine le temps de respirer, repoussant durement leurs observations, présentées toujours de la manière la plus convenable, traitant ces mandarins de haut en bas, et manifestant presque à chaque minute une défiance qui, entre plénipotentiaires de pays européens, eût à bon droit été considérée comme injurieuse. Et l'on s'étonne que les Chinois, formalistes à l'excès, ne voient en nous que des gens déraisonnables, violents, impolis, des barbares! S'il s'était agi simplement d'une réparation pécuniaire ou morale, d'une indemnité ou d'une excuse à exiger pour l'un de ces griefs qui, selon notre droit des gens, donnent à la partie lésée le droit de réclamer une satisfaction immédiate, l'attitude hautaine de l'ambassadeur anglais, les sommations à bref délai, la menace, l'action, tout eût été légitime; mais là il s'agissait de bien autre chose, et lord Elgin en fait l'aveu. En transmettant à Londres le texte du traité de Tien-tsin, il écrit que les concessions obtenues ou plutôt imposées par la force et arrachées à la crainte « ne sont rien moins, aux yeux du gouvernement chinois, qu'une véritable révolution, et qu'elles impliquent l'abandon partiel des principes les plus sacrés sur lesquels repose la politique traditionnelle de l'empire. » Était-ce donc trop de cinq jours, de vingt jours même, pour accomplir une telle révolution? et n'était-il pas à craindre que les Chinois, au moment même où, sous la pression de la nécessité, ils souscrivaient à de pareilles conditions, n'eussent la pensée de reprendre un jour leur parole? Aussi tout n'est pas fini. Nous allons retrouver en présence, à Shang-haï, lord Elgin et les commissaires impériaux, et nous assisterons à une sorte d'acte supplémentaire des négociations qui paraissaient avoir été terminées à Tien-tsin.

IV

Négociations de Shang-haï. — Correspondance des commissaires impériaux au sujet de l'établissement d'une ambassade anglaise à Pékin. — Concession faite par lord Elgin sur l'exécution de cette clause du traité de Tien-tsin.

Il avait été convenu que les plénipotentiaires se rencontreraient, sous un bref délai, à Shang-haï, pour y régler les questions de tarifs et de douanes qui avaient été réservées lors de la signature des traités. Lord Elgin, ne voyant pas arriver les commissaires impériaux, partit le 31 juillet pour le Japon, où il conclut un traité de commerce, et il était de retour à Shang-haï le 2 septembre. Kouei-liang et Houa-shana n'étaient point encore au rendez-vous; de là, pour l'ambassadeur anglais, un motif assez légitime d'impatience et de mécontentement. En outre, les affaires n'allaient pas bien à Canton, où les alliés se plaignaient des mesures prises par le nouveau gouverneur général Houang. On avait su que les Chinois s'occupaient très-activement de relever les forts de Takou. Il circulait déjà quelques bruits vagues sur les mauvaises dispositions du cabinet de Pékin pour l'exécution du traité. Ce concours d'incidents et de rumeurs était, il faut le reconnaître, assez inquiétant. Lord Elgin écrivit aux commissaires impériaux et au gouverneur de la province plusieurs dépêches menaçantes. Il exigea la destitution de Houang ainsi que la publication d'une proclamation générale annonçant la signature du traité de paix; il écrivit une note pour protester contre l'emploi du mot *barbares* appliqué aux étrangers dans un décret récemment rendu à Pékin (et en même temps, dans une dépêche à lord Malmesbury, alors ministre des affaires étrangères, il doutait beaucoup que la langue chinoise eût un autre mot pour désigner au peuple les étrangers). Bref, il ne négligeait aucune occasion de morigéner les commissaires; il s'emparait du moindre fait pour leur écrire une leçon sur le respect dû aux traités. Les représentants de l'empereur de Chine, arrivés enfin le 4 octobre à Shang-haï, burent le calice jusqu'à la lie. Ils se rendirent à tout ce qui leur était demandé, s'excusèrent du mieux qu'ils purent, et se montrèrent très-conciliants pour le règlement des affaires commerciales. Puis, le 22 octobre, ils adressèrent à lord Elgin la dépêche suivante :

L'objet d'un traité est de maintenir la paix entre deux nations par un mutuel échange de bons procédés, de telle sorte que l'une des parties ne soit pas avantagée au détriment de l'autre : à cette condition, la bonne harmonie est durable.

Lorsque nous avons conclu à Tien-tsin un traité avec Votre Excellence, des navires de guerre anglais étaient mouillés dans le port; nous étions sous la pression de la force et en proie aux plus vives alarmes. Il fallait signer le traité sur l'heure, sans le moindre délai. Il n'y avait pas à délibérer; nous n'avions qu'à accepter les conditions qui nous étaient imposées. Dans le nombre, il s'en trouvait quelques-unes qui causaient à la Chine un tort réel, et que le gouvernement de Votre Excellence aurait pu abandonner sans inconvénient; mais, pressés comme nous l'étions alors, nous n'avons point eu l'occasion favorable pour nous en expliquer franchement.

A notre retour dans la capitale, l'empereur nous a ordonné de venir à Shang-haï pour nous entendre avec vous et discuter mûrement une question qui intéresse les deux pays.

Votre Excellence est convaincue de notre désir sincère d'assurer le maintien des relations amicales. Nos sentiments de droiture nous commandent de vous exposer en toute vérité ce qui nous froisse le plus. — L'article 3 du traité porte que « l'ambassadeur ou autre dignitaire représentant Sa Majesté la reine d'Angleterre peut résider d'une manière permanente dans la capitale *ou* s'y rendre pour une visite temporaire, au choix du gouvernement anglais. » L'emploi de l'expression *ou*, qui implique évidemment l'absence de décision, atteste la prudence et la haute sagesse de Votre Excellence, qui n'aurait jamais songé à prendre à l'égard de qui que ce fût une décision arbitraire et précipitée. — Ce point établi, nous devons vous dire que la population de la capitale se compose surtout d'hommes de la bannière, qui, n'étant jamais sortis des murs, n'ont aucune idée des sentiments ni des habitudes des autres régions. De même, les affaires que les fonctionnaires de tous grades ont à traiter dans la capitale sont exclusivement métropolitaines. Ces fonctionnaires ne savent rien des questions provinciales. Or les mœurs et les dispositions du peuple de Pékin diffèrent essentiellement de celles du sud et de l'est. Si donc des étrangers y résident, il arrivera certainement que leur présence et leurs mouvements exciteront une vive surprise et créeront des malentendus; le moindre incident donnera lieu à des querelles, et ce serait pour nous un grand dommage de voir, pour des motifs très-futiles, s'élever entre nous de sérieuses discussions. Il faut songer que la Chine est en ce moment dans un grave état de crise, et si, comme il y aurait tout lieu de le craindre, la population était excitée et trompée au sujet de cette clause, nous nous trouverions en face de nouveaux éléments de troubles. L'on ne saurait évidemment réduire la Chine à de telles extrémités ! — Puisque désormais une paix perpétuelle a été convenue entre la Chine et la nation que représente Votre Excellence, nous devons nous efforcer en commun de ménager les intérêts de l'un et de l'autre pays...

Chacun des articles du traité vous confère des avantages considérables, et l'empressement avec lequel Sa Majesté l'empereur a donné son assentiment atteste un extrême désir de bienveillance. Parmi ces articles, il en est un, concernant la résidence à Pékin, qui est très-pénible pour la Chine, et comme il s'agit d'un privilége qui n'a été accordé ni aux Français ni aux Américains, et qui n'est concédé qu'à votre pays, nous venons prier Votre Excellence d'examiner avec nous un mode de transaction qui permette de ne point exécuter cette clause. Si vous accueillez notre ouverture, l'empereur déléguera l'un des principaux secrétaires d'État ou un ministre pour résider dans les provinces, au lieu qu'il plaira au représentant de votre gouvernement de choisir pour résidence habituelle. Lorsque Nankin sera repris sur les rebelles, votre ambassadeur pourra, s'il le désire, faire choix de cette ville. Les différentes dispositions du traité doivent être fidèlement et à toujours observées; en cas de violation de l'une d'elles, votre ambassadeur irait s'établir à titre permanent dans la capitale.

Ainsi, comme on l'avait prévu, les commissaires impériaux venaient tenter à la dernière heure un suprême effort. Pour avoir un prétexte, ils avaient découvert dans le traité un mot, une pauvre conjonction dont le sens leur paraissait douteux, et sur cette base fragile, ils cherchaient à relever le débat. Lord Elgin leur répondit le 25 octobre, en déclarant de la manière la plus absolue qu'il ne lui était plus permis de modifier les conditions du traité signé à Tien-tsin; il répéta que le gouvernement anglais demeurait maître d'avoir ou de n'avoir pas une ambassade permanente dans la capitale; il s'attacha à démontrer que cette clause était fort avantageuse pour la Chine, et il ne trouva, pour repousser l'offre de transaction, que cette phrase peu courtoise, par laquelle se terminait sa note diplomatique : « Le soussigné estime qu'il ne serait pas au pouvoir de leurs excellences de lui proposer, *pour garantie de la bonne foi du gouvernement impérial* et du maintien de la paix, aucune condition qui fût équivalente à la résidence permanente d'un ministre anglais à Pékin. »

Les commissaires chinois revinrent encore à la charge par une seconde dépêche, le 28 octobre. Acceptant comme définitive l'interprétation anglaise, ils s'appuyèrent non plus sur une chicane de texte, mais sur les sentiments d'intérêt et de bienveillance que lord Elgin manifestait envers la Chine, pour le supplier d'obtenir de sa souveraine que l'exercice du droit de résidence permanente fût au moins suspendu. Écoutons-les plaider pour la dernière fois la cause de leur gouvernement et de leur pays :

La justice et la droiture de Votre Excellence, ses intentions bienveillantes et amicales nous inspirent l'entière conviction qu'en exigeant la résidence de l'ambassadeur anglais à Pékin, vous n'avez nullement songé à porter préjudice à la Chine. Cependant nous répétons que la résidence permanente des ministres étrangers dans la capitale aurait pour la Chine des conséquences tellement désastreuses, que les expressions nous manquent pour les qualifier. En résumé, dans l'état de trouble et de crise où se trouve aujourd'hui plongé notre pays, l'exécution de cette clause aurait pour résultat, nous le craignons, de faire perdre au gouvernement le respect du peuple, résultat dont nous ne pensons pas qu'il soit nécessaire de signaler avec plus de détails l'extrême gravité. Nous insistons donc de nouveau, et par note spéciale, sur ce sujet... Votre souveraine ne voudrait pas, en se montrant trop exigeante sur un point qui nous lèse si durement, augmenter nos embarras, et la Chine lui serait très-reconnaissante de sa modération.

Nous sommes animés de la plus entière bonne foi, et, s'il existe un moyen quelconque par lequel nous puissions, selon vous, marquer particulièrement notre sincérité, nous prions Votre Excellence de vouloir bien nous l'indiquer franchement : il n'est point de transaction équitable à laquelle nous ne soyons prêts à souscrire. Nous avons le ferme espoir que nous demeurerons toujours de part et d'autre animés des mêmes sentiments, et que nos deux pays verront se resserrer de plus en plus, à leur profit mutuel, les liens d'amitié qui les unissent.

On s'étonnera peut-être du contraste que présentent ces dépêches avec les rapports dont les archives de Canton nous ont livré les copies. Ces mandarins, qui savent au besoin raisonner si juste et s'exprimer si dignement, sont-ils donc de la même race que ces misérables fonctionnaires qui, dans leur correspondance avec la cour de Pékin, nous paraissent si grotesques et si plats? Il est permis de poser cette question. Ce sont pourtant bien les mêmes personnages qui, selon les circonstances, selon les interlocuteurs, varient et leurs pensées et leur style. Lorsqu'ils s'adressent à l'empereur, la crainte de déplaire, la perspective de la disgrâce et l'extrême peine qu'ils se donnent pour inventer des explications, des excuses et des mensonges, les rendent parfois complétement stupides. Quand ils parlent à lord Elgin, et surtout quand la conversation s'engage à quelque distance de Pékin et hors de la portée d'une escadre anglaise, il semble qu'ils se retrouvent; ce sont des lettrés, ce sont des hommes. Déjà, lors des négociations de 1844, les ambassadeurs de France et des États-Unis avaient lu, non sans étonnement, de remarquables dépêches de Ky-ing, et ils s'étaient convaincus qu'il ne faut pas juger les Chinois sur quelques pièces ridicules qui sont d'ordinaire livrées à la risée des Européens avec une forte addition de couleur locale. Lord Elgin ne fut pas moins surpris lorsqu'il reçut les deux notes des commissaires impériaux. Il y avait dans ces notes un tel accent de sincérité, et, à travers cette résignation au fait accompli, le désespoir d'une conviction si profonde; il y avait dans l'appel adressé à sa générosité un élan si irrésistible, qu'à la fin il se sentit ému. En présence de ces prières, de ces supplications persistantes pour la révision d'une clause, d'une seule clause du traité, il se prit à croire qu'il s'était peut-être lui-même aventuré trop loin; il se rappela les conseils d'abord suspects du comte Poutiatine; il examina avec plus de calme les résultats éventuels de la condition qu'il avait si durement imposée, et ces réflexions tardives lui inspirèrent un bon mouvement. Supprimer purement et simplement un article du traité et renoncer après coup au droit de résidence à Pékin, cela lui était impossible; mais il annonça aux commissaires impériaux qu'il serait tenu compte de leurs ardents désirs; il leur écrivit, et dans cette dépêche il quitta le ton rogue et hautain auquel il les avait jusque-là trop habitués. « Si l'ambassadeur qui doit venir l'année prochaine échanger les ratifications est convenablement accueilli dans votre capitale, et si l'ensemble du traité de Tien-tsin est strictement exécuté, j'intercéderai auprès de mon gouvernement pour que le ministre anglais accrédité en Chine reçoive l'ordre d'établir sa résidence habituelle et permanente ailleurs qu'à Pékin, où il se rendrait seulement à certaines époques périodiques ou toutes les fois qu'une affaire importante l'y appellerait. » C'était la seule transaction que, dans la position qu'il avait prise et après le traité signé, lord Elgin pût accorder aux commissaires, et il n'hésita plus à la proposer.

Nous n'avons pas les dépêches par lesquelles Kouei-liang et Houa-shana firent connaître à Pékin leur demi-succès. On les retrouvera peut-être un jour, et ce seront probablement des pièces curieuses. Les dignes mandarins, tournés vers leur soleil, n'auront pas manqué de s'épanouir dans la joie de leur triomphe, le premier, le seul qu'ils eussent remporté dans cette laborieuse campagne: ils auront envoyé au céleste empereur un magnifique bulletin; mais si nous n'entendons pas les fanfares de la victoire, nous avons sous les yeux le rapport de l'ambassadeur anglais sur sa généreuse retraite. Au point où en étaient les choses, il fallait que lord Elgin se justifiât. Le traité de Tien-tsin était déjà connu à Londres et en Europe : il avait obtenu d'unanimes suffrages. On vantait l'habileté du négociateur, on analysait complaisamment chaque article, et en particulier celui qui stipulait la création d'un poste diplomatique à la cour de l'empereur de Chine. C'était là une chose décisive, inespérée, d'où devait sortir dans un avenir prochain l'alliance des deux civilisations et des deux races ! Comment annoncer et expliquer le mouvement de recul qui venait d'être opéré à Shang-haï ? Ne risquait-on pas de refroidir brusquement tout cet enthousiasme ? Aussi, dans la dépêche qu'il écrivit à lord Malmesbury, le 5 novembre 1858, lord Elgin jugea nécessaire d'exposer longuement les graves motifs qui avaient inspiré sa conduite. « Il est certain, disait-il, que les Chinois éprouvent une répugnance presque invincible contre la présence permanente d'ambassadeurs étrangers à Pékin. Cette innovation blesse leurs principes politiques, leurs habitudes, leurs mœurs ; elle les alarme au plus haut degré, et il faut prendre garde de placer l'empereur dans l'alternative ou de tenter une résistance désespérée, ou de subir passivement une condition qu'il considère, à tort ou à raison, comme la plus fatale qui puisse être imposée à l'empire. Il y avait à craindre qu'après la signature du traité de Tien-tsin, les commissaires impériaux ne fussent dégradés : cette crainte ne s'est pas réalisée ; mais si, après leurs dernières démarches auprès de moi, ils s'en étaient retournés à Pékin sans y rapporter la moindre concession, leur disgrâce eût été inévitable, et alors que fût-il advenu de l'exécution du traité ? Il a donc été sage de céder dans une certaine mesure. Du reste, le texte du traité est maintenu, notre droit demeure intact, et nous serons fondés à en user, si cela est nécessaire. La condition qui indispose tant les Chinois n'est expressément inscrite que dans le traité anglais; les autres pays n'ont à s'en prévaloir qu'aux termes de la clause générale par laquelle ils se sont réservé le traitement de la nation la plus favorisée. S'ils établissaient des ambassades à Pékin, nous agirions immédiatement de même. En retour du bon vouloir que je leur ai montré, les commissaires m'ont accordé avec empressement l'autorisation de remonter le Yang-tse-kiang, bien que je n'en aie pas strictement le droit, les ratifications n'étant pas échangées, et je compte beaucoup sur l'effet moral de cette course dans les eaux intérieures de la Chine [1], etc. »

Telles étaient les considérations développées par lord Elgin pour justifier sa conduite. N'oublions pas un dernier argument, dont on reconnaîtra la provenance toute chinoise. On se souvient de la tendre sollicitude que les commissaires impériaux manifestaient pour la santé des Européens qui seraient condamnés à vivre à Pékin. Un climat si froid! un air si malsain! Ces raisons avaient été prises pour ce qu'elles valaient. Voici maintenant que lord Elgin s'en empare. Il dit à son tour que les hivers à Pékin sont très-rudes; d'après M. de Humboldt, le thermomètre baisse à 40 degrés (Fahrenheit) au-dessous de zéro, le fleuve Pei-ho est gelé, le golfe de Petchili est inabordable. Décidément le séjour de Pékin aurait peu d'agréments pour un ambassadeur et sa

1. Lord Elgin fit en effet ce voyage pendant les mois de novembre et de décembre. Il remonta, avec cinq navires de guerre, le cours du Yang-tse-kiang jusqu'à Han-tcheou, à 600 milles de la mer, bien au delà de Nankin.

famille! Les mandarins, à bout de raisons, n'avaient pas mieux dit. Nous ne ferons pas au noble lord l'injure de comparer les dépêches qu'il écrit à son ministre avec celles qu'un mandarin écrit à l'empereur de Chine; mais voyez la tyrannie des situations! Ce n'est pas seulement à lord Malmesbury, c'est en même temps à un potentat non moins redoutable, plus exigeant et quelquefois aussi aveugle que celui qui trône à Pékin, c'est à l'opinion publique que l'ambassadeur adresse son rapport. Il comprend que son dernier acte pourra être mal apprécié et sévèrement critiqué; il cherche partout des arguments, jusque dans les astres, et il accumule les preuves. Lord Elgin ne se trompe pas; approuvée par le gouvernement anglais, la concession de Shang-haï causa d'abord dans le pays un vif désappointement, et ceux-là seuls qui ont lu la correspondance officielle ont pu se rendre compte des sentiments et des motifs qui l'ont inspirée.

V

Appréciation générale du traité conclu à Tien-tsin entre l'Angleterre et la Chine. — Politique de lord Elgin. — Plan de politique pacifique et commerciale à adopter par l'Europe envers le gouvernement du céleste empire. — Conséquences de l'emploi abusif de la force pour *ouvrir* la Chine. — Intérêts du christianisme et de la civilisation. — Événements du Pei-ho et échec subi devant les forts de Ta-kou par les ministres d'Angleterre et de France, chargés d'échanger les ratifications des traités (25 juin 1859). — Conclusion.

En lisant, dans la correspondance de lord Elgin, l'historique des négociations de Tien-tsin, on reconnaît qu'il n'y a eu de difficulté vraiment sérieuse qu'à l'occasion de la clause qui concède à l'Angleterre le droit d'entretenir une ambassade permanente à Pékin. Les commissaires chinois ont lutté jusqu'au dernier moment pour repousser l'insertion de cette clause, contre laquelle ils ne cessèrent de protester, même après la signature de l'acte diplomatique. De son côté, lord Elgin, s'appuyant sur le texte de ses instructions, est demeuré inébranlable dans la résolution qu'il avait annoncé le premier jour, et il n'a consenti à signer le traité qu'après avoir arraché à la frayeur des commissaires impériaux cette condition, qui devait être à ses yeux, comme aux yeux du public européen, le triomphe et l'honneur de sa mission diplomatique.

Cependant, quelles que fussent ses instructions, il avait eu entre les mains, depuis son arrivée en Chine, de nouveaux documents qui pouvaient éclairer sa conduite. Ces ridicules dépêches de mandarins qui avaient été trouvées dans les archives de Canton lui indiquaient nettement le caractère et la portée de la concession qu'il se proposait d'exiger des Chinois. Il savait maintenant, à n'en plus douter, qu'une immense question de principe, qu'un germe de révolution était renfermé dans cette formalité internationale, qui, selon nos idées, nous paraît si simple. Il lisait dans les dépêches que les mandarins, en 1854, avaient reculé d'épouvante devant une pareille proposition, qu'ils avaient osé à peine en parler à l'empereur; que la capitale, séjour du souverain céleste, est pour les Chinois un sol sacré, inviolable. Ce n'est pas tout : il avait auprès de lui des Anglais, connaissant depuis longtemps la Chine, qui n'approuvaient pas entièrement ses vues sur Pékin. Le consul de Shang-haï se hasardait à dire, dans l'un de ses rapports, que l'établissement d'une ambassade permanente à Pékin serait une affaire pleine de difficulté dans le présent, plus dangereuse encore pour l'avenir. Il demandait au moins que, pour commencer, pour battre le terrain, ou, comme nous dirions plus vulgairement, pour essuyer les plâtres de la nouvelle ambassade, on se bornât à envoyer un modeste chargé d'affaires, qui serait à la fois moins compromis et moins compromettant, parce qu'il exciterait peut-être moins d'alarmes, et que son humble grade exigerait moins d'égards et de considération personnelle. Bref, il est évident que le consul de Shang-haï n'était point pour l'ambassade à Pékin, et s'il prend quelques détours, s'il cherche un expédient, c'est qu'il ne veut pas combattre de front l'opinion connue d'un lord, et que l'on trouve ailleurs qu'en Chine des subordonnés qui ne se soucient pas de rompre trop directement en visière à leurs supérieurs. N'avons-nous pas encore l'aveu implicite de l'interprète, M. Lay, qui, répondant à une pressante interpellation de Kouei-liang, ne pouvait s'empêcher de reconnaître que le commissaire impérial disait à peu près vrai lorsqu'il déclarait la proposition fatale pour la Chine ?

En présence de ces documents, de ces indices multipliés, devant tout ce qu'il savait, voyait et entendait à Tien-tsin, comment lord Elgin n'a-t-il pas eu la pensée de s'arrêter à temps? Comment a-t-il persisté à assumer seul, au nom de l'Angleterre, une responsabilité dont ses collègues de France, des États-Unis et de Russie, éclairés comme lui par les mêmes résistances, en possession des mêmes documents, n'avaient pas cru pouvoir se charger? Ses instructions, à supposer qu'il dût se considérer comme obligé de les exécuter à la lettre, étaient-elles, sur ce point particulier, tellement impératives qu'il lui fût tout à fait impossible de se montrer plus équitable et plus conciliant [1]? L'ambassadeur anglais a été accusé de faiblesse à cause de ses concessions de Shang-haï : il conviendrait plutôt de lui adresser le reproche contraire, à cause de ses exigences de Tien-tsin.

Il devait lui en coûter, cela est vrai, de renoncer à une

1. Voici quelles étaient les instructions de lord Clarendon, à la date du 20 avril 1857 : Lord Elgin devait, en cas de négociations immédiates avec le gouvernement chinois, demander 1° réparation pour les insultes commises à l'égard des sujets anglais; 2° stricte exécution des anciens traités, à Canton comme dans les autres ports; 3° indemnité pour les pertes subies par les Anglais par suite des derniers troubles; 4° admission à Pékin d'une ambassade anglaise, soit permanente, soit temporaire, au choix du gouvernement anglais; 5° révision des anciens traités en vue d'étendre les facilités de commerce. « Si le gouvernement adhère aux trois premiers points, écrit lord Clarendon, vous essayerez d'obtenir, en négociant, les deux derniers. Mais s'il se refuse à toute négociation, ou s'il n'adhère pas aux trois premiers points, vous serez autorisé à recourir aux moyens coercitifs. Du moment où vous aurez dû en appeler à la force, les affaires entreront dans une nouvelle phase, et alors vous ne consentirez à aucun arrangement définitif, *à moins que vous n'obteniez les cinq points* indiqués dans les présentes instructions... » C'est d'après ce texte que lord Elgin s'est considéré comme étant obligé d'exiger la clause relative à l'établissement d'une ambassade anglaise à Pékin, puisqu'il avait dû, préalablement au traité, employer la force. A première vue, ce raisonnement paraît assez juste ; mais d'un autre côté ne remarque-t-on pas que dans les désirs de lord Clarendon l'ambassade à Pékin ne venait qu'en quatrième ligne, et bien que l'état de guerre eût amené l'hypothèse dans laquelle cette concession devait être réclamée, n'est-il pas évident qu'un ambassadeur du rang et de la réputation de lord Elgin pouvait prendre beaucoup sur lui et se décider d'après les circonstances? Lord Elgin s'en est tenu à la lettre de ses instructions, et il demeure à l'abri de tout blâme officiel; mais en relisant dans son ensemble et en interprétant dans son esprit la dépêche de lord Clarendon, on peut supposer qu'il n'eût pas davantage été blâmé s'il avait laissé de côté cette *quatrième* condition, qu'il jugea lui-même nécessaire de modifier, quant à l'exécution, dans les conférences ultérieures de Shang-haï.

partie essentielle de son programme, de détruire des espérances et des illusions, de paraître reculer devant des Chinois; mais quoi! les bonnes raisons manquaient-elles pour justifier un peu plus de modération et de générosité vis-à-vis de ces mandarins à genoux? Ne pouvait-on pas dire : L'Europe désire l'extension et la sécurité de son commerce avec la Chine? Déjà, depuis 1842, elle a plus que doublé le chiffre de ses anciennes transactions. Il a suffi pour cela de l'ouverture de quelques ports où les affaires se traitent facilement et beaucoup mieux que dans l'incorrigible ville de Canton; on y fait même très-commodément la contrebande, ce qui n'est pas indifférent à un certain nombre de négociants qui déclament, comme de raison, contre la déloyauté des Chinois et contre la violation des traités. Les mandarins y sont assez tolérants pour laisser circuler les Européens bien au delà des étroites limites tracées par les conventions, témoins M. Milne, M. Fortune, et bien d'autres. On n'a même plus besoin de se déguiser en Chinois. Les relations très-curieuses de ces voyageurs attestent que la population n'est pas mal disposée envers nous, et donnent à espérer que peu à peu, par la force de l'habitude et du voisinage, elle nous accueillera sans que les mandarins se gardent bien d'y rien voir, et surtout d'en rien dire. Il y a eu quelques avanies, des rixes, des meurtres même; ce sont des malheurs à peu près inévitables, que n'empêchera aucun traité, et il faudrait savoir si, dans certains cas, la conduite indiscrète et brutale des Européens, notamment des Anglais, qui ont appris dans l'Inde la façon non pas de se concilier, mais de malmener et de battre les Asiatiques, n'aurait point provoqué ces déplorables incidents. Que faut-il donc pour améliorer notre situation en Chine? Exiger l'ouverture de nouveaux ports sur la côte et sur le cours du Yang-tse-kiang, et déterminer avec précision les conditions du tarif. Avec cette extension des rapports directs, nous doublerons encore en dix ans nos transactions actuelles. S'il survient dans l'un des ports une difficulté, immédiatement quelques navires de guerre apparaîtront, et tout s'arrangera vite. Les steamers peuvent remonter le Yang-tse-kiang jusqu'à plus de 600 milles de l'embouchure; une croisière établie sur le fleuve tiendra tout en respect. Certes il eût été très-désirable d'avoir une ambassade à Pékin; mais décidément les Chinois n'en veulent pas. L'empereur se figure, à tort ou à raison, qu'en accédant à une pareille demande il perdrait son prestige, et mettrait son pays en révolution. On pouvait croire d'abord que ce n'étaient là que de mauvais prétextes; aujourd'hui la lecture des archives confidentielles de Canton ne laisse plus de doute sur les convictions du gouvernement impérial à cet égard. On parviendrait cependant à arracher cette concession : à de certains moments, les diplomates chinois se voilent la face et signent tout. Mais après? Si nos ambassadeurs étaient maltraités à Pékin, ou s'il éclatait une rupture entre nous et le gouvernement central (éventualités qui, dans l'état des esprits, seraient très-probables), il nous faudrait faire la guerre, une guerre lointaine, coûteuse, exigeant beaucoup d'argent et beaucoup d'hommes. Il vaut mieux, à ce qu'il semble, ne pas nous exposer à de tels embarras, et suivre simplement la voie modeste, mais plus sûre, qu'ont tracée en 1842 sir Henry Pottinger, en 1844 MM. de Lagrené et Cushing, qui, eux aussi, auraient bien voulu résoudre le problème de l'entrée à Pékin. Il suffit de convaincre les Chinois que, si nous éprouvons sur un point quelconque du littoral ou sur les rives du Yang-tse-kiang, la moindre avanie, ils recevront sur place une bonne correction; cela sera facile et n'interrompra pas le commerce. N'avons-nous pas vu déjà les Chinois nous vendre à Shang-haï leur thé et leurs soies pendant que les boulets pleuvaient sur Canton? En poussant l'empereur à bout pour l'affaire de Pékin, nous nous lançons dans l'inconnu, et nous risquons tout. — Voilà ce que l'on pouvait dire, pièces en main, pour rayer du projet de traité cette fameuse clause, et voilà malheureusement aussi ce que les événements se sont chargés de démontrer.

Mais, s'écriera-t-on, que deviennent alors les intérêts de la civilisation et du christianisme? Pour le christianisme, la réponse sera courte : on calomnie les missionnaires en laissant croire qu'ils appellent la force à l'aide de leurs courageuses prédications; leurs chefs les plus sages n'ont jamais demandé d'autres soldats que les soldats de la foi, et ils préfèrent s'en remettre aux desseins de Dieu plutôt qu'à l'arbitrage des hommes pour étendre, en Chine comme ailleurs, le champ de leurs pacifiques conquêtes. Quant à la civilisation, on en est venu à abuser singulièrement de ce grand mot, et, que l'on y prenne garde, cet abus peut mener loin. Si notre siècle se montre très-habile à inventer les engins de guerre, les canons rayés, les carabines portant à des milliers de mètres, il ne faudrait pas que, dans son empressement à essayer ces précieux instruments de destruction, il se laissât fausser le jugement sur l'emploi légitime qu'on en peut faire. Les armes ont quelquefois introduit la civilisation dans les terres sauvages, mais cet exemple ne saurait être applicable au céleste empire. On a déjà bombardé une partie de la côte de Chine, et cela n'a point avancé beaucoup la grande cause de notre civilisation. Les idées européennes ne pénétreront dans ce pays que par la paix, par le commerce, par le contact journalier et graduellement établi sur un plus grand nombre de points. Ce moyen paraîtra trop lent aux esprits impatients qui, depuis quelques années, prêchent la croisade armée contre l'extrême Orient, et demandent presque chaque jour, quasi-officiellement, la tête de la Chine. Il est pourtant le plus sûr, et il est le seul qui convienne aux véritables intérêts de l'Europe. Nous avons pu, par quelques ouvertures, plonger nos regards dans l'intérieur de ce vaste empire, et qu'y avons-nous vu? Un gouvernement imbu des préjugés les plus tenaces, une administration aussi corrompue qu'elle est lettrée, des mandarins tremblants au moindre signe du maître, une population laborieuse et intelligente, mais irréligieuse et peu morale, une insurrection formidable qui depuis dix ans a envahi les plus belles provinces; en un mot un tableau complet de décrépitude et de décadence. L'empire ne subsiste plus que par un reste de tradition. Quel avantage l'Europe trouverait-elle à précipiter la chute de ce vieil édifice en le sapant par la révolution et par la guerre? Ses comptoirs déjà prospères, ses églises naissantes, ses consulats demeureraient écrasés sous les débris. Et, que l'on y réfléchisse, combien de temps, d'embarras et de sacrifices de toute nature ne coûterait pas l'immense entreprise d'une lutte en règle engagée au nom de la civilisation européenne contre la civilisation orientale! Il faut donc laisser aux choses leur cours naturel, et garder, en l'améliorant par degrés, la position acquise, sans prétendre imposer toutes les règles de notre droit international, toutes nos idées et tous nos grands mots à un gouvernement qui, dans sa conviction sincère, risquerait le suicide en les subissant.

Au moment où la publication de la correspondance de lord Elgin faisait connaître l'historique du traité conclu en 1858 entre l'Angleterre et le céleste empire, l'embouchure de Pei-ho voyait s'accomplir l'épilogue des négociations de Tien-tsin. Dans le courant de juin 1859, M. P. Bruce, ministre d'Angleterre, et M. Bourboulon, ministre de France, se présentèrent dans le golfe du Petchili avec une escadre peu nombreuse et demandèrent à se rendre à Pékin par la route de Tien-tsin, afin d'échanger dans la capitale les ratifications des traités. Ils trouvèrent l'entrée du Pei-ho barrée par de solides estacades, les forts de Ta-kou relevés et armés, tous les indices d'une pensée de résistance vainement dissimulée sous l'invitation qui leur était faite de se transporter à dix milles plus au nord, à Pehtang, où, disait-on, ils étaient attendus par une escorte chargée de les accompagner à Pékin. Les deux ministres jugèrent que cette attitude du gouvernement chinois trahissait un parti pris de déloyauté et de mauvaise foi, et M. Bruce requit le contre-amiral Hope, commandant de l'escadre, d'ouvrir par la force l'entrée du fleuve. L'attaque eut lieu le 25 juin. Mais, malgré des prodiges d'héroïque bravoure, les alliés éprouvèrent un rude échec devant les forts de Ta-kou. De là, une nouvelle injure à venger, une nouvelle campagne contre la Chine, et bientôt, il faut l'espérer, un nouveau traité de paix qui sera plus conciliant et plus durable que ne l'a été le traité de Tien-tsin. En Chine comme ailleurs, le droit de la force a ses limites, et la saine politique, d'accord avec l'honneur, conseille de ne point porter le coup mortel à l'ennemi tombé qui demande grâce. On ne gagne rien à imposer à un gouvernement, quel qu'il soit, des conditions de paix qui renferment le germe d'une prochaine rupture. C'est la conclusion que l'on peut tirer de la correspondance diplomatique de lord Elgin.

FIN.

TABLE DES MATIÈRES

III

AVENTURES D'UN MISSIONNAIRE CATHOLIQUE, M. L'ABBÉ HUC.

I

II

III

—

PÉRÉGRINATIONS D'UN BOTANISTE. — M. FORTUNE.

I

II

III

—

LES ÉVÉNEMENTS DE CANTON (1856). — ORIGINE DE LA SECONDE GUERRE.

I

III

IV

LES TRAITÉS DE TIEN-TSIN.

I

II

III

IV

V

FIN DE LA TABLE.

Imp. de PILLET fils aîné, rue des Grands-Augustins, 5.

www.ingramcontent.com/pod-product-compliance
Ingram Content Group UK Ltd.
Pitfield, Milton Keynes, MK11 3LW, UK
UKHW012151240726
13966UKWH00002B/266

9 782012 679832